KB000457

인공 낙원

인공 낙원

1판 1쇄 펴냄 2011년 11월 7일
1판 2쇄 펴냄 2012년 4월 10일

지은이 정윤수

주간 김현숙
편집 변효현, 김주희
디자인 이현정, 전미혜
영업 백국현, 도진호
관리 김옥연

펴낸곳 궁리출판
펴낸이 이갑수

등록 1999. 3. 29. 제300-2004-162호
주소 110-043 서울특별시 종로구 통인동 31-4 우남빌딩 2층
전화 02-734-6591~3
팩스 02-734-6554
E-mail kungree@kungree.com
홈페이지 www.kungree.com
트위터 @kungreepress

ⓒ 정윤수, 2011. Printed in Seoul, Korea.

ISBN 978-89-5820-224-0 03300

값 18,000원

• 책표지의 제목 '인공 낙원'에 적용한 글꼴은 네이버에서 배포한 나눔글꼴입니다.

인공 낙원

현대 도·시 문화와 삶에 대한 성찰

정윤수 글 · 사진

궁리
KungRee

서문

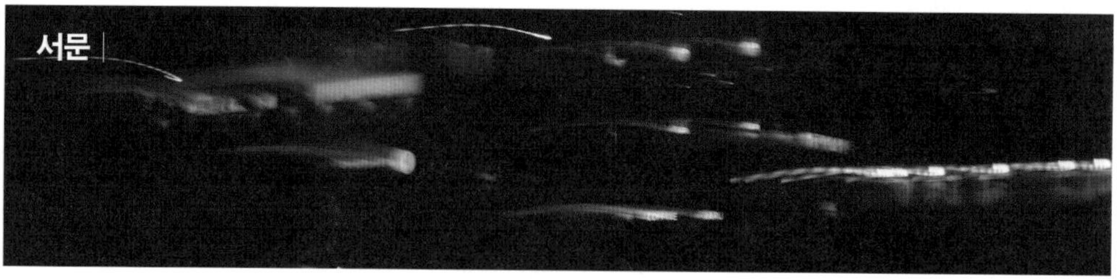

나는 오랫동안 도시를 배회하였다.

꽤나 긴 시간 동안 무소속이었기 때문에, 그것을 그리할 수 있었다. 우연이겠지만, 내 학창 시절의 졸업앨범에는 내가 없다. 초등학교 때나 중학교 때, 그 마지막 학년의 가을에 졸업 앨범 사진을 찍었을 텐데, 공교롭게도 그때마다 심한 몸살로 결석하는 바람에 친구들과 어울려 사진을 찍지 못했다. 단체사진의 왼쪽 구석에 동그랗게, 그날 결석한 학생들 사진이 따로 조그맣게 실렸고, 그 속에 내가 있었다. 어쩌다 그 앨범을 볼 때, 나는 심한 결핍감을 느낀다. 독서 모임이나 그 밖의 크고 작은 일로 학교 바깥으로 방출된 고교 시절 이후, 오랫동안 무소속이었고, 그래서 나는 내 맘대로 도시를 배회하였다. 20대의 대부분을 낯선 곳에서 잠을 잤고 낯선 거리를 쏘다녔다.

피카디리극장을 기억한다. 중학교 때, 이따금 학교를 빼먹고 거리를 걷고 또 걸어 극장의 매표소 옆, 유리창 안에 압핀으로 붙어 있는 영화 스틸 사진을 한참이나 보다가 그대로 모퉁이에 주저앉아 오랫동안 앉아 있곤 했다. 맞은편의 단성사는 고색창연했다. 이제 그 종로 3가는 옛날의 영화의 거리가 아니다. 나는 어쩌다 그곳을 지날 때마다 피카디리극장으로 가서 매표소나 스틸 사진을 찾아보려고 한다. 기억을 되새겨줄 만한 한 줌

의 흔적조차 말끔게 사라졌지만 말이다.

청량리역을 기억한다. 고향으로 내려가는 기차를 타던, 그런 귀향의 추억보다는 청량리 일대에서 배회했던 기억이 명치끝에 걸려 있다. 맞은편의 지중해다방은, 찾아보니 없어졌다. 오래전에 그 다방은 '심야 청소년 유해업소' 단속에 걸려 일주일씩 영업 정지 처분을 당하기도 했는데, 그곳에서 무슨 일을 하면서 자주 건너편으로 가서 시계탑과 여객운임표와 열차시각표를 보고 또 보던, 열아홉 살 때의 멀미가 바짝 깎아 시큰거리는 손톱 밑의 아릿한 통증으로 남아 있다. 얼마 전에 가보니 거대한 백화점이 그 일대를 완전히 장악하였고 기차역은 다만 옵션이었다. 어디 그곳뿐인가. 오늘날 도처의 기차역들은, 그 간판 격인 서울역을 포함하여, 모조리 물신의 압도적인 전시장으로 변했다. 기적 소리도 들리지 않고, 기차는 덜컹! 하며 떠나기보다는 어떤 죄책감에 사로잡힌 듯, 스르르 미끄러지며 사라진다.

광화문을 기억한다. 그곳에 큰 서점이 있어 정말 오랫동안 그 일대를 쏘다녔다. 큰 서점을 중점으로 하여 서울역 지나 한강대교까지, 삼청동 돌아 혜화동까지, 세운상가 거쳐 동대문운동장까지 걸어다녔다. 남대문 지하상가의 음반가게에서 지금은 사라진 황학동의 중고음반가게까지 걸었다. 그 옛날 아세아극장의 조잡한 영화 간판과 을지로 4가의 식당 의자들과 동대문운동장의 헌책방과 황학동 도깨비시장의 군용 수통이나 탄약통을 보러 다녔다. 그 일대가 청계천 복원이니 광화문광장이니 하며 조잡한 구경거리로 전락하는 과정도 지켜보았다.

아마도, 무소속이었기 때문일 것이다. 누군가에게는 신림동이나 대학로나 회기동이나 안암동이나 신촌이 20대의 정신적 고향일 텐데, 특정 장소를 그렇게 삼을 만한 기억이 없었고, 그 무지막지한 시간의 대부분을 종로와 청계천과 광화문(특히 광화문)을 배회했던 기억만이 어지러운 무늬로 남아 있다. 마치 영화 〈베로니카의 이중생활〉의 한 장면 같았던, 1987년의 1월을 기억한다. 방패를 앞세운 전경들이 일제히 도열해 있는 종로 1가와 돌을 던지는 종각 쪽의 학생들 사이에, 나는 서 있었다. 순간, 팽팽했던 전선이 흐트러지면서 청재킷을 입은 체포 전문 경찰기동대 수십 명이 무교동 골목에서 튀어나와 종각 쪽으로 달렸고 나는 어정쩡하게 서 있던 행인들과 뒤섞이며 넘어졌다. 어느 방향으로 달아나야 할지 판단할 수 없었고, 그 순간 바라보았던 전경 대열 저 너머의 광화문 하늘은 검붉은 놀에 휩싸여 있었다.

그 후로도 오랫동안, 나는 배회하였다. 그게 습관이 되었다. 새로 큰 건물이 완공되면 어김없이 찾아가 기웃거렸고 지방에 신작로라도 뚫리면 일부러 그쪽으로 일을 만들어 작정을 하고 내달렸으며 낯선 도시나 소읍에 가면 '김밥천국' 같은 데서 5초 만에 나오는 비빔밥을 먹어치운 후, 그곳의 도로와 다리와 건물과 간판과 그 사이로 일렁거리는 풍경들을, 보고 또 보았다. 군산의 거무튀튀한 방파제와 강경의 낡은 다리 위에 서서 퇴적층 위로 저물어가는 해를, 나는 보았다.

이 책은, 그런 기억들을 다듬고 그런 공간들과 연관된 책이나 자료들을 살펴, 오늘날 우리 삶의 거푸집으로 존재하는 공간들을 기록한 것이다. 내 관심의 폭이 좁고 얕아서, 유서 깊은 문화유산이나 쓸쓸히 사라져가는 사람살이의 애틋함을 어루만질 만한 능력은 전혀 없는데, 다만 도회지를 배회하던 기억들이 명치끝에서 쫄밋거려 이 현대 도시의 공간에 대한 글을 간신히 엮어낼 수 있게 되었다.

거대 도시의 인공 공간에 대한 이 기록들은, 자책의 심정으로 엄격히 말하건대, 도시공학이나 교통산업이나 공공정책이나 산업사회 연구 같은 일과는 무관하다. 오늘날 대도시의 공간 변화와 인간적 삶의 해명이란 이 같은 분야의 매우 중요한 연구 과제인데, 글을 쓰면서 그 점을 유의하였지만, 그러한 학문적 관심이 엄밀하게 관철된 책은 아니다.

굳이 엇비슷한 둘레를 삼아보자면, 최근 주목받고 있는 '도시 인문학(Urban Humanities)' 에 가까운 책이다. 급변하는 대도시, 날로 비대해져 가는 메트로폴리스, 맹진하는 속도와 휴식 없는 노동과 번들거리는 물신의 네온사인으로 가득 찬 무국적의 글로벌폴리스. 과연 이 변화는 무엇이며 이 속에서 건사되는 우리의 삶은 어떻게 변할 것인가 하는 생각을 나는 이 책에서 꾸준히 유지하려고 하였다. 그러나, 그렇게 하기 이전에, 우선 이 거대 도시의 풍경과 그 속에 일제히 기립하는 인공 공간의 이미지와 그 안에서 이뤄지는 삶의 풍경을 살펴보고자 하였고, 그것을 그리하였다.

문헌 자료에만 의존하지 않고 직접 그 인공 공간을 찾아가서 가능한 범위 내에서 안팎의 크고 작은 요소를 매만지고 그곳에서 일하는 사람들과 이야기를 나눴으며, 자판기 커피 한 잔 들고 한구석에 앉아서 오랫동안 구조물과 사람과 공기와 빛과 소리들을 느끼고자 했다. 여타의 관습적인 자료 이미지에 의존하지 않고 '내 눈으로 본 것' 을 직접 찍어 거듭 보면서 글을 마무리하고 그중 일부를 이 책에 수록하였다.

생각건대, 도시는 거대해졌고 인간은 왜소해졌다. 인공 공간은 찬란한 빛을 발하고 그 안에서 살아가는 인간은 점점 주눅 들고 있다. 광화문광장을 비롯하여 도처에 '구경거리'가 늘어나지만 하나같이 키치적인 '관상용'으로 조잡하게 배열될 뿐이며 그 사이로 한낮의 소일거리를 찾아 나선 인간은, 풍경이 영혼 깊숙이 드리워지는 본질적인 위로를 얻지 못한 채, 그저 인증샷을 찍고 돌아선다. 경관이 해체되고 풍경이 사라지고 그 속에서 애틋하게 이뤄졌던 사람살이의 인연마저 마치 시트콤의 한 장면처럼 말끔히 정제되고 마는 이 거대 도시의 인공 공간을 배회하면서, 나는 '과연 인간적 삶이란 가능한가?' 하는 근원적 질문을 잃지 않으려고 했다. 그것을 기록하였고 이렇게 책으로 엮었다.

《월간 신동아》의 송홍근 기자가 많은 도움을 주었다. 그의 배려로 나는 거대한 인공 공간의 '외인출입금지' 안으로 들어가 보았고 그 안에서 일하는 사람들과 이야기를 나눌 수 있었다. 물론 연재할 때의 내용과 이 책에 최종적으로 정리된 부분은 많이 다르고, 분량이나 내용에 있어 상당 부분이 보완되었지만, 송홍근 기자의 후의가 아니었더라면 책을 쓸 생각은 아예 못했을 것이다. 궁리출판사의 이갑수 대표와 성공회대학교의 김창남 선생님은 이 책의 공동 저자다. 나름대로 읽고 공부하며 살아왔지만, 두 분이 아니었더라면 좀 더 엄밀하게 공부할 수 있는 기회를 갖지 못했을 것이다. 지금은 '폐업'하고 사라진 풀로엮은집의 이윤호 형에게 깊은 고마움을 느낀다. 한없는 배려 덕분에, 그때 그 일을 함께하면서, 나는 따로 인공 공간을 돌아다닐 수 있었고 지금 이 서문도 헤이리의 이윤호 형지하실에서 쓰는 중이다. 언제 끊어질지 모를 가느다란 인연의 끈이지만, 그것을 놓지 않으려고, 나는 어두컴컴한 지하로 내려왔다. 2년 가까이 저자를 '방목' 하며 참고 기다려준 궁리출판사 여러분에게도 특별히 감사 말씀을 드린다. '아차!' 하며 브레이크 밟고 급히 뛰어나가 사진을 찍다가 뒤늦게 돌아오는 바람에 자주 멀미를 했던 가족에 대한 고마움도 따로 적는다.

2011년 10월,

파주 헤이리 지하실에서

정윤수

차례

광장,
일그러진 구경거리와 균형 잃은 삶

광화문광장이 '국가 상징의 축' 이라는 프레임에 갇히는 순간 그 안의 조형물과 이벤트는 프레임 바깥으로 벗어나지 못한다. 다른 시선과 이미지도 그 안으로 들어가지 못한다. '국가 상징' 에 부합하는 조형물과 이벤트만이 허용되는 관제 광장, 시민의 일상 공간이 아니라 '국가 상징의 축' 으로 기능해야만 하는 광장, 그것이 광화문광장의 일그러진 운명이다.

나는 지금 광장으로 간다. 어디로? 광장! 그곳은 어디에 있는가? 어디에 광장이 있는가? 광장으로 가는 길은 어디인가? 광화문? 그곳에 광장이 있는가? 아무튼, 그런 질문들을 짊어지고, 나는 지금 광장으로 나간다.

광장이라는 공간 개념은 100여 년 전의 한반도에서는 상상하기 어려운 공간이다. 이 한반도의 오랜 농업 기반 시스템은 광장이라는 도심형 공간을 조성하지 않았다. 우물가나 마당이나 장터가 광장의 기능을 대신했고 옛 왕조 시절의 한양이라고 해도 오늘날 손쉽게 떠올리게 되는 광장의 형식에 걸맞은 공간이 달리 조성되지 않았다.

광장은 유럽의 개념이다. 근대 이후 엇비슷한 생체리듬의 역사를 살아온 미국만 해도 도심 한복판에 광장이 들어서기보다는 공원이 조성되는 경우가 많다. 뉴욕? 그곳에 광장이 있던가. '아무것도 묻지도 않고 따지지도 않고' 본다면 타임스퀘어를 비롯하여 록펠러, 메이시헤럴드, 워싱턴 스퀘어 등을 '광장'이라고 부를 수도 있겠지만, 엄밀히 말하여 그 공간은 도심지 개발 과정에서 파생된 널찍한 공간이거나 시와 건물주가 의도적으

지난 2009년 8월, 광화문광장이 개장되었다. 스물아홉 그루의 은행나무가 사라지고 거대한 꽃밭과 분수대와 그 밖의 크고작은 구경거리가 설치되었다. (2009. 8. 광화문광장)

로 조성해낸 공원이지 광장은 아닌 것이다.

유럽의 도시와 광장 • • •

광장이란 무엇일까? 유럽의 수많은 도시들마다, 그 한복판에 오랜 역사를 거쳐 형성된, 바로 그 광장이란 무엇일까? 그들의 광장이 우리가 반드시 표절까지 해야 할 전범은 아니지만, 어쨌거나 공간의 조성 원리와 개념 그리고 이에 기반을 둔 형태와 기능의 실현이라는 측면에서 아무래도 유럽인들의 광장, 그 내면부터 잠시 살펴볼 필요가 있다. 토마스 만은

『베네치아에서의 죽음』에서 아래와 같이 쓰고 있다.

그는 이들이 미사에 참석하러 산마르코광장에 있을 거라고 짐작하고, 서둘러 그곳으로 갔다. 그리고 이글거리는 광장의 열기에서 빠져나와 어스름한 황금빛 성전에 들어서서 그는 자신이 그리워하며 찾아다니던 소년을 발견했다. 소년은 기도용 탁자에서 몸을 굽힌 채 기도하고 있었다. ……

그러고 나서 사람들이 열린 정문을 통해 비둘기 떼가 우글거리는 밝게 빛나는 광장으로 우르르 쏟아져나오자, 매혹당한 자는 현관에 몸을 숨기고, 몰래 숨어서 소년이 나오기를 기다렸다. 그는 폴란드인들이 성당을 떠나는 것과 남매들이 격식을 차려 어머니와 헤어지는 모습을 지켜보았고, 어머니가 몸을 돌리고 작은 광장 쪽으로 돌아가는 것을 바라보았다. 그는 아름다운 소년과 수녀 같은 자매들과 가정교사가 오른쪽으로 접어드는 것을 확인했다. 그는 그들이 어느 정도 앞서도록 하고 그들 뒤를 따라갔다. 베네치아 거리를 산책하며 두루 돌아다니는 그들 뒤를 몰래 따라다닌 것이다.

뛰어난 산문 서사시 작가 구스타프 아센바흐의 죽음을 통하여 근대 유럽 교양 문명의 붕괴를 다룬 이 중편에서 토마스 만은 베네치아의 산마르코광장을 간결하게 그려주고 있다. 소설 속에서, 광장은 베네치아 사람들과 그곳에 잠시 여행하러 온 사람들의 생활 일부가 되고 있다.

사람들은 광장으로 나간다. 그런데 그곳이 목적지가 아니다. 광장을 보러 광장에 가는 것이 아니다. 미사를 드리거나 산책을 하거나 장을 보거나 누군가를 만나기 위해 광장으로 나가는 것이다. 적어도 이 소설에 국한하여 본다면, 베네치아의 산마르코광장은 단순히 널찍한 공터이거나 그 자체가 관광 이벤트가 되는 것이 아니라 삶의 수많은 수로가 흘러나오

광장은 원래 서구의 공간 개념으로 그들 나름의 일상과 정치와 종교가 수백 년 동안 자연스럽게 이뤄진 생활 공간이다. (2006. 6. 독일 아우구스부르크)

는 곳이자 다시 서로 다른 삶으로 다양한 수로가 열리는, 수렴과 확산의 공간이다.

그런 광경을 나는 스코틀랜드와 프랑스와 독일의 수많은 군소 도시에서 거의 매일 볼 수 있었다. 특히 브레히트를 기억하기 위해 들렀던 독일의 유서 깊은 문화도시 아우구스부르크의 광장은 각별한 무늬를 남겨주었다.

2006년 6월 초, 나는 피곤한 몸을 이끌고 아우구스부르크에 도착했다. 그 무렵, 독일월드컵 취재를 위하여 프랑스 리옹에서 오펠 소형차를 하나 빌려서 생테티엔, 취리히, 뮌헨을 쉴 새 없이 닷새 동안, 하루에 겨우 네

도시 이름의 연원이 되는 아우구스투스 황제의 동상과 분수가 있는 광장. (2006. 6. 독일 아우구스부르크)

댓 시간을 자면서 하루 종일 차를 몰고 일을 하던 참이었다. 차가 쉴 때도 나는 그 오펠을 주차장에 세워놓고 경기장으로 들어가서 일을 해야만 했다. 일이 끝나면 다시 차를 몰았고 밤을 도와 다음 목적지에 도착한 뒤에는 서둘러 그날 보고 들은 바를 현지 칼럼으로 전송하고는 몇 시간 눈 붙인 후 또 달렸다. 그 바람에 뮌헨과 뉘른베르크를 건성으로 스쳐 지나친 것이 여태 멍울처럼 남아 있다.

그런 와중 뮌헨에서 프랑크푸르트로 가는 여정에서 아우구스부르크로 차를 돌렸는데, 그곳은 내가 고 2 때부터 열독했던 브레히트의 고향이기 때문이었다. 나는 아우구스부르크광장 그늘에서 강렬한 햇살을 피해 앉아 있었다.

오로지 햇살 때문이다. 오후 5시쯤 컴컴해져서 아침 9시나 되어야 햇살이 비치는 기나긴 겨울이 끝나고 나면 비로소 5월에서 9월 사이, 아침 5시에 날이 밝아 저녁 9시에 저무는 강렬한 햇살의 시절이 오는데 이를 애틋하게 여겨 많이들 광장으로 나와 있었다. 나는 그늘에 앉아 일부러 햇살 아래에 나앉은 사람들을 보았다. 꼭 이와 같은 정경의 아우구스부르크에서 브레히트는 시 〈마리아의 추억〉을 썼다.

그 푸르렀던 9월의 어느 날
어린 자두나무 아래서 말없이
그녀를, 그 조용하고 창백한 사랑을
나는 귀여운 꿈처럼 품에 안았었다.
우리의 머리 위로 아름다운 여름 하늘에는
구름이 한 점 떠 있어, 오랫동안 바라보았다.
구름은 아주 하얗고 아득히 높아
내가 올려다보았을 때는, 이미 사라져버렸다.

그리고 어떻게 되었는가. 누구에게나 그렇듯이 브레히트에게 주어진 수많은 시간들도 덧없이 지나고 '신발보다도 더 자주 나라를 바꾸면서' 사는 동안 숱한 세월이 속절없이 지나가고 말았다. 그리하여 세상의 모든 연인들이 그러하듯이 브레히트 역시 그녀의 얼굴은 잊어버리고 키스를 했다는 것만 기억할 뿐인데, 바로 그 기억의 전령사가 그에게는 아우구스부르크의 구름이었던 것이다.

그 키스도, 구름이 거기 떠 있지 않았더라면
벌써 오래전에 잊어버렸을 것이다.
그 구름을 나는 아직도 알고 앞으로도 항상 알고 있을 것이다.
구름은 아주 하얗고 위에서 내려왔었다.
어쩌면 자두나무들은 아직도 변함없이 꽃피고
어쩌면 그 여자는 이제 일곱 번째 아이를 가지고 있을 것이다.
그러나 그 구름은 잠깐 동안 피어올랐고
내가 올려다보았을 때, 이미 바람에 실려 사라졌었다.

브레히트가 보았던 구름일리는 만무하지만 어쨌거나 나는 아우구스부르크광장의 그늘에 앉아 흘러가는 구름을 바라보았다. 광장의 이편에서 저편으로, 또 저편에서 이편으로 유서 깊은 소도시의 사람들이 저물기 직전의 햇살을 받으며 걸어다녔다. 그 도시의 광장은 과연 '조용하고 창백한 사랑' 이 꿈결처럼 이뤄질 것처럼 매혹적인 그늘이 되어 점점 어두워졌다. 그날, 캄캄한 밤이 되어서도 나는 한참이나 아우구스부르크광장을 어슬렁거렸다. 브레히트의 사랑은 광장의 사랑이었다.

광장의 역사와 문화 • • •

광장의 기원은 고대 그리스의 아고라에서 찾아볼 수 있다. 아고라는 '사람들이 모이는 곳' 이란 뜻을 갖고 있다. 고대 그리스 도시 국가에서 아고라는 도심의 한복판에 자리잡되 그 주변으로 사원, 가게, 공공시설, 사교장 등이 자연스럽게 둘러싸고 있는 형태다. 물론 분수도 있고 나무도 있어 휴식 공간이 되기는 하지만 그것은 부수적 장치일 뿐이다. 널찍하게

쾌청한 하늘 아래에 복원된 광화문이 격조와 기품을 유감없이 드러내고 있다. (2010. 9. 광화문)

비어 있으되 사람들의 삶에 의하여 보이지 않게 채워지는 공간, 그곳이 광장이었다.

이러한 광장의 개념은 르네상스 이후 유럽의 여러 제후들에 의하여 의식적인 도시 조성의 핵심이 된다. 중세의 겨울과 근대의 봄에 이르는 시기에, 유럽의 도시는 자연스럽게 발전해온 광장을 좀 더 의식적으로 조성하기 시작한다. 도시를 설계하면서 가장 먼저 광장의 위치와 넓이와 기능을 먼저 고려하였다.

유럽의 도시와 광장문화를 연구한 프랑코 만쿠조는 『광장』에서 유럽의 역사가 곧 광장의 역사라고 말한다. 그들에게 광장은 일상생활의 통행과

세종로 네거리는 조선 개국 이후 600여 년 동안 이 한반도의 정치, 행정, 경제, 문화의 중심가로였다. (2009. 8. 광화문 광장)

회합과 교환의 장소이자 동시에 권력과 그 의지의 실현의 장이며 이제 저항하는 자들의 연대와 소통의 장이다. 물리적 형태는 다를지라도 우리의 역사적 경험에서도 광장(도시산업화 이전에는 마당이나 장터)은 그와 같은 공간이었다.

광장은 인류의 모든 활동이 수렴되고 확산되는 공간이며 장터이자 문화마당이고 예술이 구현되는 장이며 더 많은 자유를 향한 열정이 집결하는 장이었다. 특히 근대 사회 이후 광장의 이 같은 기능과 열망은 확연한 시민권을 갖게 되었다. 권력의 의지가 무지막지하게 발현되는 공간이면서 동시에 그것을 넘어서고자 하는 자유의 열망이 바로 광장에서 빚어졌다.

"만남, 의견 교환, 산책, 휴식이 이루어지는 장소가 있다면 그곳이 바로 광장이다." 프랑코 만쿠조의 말이다.

광화문광장? 거대한 중앙분리대 •••

다시, 광화문광장으로 나간다. 이미 서울시청 앞의 서울광장과 청계천에 의하여 광화문에서 세종로, 태평로를 지나 복원 작업 중인 남대문에 이르는 서울 한복판의 중심축이 대대적인 변화를 겪고 있지만, 역시 그 핵심은 광화문광장의 변화다. 서울시는 광화문광장을 조성하면서 '국가 상징 가로의 역사성 회복'이라는 테마를 맨 앞에 내세웠다. 이 일대가 국가 상징 가로임은 틀림없는데, 그것의 '역사성 회복'이라는 테마는 상당한 논의와 토론이 필요한 대목이다. 어떤 역사성을 어떻게 회복할 것인가 하는 문제는 그야말로 '국가 상징 가로'를 오브제로 삼는 작업이기 때문에 매우 절실한 토론 과제인 것이다.

서울시 홈페이지에 따르면, 조선 시대에 광화문 앞 좌우의 길들은 육조 관아 등이 위치한 국가 중심 거리였으며 이것이 일제 시대에는 주요 기관의 철거와 함께 차도로 사용되고 말았다. 그 후로도 오랫동안 광화문 앞 세종로는 국가 권력의 전적으로 지배하고 점유하는 독점적인 공간이었다. 군주는 역사의 뒤안길로 사라졌고 그 자리를 일제의 강압 통치와 이후 권위주의 지배체제가 오랫동안 광화문을 독점했다. 그곳은 밤낮으로 차량이 질주하는 무기질의 대로가 되었으며 어쩌다가 차량의 흔적이 끊긴 날이면 어김없이 권위주의적 국가 이념을 과시하는 열병식과 행렬과 이벤트가 벌어졌다. 동원된 군중이 그 좌우에 늘어서서 만세를 불러야 했다.

그랬던 광화문과 세종로가 새롭게 조성되어 개장된다는 것은 일단 그

광화문광장은 거대 도시 한복판의 공공 공간을 어떻게 활용해야 하는가에 대한 진지하고 다양한 질문을 낳은 문제적 공간이다. (2011. 4. 광화문광장)

자체로 '역사성 복원' 운운할 것도 없이 역사적인 사건이다. 마침내 2009년 8월 1일, 총 면적 1만 9,000제곱미터의 광화문광장이 열렸는데, 아뿔싸, 이 공간은 그저 폭 34미터, 길이 557미터의 길쭉한 공간일 뿐 그 어디에서도 '광장'이라는 명칭에 걸맞은 조형의 개념을 발견하기가 어렵다.

서울시가 기본적인 개념으로 내세운 '역사성 회복'이라는 당위는 널찍하게 조성되는 광장 곳곳에 역사 상징물을 설치하는 것으로 실현되었다. 기존의 이순신장군 동상에 더하여 세종대왕 동상이 설치되고 역사문화와 관련된 전시관이 들어서는가 하면 해치마당, 역사 물길, 해치상 원형 등으로 역사 복원의 장으로 삼는다는 것이 서울시의 기본적인 조형 개념이다. 이를 위하여 기존의 16차선 차로 가운데 6개 차로를 걷어내고 남북으로 길게 광장이 새로 조성되었다.

흘러간 왕조를 상징하는 몇 가지 시설물을 설치하는 것이 과연 '역사성의 회복' 이라고 부를 만한 작업인가 의심스럽지만, 그 점을 유보한다 하더라도 '역사성의 회복' 을 위하여 동원된 이미지와 설치된 조형물은 오늘의 세련되고 신선한 감각의 바탕 위에 조성되었다기보다는 저 1970년대의 국가주도형 공간 구성에 약간의 화장을 더한 정도에 지나지 않는 모양이 되고 말았다.

물론 서울시의 조성사업에 일정한 개념과 맥락이 전혀 없는 것은 아니다. 서울시는 2007년 12월에 광화문광장 조성사업 계획안을 발표하면서 광화문광장을 '인간 중심 공간', '보행 네트워크 공간', '자연 공간 조망 공간', '역사문화 체험 공간' 이라는 네 개의 관점에서 조성해갈 것이라고 밝힌 바 있다.

그 같은 개념은 현실의 광화문광장에 일정한 형태로 실천이 되었다. 북악산을 정점으로 하여 널찍한 중앙대로가 뻗어나와 숭례문까지 이어지는 우람한 기틀을 광화문광장은 그 한복판에서 크고 작은 조형물로 변주해낸다. 광장 좌우에는 수심 2센티미터, 폭 1미터, 길이 365미터의 '역사 물길' 이 조성되어 있고 동편 바닥돌에는 조선왕조에서 실질적인 공사가 진행된 2008년까지의 중요한 역사적 사건들이 새겨져 있다. 서울시 측에서 영구불변의 고정형 시설물은 아니지만 그렇다고 일시적인 이벤트도 아니라고 밝힌, 광장 북쪽의 '플라워카펫' 에는 22만 4,537종의 꽃이 만발해 있다. '224537', 이 숫자는 조선이 한양으로 천도한 1394년 10월 28일에서 광화문광장 개장일 2009년 8월 1일까지의 날수가 된다.

그럼에도 조선 초기, 피비린내 나는 정치 지형이 안정화된 후 등장한 문화 정치의 구현자 세종대왕이 오늘날 광화문광장에 임재하여 '백성을 어여삐 여겼던' 그 심정으로 보신다면 우선 과도하게 치장된 국가주의적 장식물이나 서울시정을 홍보하기 위한 크고 작은 시설물부터 제거하라고 지엄하게 명령하지 않으실까, 그런 우려가 들 만큼 광화문광장은 광장이라기보다는 거대한 중앙분리대에 가깝고 또한 서울시정의 홍보 공간에 가깝다. 게다가 서울시청 앞 광장이 그렇듯이, 이 거대한 광장의 상당한 면적 일부는 언제나 꽃과 잔디를 위하여 '출입 금지' 상태다. '들어가지 마시오', '만지지 마시오', '출입 금지', '촉수 엄금'…… 그런 시대의 광장이 된 것이다.

광화문광장에서는 잔디와 꽃과 때로는 스노보드 이벤트를 위하여 사람이 주변으로 물러서야 한다. (2011. 4. 광화문광장)

광화문광장으로 가기 위해서는, 다른 볼일 대신에, 광장에 가야겠다는 사뭇 비장한 신념을 갖지 않으면 안 된다. 그 광장으로 가기 위하여 우선 신호등을 건너야 하기 때문이다. 이 작은 지시 사항은, 광장에 이르는 첫 단추가 꽤나 어렵게 꿰어진다는 것을 말해준다. 광장 그 자체에 볼일이 없다면, 굳이 좌우로 신나게 달리는 차량을 주의해가면서 신호등을 건너서 그 널찍한 공간으로 걸어갈 필요는 없다.

군데군데 마련된 신호등이나 건널목을 건너서 광화문광장으로 가면, 이제부터는 광장의 아래쪽에서 위쪽까지 혹은 그 반대로 걸어야 한다. 머물러 있을 수도 있다. 그러나 그것이 편안하거나 안정된 심리 상태를 제공해주지는 않는다. 이순신장군 동상에서 저 광화문 앞까지 '걸어가도록' 조성된 공간이다.

가만히 앉아 있을 수도 있는데, 그렇게 앉아 있기 위해서는 한두 가지 불편을 감수해야 한다. 이순신장군 동상 앞뒤로 배치되어 있는 벤치에 앉아 있어보자. 우선 등 뒤로 끊임없이 들려오는 차량의 소음을 견뎌내야 한다. 개장 초기와 달리 차량과 광장을 확실히 구분하는 안전 장치들이 적절히 배치되어 있기 때문에 급박한 사고가 나지는 않겠지만, 그러나 도심 한복판에서 바로 옆 사람과 이야기를 나누기에도 불편한 차량의 소음을 견뎌내는 것은 쉽지 않은 일이다.

매연이나 공해는 차라리 둘째 문제다. 거대한 차로 한복판에 광장이 형성되어 있다. 그런데 또 그 한복판에는 거대한 동상 두 개가 자리잡고 있다. 게다가 끝없이 샘솟는 분수 때문에 어린아이가 아니라면 그 가운데로 뛰어들어가 온몸을 적시고 싶은 사람은 드물다.

자연히 뒤로 물러서게 되는데, 마침 그곳에 벤치가 마련되어 있다. 하지만 등 뒤에서 차량들이 질주하는 그 위치에 앉아 있어야 한다. 토마스 만이 『베네치아에서의 죽음』에서 쓴 것과 같은, "이글거리는 광장의 열기에서 빠져나와 어스름한 황금빛 성전에 들어서서 그는 자신이 그리워하며 찾아다니던 소년을 발견했다"는 풍경이란 적어도 이 광화문광장에서는 도저히 이뤄질 수가 없다. 일상적인 순찰은 물론(하아, 언제나 경찰이 순찰을 도는 광장이라니!) 때로 긴급한 사회 현안이 발생했을 때, 경찰이 먼저 그 넓은 광장을 장악한다.

그래서 사람들은 광화문광장에서 가만히 앉아 있지 못하고(차량 소음과 분수 물줄기를 피하여) 걷게 된다. 위에서 아래로, 다시 아래에서 위로…… 그 보행 과정에 시선을 좌우로 돌리면 수십

정치사회적으로 주요한 사안이 발생할 때마다 경찰은 광화문광장을 사전에 장악해버린다. 광장의 정치성은 이 순간 확연해진다. (2011. 6. 광화문광장)

년의 근대화 개발 과정에서 형성된 거대한 건물들이 압도적인 시선으로 내려다보고 있다. 게다가 성군이요 현군이며 오늘날의 표현으로는 역대 최고의 인문주의 계몽군주였던 세종대왕을 기린다는 터무니없이 크고 조잡한 색깔의 동상이 갑자기 북악산과 경복궁과 광화문을 가로막은 채 조잡한 형상으로 서 있는 대목에 이르면 아연실색하지 않을 수가 없다. 만약 세종대왕이 이 세상에 다시 오신다면, '저렇게 조잡하고 권위적인 형상이 과연 짐이란 말인가, 당장 치우라' 고 지엄히 다스릴 것이다.

북쪽을 향하여 걷는다고 했을 때, 우측으로는 교보빌딩을 시작으로 방송통신위원회/KT 건물과 미대사관, 문화부 건물이 이어진다. 좌측으로는 세종문화회관과 정부종합청사가 늘어서 있다. 모더니즘과 국가주의가 맹렬하게 팽창하여 형성해낸 그 모든 건물은 사람들의 접근이나 시선을 받아들이지 않는다. 그대로 반사하거나 뱉어내거나 차단한다. 건물과 건물 사이에는 일정한 규모의 경찰 병력이 근무를 서고 있다. 아닌 게 아니라, 광화문광장 한복판에도 순찰을 도는 경찰들이 있다. 경찰과 '출입 금지', 지난 근대화 시절에 공공장소 어디에서나 볼 수 있던 낡은 풍경 아닌가.

그들의 기본적인 임무는 시민들의 안전을 위한 것이지만, 어쨌거나 광장 한복판에 순찰을 도는 경찰이 있고 그 바깥으로 각종 시설과 건물을 호위하는 경찰 병력이 있다는 것은, 광화문광장이 "만남, 의견 교환, 산책, 휴식"(프랑코 만쿠조)이 이뤄지는 공간이 되지는 못한다는 것을 은유해준다.

인간 중심의 광장? • • •

서울시는 광화문광장 조성의 중요 개념으로 '인간 중심 공간' 을 천명한 바 있다. 중요한 개념이다. 과거 권위주의적인 발상에 의하여, 인간의 살아 있는 발걸음이 도저히 근접할 수 없었던, 차량과 권위의 광장을 대대적으로 바꾼다고 한다면 '인간 중심' 이라는 테마를 적극적으로 판단하지 않을 수 없는 것이다.

그러나 차로를 줄이고 그 한복판에 사람들이 들어갈 수 있다고 해서 그것이 곧 '인간 중심' 의 공간이 되는 것은 아니다. 신호등이나 건널목을 이용해서 건너가야 하는 일종의 '섬' 이라는 조건뿐만 아니라 그 안으로 들어가서 진실로 인간적인 휴식과 만남과 대화와 성찰이 가능한 곳인가 하는 질문에 대하여 광화문광장은 대답하기를 꺼려한다.

차량이 시속 60킬로미터 이상으로 달리는 공간, 더욱이 쉬지 않고 분수가 흘러넘치고 크고 작은 시설물이 동선과

광장에서 지하철로 이어지는 해치마당에는 서울시의 홍보물이 쉴 새 없이 영사되고 시민들은 맞은편 계단에 앉아 물끄러미 보도록 되어 있다. (2009. 8. 광화문 광장)

시선을 빼앗아가는 공간에서는, 예컨대 『죄와 벌』의 라스콜리니코프와 같은 인물은 발견하기 어려운 것이다.

광장의 기능, 특히 경건한 위로와 인간적 성찰의 기능에 대하여 아마도 도스토옙스키의 『죄와 벌』은 가장 순도 높은 장면을 보여준 작품이 될 터인데, 독단적 가치에 사로잡혀 충격적 살해를 범한 주인공 라스콜리니코프는 자신의 숭고한 신념에 전혀 미치지 못하는 거리의 여자 소냐로부터 거룩한 위로와 사면을 받고는 광장으로 걸어나간다. 그 대목을 한번 읽어보자.

> 광장의 복판까지 왔을 때, 그의 가슴에는 갑자기 어떤 충동이 일어났다. 그는 순간 어떤 움찔하는 느낌과 동시에 자기가 온통(몸도 마음도) 사로잡히는 것을 느꼈다. 그는 문득 소냐의 말이 생각났다. '네거리에 나가서 모든 사람 앞에 머리를 조아리고 땅바닥에 키스하세요. 당신은 대지에 대해서 죄를 범했으니까요. 그리고 큰 소리로 뭇 세상 사람들에게 나는 살인잡니다 하고 말하세요.' 이 말을 상기하자, 그는 온몸을 부들부들 떨기 시작했다. …… 그는 광장 한복판에 무릎을 꿇고 땅바닥에 몸을 굽혀 환희와 행복을 느끼면서 그 더러운 대지에 키스를 했다. 그는 일어서서 다시 머리를 숙였다.

자, 누군가 지금 라스콜리니코프처럼 비통한 심정으로 광화문광장에 들어섰다고 상상해보자. 억울한 사정에 직면했거나 불가피한 죄를 범했거나, 아무튼 그는 광장으로 나가서, 그 차디찬 대지에 몸을 엎드리면서 자기 내면의 긴급한 호소에 귀를 기울이려고 한다.

그때, 아마도 광화문광장을 순찰하는 경찰들이 제지하지 않을까? "이 보세요, 아저씨. 여기서 뭐하시는 거예요. 여기는 그런 곳이 아니에요.

광장은 단순히 물리적으로 넓은 공간이 아니라 시민들의 정치적, 문화적 열망에 의하여 완성되는 공간이다. (2008. 5. 이명박 정부의 축산 정책에 항의하는 촛불집회 당시의 모습)

어서 일어나세요. 이봐요. 아저씨. 여기는 분수 솟는 거 구경하고 꽃구경하고 동상 구경하면서 계속 걸어다녀야 하는 곳이지, 그따위 무슨 행동이세요, 아저씨?"

조금 과장하여 썼지만, 실제로 광화문광장에서는 이 같은 행동을 상상할 수조차 없다. 광화문 일대 복원 계획이 본격적으로 논의되기 시작한 2006년 1월 초, 당시 문화재청은 '서울 역사도시 조성 계획안'을 발표하면서 광화문 원형 복원과 함께 광화문 언저리에 2만 6,000여 제곱미터 규모의 광장 조성을 제시했다. 이를 발판으로 삼아 다양한 의견들이 제시되었는데, 그해 12월 서울시는 여기서 한걸음 더 나아가 '세종광장 조성 계획' 을 마련하였다. 세종로 일대(760미터 구간)를 보행 광장으로 만든다는 것이 골자였다.

이때 서울시는 양측 배치안, 중앙 배치안, 편측 배치안 등 세 가지를 검토하였다. 세종로와 광장의 관계를 어떻게 맺을 것인가 하는 가장 중요한 문제가 이때 거론된 것이다. 양측 배치안은 세종로 양측 보도를 확장해 광장으로 조성하는 것, 편측 배치안은 은행나무가 심어져 있던 세종로의 중앙분리대를 없애서 양방향의 도로 기능을 살린 뒤 세종문화회관 쪽의 기존 보도의 폭을 확장하여 광장을 만드는 안이었다. 중앙 배치안은, 현재의 공간 구성에 바탕이 된 의견으로, 기존의 은행나무를 뽑아내고 그 중앙분리대를 광장의 기능에 맞게 넓혀서 조성하는 의견이

서울시는 적지 않은 예산을 들여 경복궁에서 세종로와 남대문을 거쳐 한강에 이르는 대대적인 복원 및 정비 공사를 벌이고 있다. (2011. 6. 광화문광장)

었다. 이 마지막 안이 지금의 형태로 진화되어왔다. 결과적으로 서울시는 다소 접근성이 떨어지더라도 국가 중심 공간이라는 상징성을 채택한 셈이 되었는데, 이 선택에 서울시의 '공간 이념'이 사실상 반영된 것이다.

편측 배치안을 구상했던 건축가 승효상은 세종문화회관과 맞붙는 편측 광장을 조성할 때 광화문 기본축 및 육조 거리의 복원이라는 개념도 살릴 수 있으며 더욱이 어떤 의미로든 광장은 실제의 생활환경이나 시민의 보행 원리와 맞붙어 있어야 한다고 주장했다. 그런 점을 주목하여 본다면, "사면이 차도로 막혀 있는 광화문광장은 세계 최대의 중앙분리대"라는 그의 비판이 현실감을 갖는다. 이 '중앙분리대'에서는 느긋하게 산책하거나 편안하게 성찰하는 대신 적지 않은 소음과 속도로 질주하

광화문은 경복궁의 정문이자 세종로의 상징이며 수도 서울을 대표하는 문화유산이다. 수년에 걸친 복원사업 과정에서 가림막 또한 다양하게 변화해왔다.

는 등 뒤의 차량을 의식하면서 크고 작은 시설물을 따라 계속 걸어야만 하는 것이다.

역사문화 체험 공간? • • •

서울시는 광장을 조성하면서 '역사문화 체험 공간'이라는 화두를 나름대로 고민하였다. 그럼에도 그 결실은 '문화 체험'과는 거리가 먼 이벤트에 그치고 있다. 일제 잔재를 없애기 위해 세종로 한복판에 있던 은행나무들을 제거해 이식했다는 점도 별도의 검토가 필요하다. 서울시에 따르면 광화문 은행나무들은 일본 사람이 총독부와 일본 신사를 잇기 위해 심은 일제의 축이다. '역사 바로 세우기' 관점에서 이 은행나무 '축'을 없앴다는 것이다.

중요한 것은 은행나무 그 자체가 아니라 옛 총독부와 신사를 잇는 '축'을 제거한다는 점이다. 하지만 사실상 '축'은 그대로 뻗어 있는 상태다. 서울시에는 그 사례를 찾아보기 어려울 정도인 수령 100년 안팎의 은행나무들만이 산산이 뽑혀졌을 뿐, 문제의 그 '축'은 거대한 광장으로 여전히 '기능'하고 있는 셈이다. 진실로 '축'을 없애겠다고 한다면 그 축의 조형물인 은행나무들만 다 뽑아버릴 게 아니라 현재의 광장을 일본의 '축'을 따라 조성하지 않고 이를테면 세종문화회관과 맞붙는 편측 광장으로 형성했어야 되는 것이다.

이보다 더 중요한 것은 과연 광화문광장이 '국가 상징의 축'이 되어야 하는가 하는 본질적인 물음이다. '국가 상징'이라는 거대한 프레임이 제시되면 그 안을 채우는 수많은 조형물이나 행사나 이미지들은 이 프레임 바깥으로 벗어나지도 못하고 또한 그 바깥에서 안쪽으로 스며드는 일도 일어나지 않는다. 어떤 식으로든 '국가 상징'에 부합하거나 버금가는 조형물과 행사만이 허용된 관제 광장이 될 우려가 있는 것이다. 광장이 시민의 일상 공간이 아니라 '국가 상징의 거대한 공간'이 되는 순간, 관제화되거나 박제화되는 운명의 길을 걷게 되는 것이다.

광장의 기능, 그러니까 진실로 당대의 일상과 문화와 고뇌가 어우러져 '새로운 도시와 시민들의 합창'이 울려퍼지는 풍경을 그린 작품을 하나 더 읽어보자. 1920년대 독일 사회를 그린 알프레트 되블린의 『베를린 알렉산더 광장』. 이 작품은 격동기 시대의 혼란과 죄의식을 넘어서고자 하는 섬세한 개인의 속죄 의식을 보여준다.

이 소설의 주인공 역시 베를린의 광장과 거리를 배회하고 그곳에서 '다른 삶'을 발견한다. 베를린 동부지역의 알렉산더광장에 선 주인공은 오랜 방황과 사색 끝에 "더 이상 혼자 서 있지 않는다. 그의 오른쪽과 왼쪽에 사람들이 있다. 그리고 그의 앞에 사람들이 가고 그의 뒤에 사람들이 간다"고 말한다. 이 같은 상호 연대를 강조하면서 이 아방가르드 소설의 작가 되블린은 주인공의 입을 통해 다음과 같이 외친다.

> 깨어 있거라 깨어 있거라 혼자 있는 게 아니다. 대기는 우박과 비를 내릴 수 있고 사람들은 그것을 막을 수 없다. 그러나 다른 많은 것은 막을 수 있다. 나는 더 이상 옛날처럼 운명이다, 운명이다 하고 소리지르지 않을 것이다. 그것을 운명으로 숭배해서는 안 된다, 그걸 붙잡고 파괴해야 한다.

자, 광화문광장에서 이 같은 일이 가능할 것인가. 만약 누군가 작품 속의 주인공처럼 오랜 방황과 죄의식에서 벗어나 광장의 열정에 휩싸여 위와 같이 외치려고 광화문광장에 뛰어들게 되면 어떻게 될까. 아마도 서울

세계 곳곳의 대도시 광장에서는 언제나 시민과 권력의 불가피한 충돌이 발생한다. (2008. 5. 광화문광장)

시의 '광화문광장 사용 및 관리에 관한 조례'에 의하여 체포되거나 적어도 광장에서 쫓겨나게 될 것이다.

서울시는 광화문광장을 '허가'의 공간으로 보고 있다. 시민들이 광화문광장을 일정한 목표 의식을 가지고 사용하고자 한다면 반드시 서울시와 서울지방경찰청의 허가를 이중으로 받아야만 한다. 이 절차를 거치지 않으면 '불법 점거'가 되는 것이다. 이러한 절차와 규정을 준수하지 않을 경우 서울시는 이미 허가한 행사에 대해서도 취소하거나 이용 정지를 내릴 권한을 갖는다. 서울시는 광장을 관리하는 정도가 아니라 아예 감독까지 하고 있는 것이다. 이 점만 도드라지게 살핀다면, 광화문광장은 시민의

2011년 6월에는 취업난과 비싼 등록금 정책에 항의하는 대학생들의 시위가 벌어졌다. (2011. 6. 광화문광장)

것이 아니라 서울시의 것이다.

누군가는 서울시의 이러한 운영 지침에 대하여 현 정권의 '광장 공포증'에 따른 결과라고 비판했다. 일정하게는 수긍이 가는 대목이다. 그러나 나는 이것이 촛불집회 같은 것으로 인하여 현 정부와 서울시가 도심의 널찍한 공간에 많은 군중들이 모이는 것을 우려한 것에 대한 즉발적인 반응이라고 여기지는 않는다.

문제의 핵심은 더 깊숙한 곳에 있다. 단순히 현 정권에 반대하는 정치적 집회를 미리 걱정해서 이 같은 운영 지침을 정해놓은 것이 아니라, 이 나라의 오랜 관 주도 행정의 거대한 무의식 구조가 '자연스럽게' 이 같은 무리수의 지침을 아무렇지도 않게 꺼내들게 하는 것이라고 나는 생각한다. 광장에 사람이 모이는 것이 두려워서 관 주도의 조례 지침을 마련한 측면도 있지만, 이 나라의 오랜 권위주의적 행정 시스템 자체가 '허가', '절차', '정지' 같은 언어에 여전히 포획되어 있는 것이다.

더욱이 '국가 상징의 공간' 아닌가? 이처럼 무지막지하고 거창한 언어를 나열하여 조성한 공간이므로 소설 『베를린 알렉산더 광장』의 주인공과 같은 시민이 혹시나 있다면 그는 자신의 골방에 가서 울음이나 터트려야 할 것이다.

전동 휠체어를 탄 어느 시민이 이명박 정부를 규탄하는 유인물을 유심히 읽고 있다. (2008. 5. 광화문광장)

"광장은 대중의 밀실이며 밀실은 개인의 광장이다." 최인훈의 소설 『광장』의 서문에 나오는 문장이다. 지난 20세기의 화두가 되었던 소설이며 그 문장이다. 개인과 공동체가 어울리는 삶, 밀실과 광장이 서로 삼투하는 삶. 작가는 그것을 소망하였으되 여전히 이뤄지지 않은 꿈이다. 여기서 '광장'이란 명백히 지난 20세기 중엽의 불구적인 정치 상황을 은유하는 것이지만 동시에 대도시 중심가의 물리적 공간을 가리키는 것이기도 하다. 이 현대의 고전에서 최인훈은 다음과 같이 썼다.

> 사람들이 자기의 밀실로부터 광장으로 나오는 골목은 저마다 다르다. 광장에 이르는 골목은 무수히 많다. 그곳에 이르는 길에서 거상의 자결을 목도한 사람도 있고 민들레 씨앗의 행방을 쫓으며 온 사람도 있다.

광장이란 그런 곳이다. 광장이란 단순히 물리적으로 널찍한 도심 속의 공간이 아니라 밀실의 개인이 공포와 외로움을 이겨내고 좀 더 넓고 따스한 공동체로 스며드는 통로인 것이다. 하지만 광화문광장은 낡은 시대의 감수성에서 헤어나오지 못한 '국가 상징'의 공간이 되고 말았다. 분수가 솟구쳐오르고 아이들이 온몸을 적시고 그것을 어른들이 하루 종일 바라본다? 그것이 광장의 한 요소일 수는 있어도 핵심 개념이 될 수는 없다.

광장에서 지하 해치마당으로 이어지는 거대한 통로의 한쪽 면에는 계단이 설치되어 있다. 계단은 자연스럽게 관람석의 기능을 한다. 그런데 무엇을 보게 되는가? 시민들은 계단에 앉아 맞은편 벽에서 쉬지 않고 흐르는 서울시 홍보 영상을 보고 있다. 개인의 삶과 공동체의 정념이 일상

극심한 취업난 속에도 쉼 없이 돌아가는 서울시의 홍보 영상. 광화문광장은 광장의 공공성이 어떻게 실천되어야 하는가를 끝없이 되묻게 한다. (2011. 4. 광화문광장)

속에서 자연스럽게 뒤섞이는 공간이 아니라 거대한 국가주의적 이벤트와 서울시정 홍보만이 가능한 공간, 그곳을 광장이라고 부를 수는 없는 일이다.

이곳에서도 '사랑' 이 가능할까. 일상의 자연스런 흐름을 따라 광장으로 산책을 나가고 그곳에 마음이 헛헛한 사람들이 모이고 그리하여 자연스레 대화가 교류가 이뤄지고, 나아가 현대 문명의 압도적인 스케일 아래에서도 미약한 마음들이 서로 어울려 사랑을 이루는, 그런 풍경이 가능할까? 광장이 그런 곳이라고? 당연히 광장은 '사랑의 광장' 이기도 한 것이다.

이를 절실히 보여준 작품은 레마르크의『개선문』이다. 지금은 샤를드골광장으로 불리지만 파리지앵들은 여전히 에트왈광장이라고 부르는 그곳에 개선문이 있고, 그 아래에서 나치수용소를 탈출한 외과 의사 라비크가 벼랑 끝에 선 채로 희미한 사랑의 끈을 붙잡는다. 소설의 끝에서 레마르크는 "광장은 어둠에 잠겼다. 빛은 없었다. 거대한 개선문의 모습조차 보이지 않았다" 고 썼지만 그래도 광장에서의 인연과 사랑의 힘만은 남겨두었다. 그는 썼다.

> 그는 구두를 벗기고, 서랍에서 목이 짧은 털양말을 꺼내어 그것을 여인의 발에 신겨주었다. "자, 이만하면 조금은 낫겠지. 괴로울 때는, 하찮은 일에서도 위안을 찾아내도록 해야만 해요. 옛날부터 내려오는 군인들의 철칙이랍니다.

그런 절실한 사랑이 과연 광화문광장에서 가능할까. 좌우로 차량이 매연을 뿜으며 쏜살같이 달리고 거대한 국가 상징물이 압도하는 가운데 크고 작은 조형물 사이를 걷거나 혹은 피하면서, 때로는 계단에 앉아 영원

경찰 부대와 차벽과 진압장비가 압도하는 광화문광장. (2008. 5. 광화문광장)

히 이어질 것 같은 서울시의 홍보 영상을 바라보면서, 사랑이 가능할까. 내밀한 사유와 고요한 산책을 조금도 허락하지 않는 과도한 홍보 영상과 소음 덩어리 아래에서 사랑은, 그야말로 그로테스크한 절망과 다름없을 것이다.

인본주의 지리학자 이푸 투안은 『공간과 장소』에서 장소란 "정감어린 기록의 저장고이며 현재에 영감을 주는 찬란한 업적이다. 또한 장소는 영속적이며, 그리하여 자신의 연약함을 알고 어디에서나 우연과 변화를 느끼는 사람들을 안심"시킨다고 썼다. 자, 생각해보자. 정도 600년이라는 광화문과 그 앞의 광장은 과연 이 '영감과 영속'의 공간이 되고 있는가.

촛불집회에 참여한 젊은 연인들이 촛불을 밝힌 채 이야기를 나누고 있다. (2008. 5. 서울시청 앞 광장)

오히려 '정감어린 기록의 저장고' 이자 '영속' 적인 장소는 현대사의 격동 속에서 수난을 겪었고, 그마저도 영속의 역사 중에 한 장면이라고 한다면, 오늘에 이르러서는 완전히 해체되고 거대한 구경거리로 전락하고 말았다. 에드워드 렐프는 다양한 경관과 의미 있는 공간이 결핍된다는 의미에서 '무장소성' 을 언급했는데, 그는 결코 광화문광장 같은 의미 있는 역사의 공간을 염두에 둔 것은 아니었다. 그런데 렐프가 신개발이나 재개발 같은 곳을 염두에 두고 언급한 무장소성이 우리 시대에 와서는 광화문광장이라는 공간의 천박한 변형으로 현실화되고 말았다. 광화문광장의 장소성은 완전히 상실되었고 중앙집중적인 권력 상징들 위에 천박한 구경거리, 요란한 스피커들, 재벌들의 전광판, 서울시의 노골적인 홍보 이미지만이 자동차 소음 사이에서 서로 치졸하게 경쟁을 벌이는 곳이 되고 말았다.

소설가 이기호는 세종로를 배경으로 단편소설 「수인」을 썼다. 이 소설은 끔찍한 핵 재앙 이후의 붕괴 상태를 맘껏 상상하여 그린 것인데, 이벤트 공간으로 전락해버린 오늘의 광화문광장과 겹쳐서 읽으면 결코 그로테스크한 상상만은 아니라는 생각이 들게 한다. 현재의 광화문광장이 조성되기 훨씬 전에 쓴 단편이지만, 이기호의 다음과 같은 문장은 '근대적 국가주의 상징' 위에 '천박한 디즈니화'가 결합되어 졸렬한 볼거리로 전락해버린 이 애처로운 광화문광장을 위한 추도사로 보인다.

> 도로 이곳저곳엔 유리가 깨지고 보닛이 우그러진 차들이 사선으로, 혹은 뒤집힌 채 방치되어 있었다. 가로수들은 뿌리를 온전히 다 드러낸 채 말라 죽어가고 있었고, 도로에 면해 있는 고층건물들은 하나같이 검게 그을려 있었다. 이따금 바람이 불 때마다 도로와 인도에 쌓여 있던 낙진 덩어리들이 플라타너스 잎들과 함께 커다란 원을 그리며 하늘로 솟구쳐 올라갔다.

극장,
판타지 너머의 현실

오늘날 극장은 거대한 복합 쇼핑몰 안에 위치하여 대도시 관객의 일상 시간을 끝없이 확장한다. 멀티플렉스의 동선은 일체의 '외부'를 허용하지 않는다. 복합 쇼핑몰의 식당, 게임장, 쇼윈도, 카페 등으로 끝없이 이어진다. 한 세대 전에 사람들은 영화를 본 후 공원이나 거리를 산책했다. 그런데 이제는 거대한 쇼핑몰 안에서, 쇼윈도 사이로, 산책한다.

발터 벤야민은 베를린을 떠나기로 했다. 나치의 준동으로 더 이상 베를린에서 사는 것이 힘들고 치욕스러운 일이 되자 1933년 3월에 파리로 떠나게 되는데, 그리하여 두 번 다시 고향으로 돌아가지 못하게 되었다. 그렇게 떠나기 1년 전에 벤야민은 『베를린 연대기』와 『베를린의 유년 시절』을 기록하기 시작했다.

그는 "기억이 방대하다고 해서 항상 자서전이 되는 것"은 아니라고 말하면서 "중간계급 어린아이에게 남아 있는 대도시 경험의 이미지를 포착하기 위해 노력"했다고 『일방통행로』에서 말했다. 마치 롤랑 바르트의 기억과 기록(『롤랑 바르트가 쓴 롤랑 바르트』)이 그러하듯이 벤야민의 이러한 노력은 단순히 자신의 유년 시절에 대한 연민어린 추억록이 아니라 베를린이라는 특별한 장소이자 역사적인 도시의 현대성에 대한 기록이 된다. 이 기록에 착수하기 몇 해 전에 벤야민은 에세이 『마르세유』(1928년)에서 "유년 시절은 멜랑콜리의 예언적 자손이다. 우리 모두는 유년 시절을 보낸, 눈부시고 영광스러운 도시를 애도할 줄 알아야 한다"고 썼거니와 곧 『베를린 연대기』와 『베를린의 유년 시절』이 그것이다.

이 작업은 훗날 건축사학자 크리스티안 노르베르그 슐츠가 『장소의 혼』에서 강조하는 '실존적 공간'과 맥락을 같이하며 에드워드 렐프의 '장소성' 및 '장소 상실'의 근거가 된다. 슐츠는 장소란 "우리가 실존의 의미 있는 사건들을 경험하게 되는 초점"이며 따라서 "어떤 장소의 특성은 그 장소와 그것을 둘러싼 주변과의 상호 작용의 결과로 이해되어야 한다"고 말한다. 렐프는 덧붙인다. 특정한 장소가 의미 있는 이유는 그 장소의 위치나 기능이 아니라 "개인의 정체성과 문화적 정체성, 그리고 안정감의 근원이자, 우리가 세계 속에서 우리 자신을 외부로 지향시키는 출발점"이기 때문이다. 그러므로 나는 다시 벤야민의 기록 하나를 인용함으로써 옛 시절의 극장들을 기억해보려고 한다. "도시의 가장 친밀한

인터넷과 스마트폰이 주도하는 이 세기에도 거리의 벽에는 영화 포스터가 나붙는다. (2011. 7. 서울 홍대 앞)

지역에서 어린아이는 고독한 놀이를 하면서 성장한다."(『베를린 연대기』) 그 나침반을 따라 옛날 극장을 되새겨본다.

극장 구경을 하러 갔다 • • •

그 시절에는 동네들마다 극장이 참 많았다. 그때는 다들 극장이라고 불렀다. 영화관이라든지 시네마라든지 멀티플렉스 같은 말은 90년대 이후에 일반화된 것이고 그 이전에는 극장이라고 불렀고(국도극장, 스카라극장, 명보극장 등) 그래서 '극장 구경' 간다고들 했다.

나는 1976년 3월 16일에 서울로 올라왔는데, 초등학교 3학년이었다. '3월 16일'을 기억하는 것은 그 당시에 아마도 먼저 탈향하여 서울의 변두리로 온 동향 어른 중에 한 분이 '祝 發展(축 발전)'이라는 글귀가 쓰인 거울을 선물했는데, 그 거울 맨 아래에 그 숫자가 쓰여 있었기 때문이다. 중학생이 될 때까지도 그 거울이 용케도 붙어 있어서 3월 16일이 기억나는데, 어쩌면 그 날짜보다 보름쯤은 더 일찍 올라왔는지도 모른다.

아무튼 그 무렵 미아리 일대에 재개봉관 극장이 참 많았다. 집 바로 앞에 삼양극장(여기서 〈소림사 십팔동인〉과 〈십대제자〉와 〈혈리표〉를 보았다. 그 밖에 숱한 무협영화와 만화영화와 쇼까지 보았다)이 있었고 10분 거리에 시설이 꽤나 좋았던 세일극장(〈스타 워즈〉를 보았다)이 있었고 영화 끝날 때마다 거대한 커튼이 좌우에서 밀려들던 동광극장(〈깊고 푸른 밤〉을 보았다)이 있었고 카바레 때문에 자주 가기가 멋쩍었던 천지극장(〈산딸기〉를 보았다)이 있었고 삼양사거리 쪽으로 1, 2층 오르내리기 좋았던 아폴로극장(〈대부〉를 보았고 〈특전 U보트〉를 보았다. 내가 다니던 고등학교와 집 사이의 정확히 중간지점에 있었기 때문에 일일이 셀 수 없을 만큼 멀미 나는 시간들을 이

80년대까지만 해도 서울 도심에는 이른바 개봉관이 영상문화를 주도했다. (자료사진은 〈영웅본색 2〉 홍보를 위한 신문광고)

극장에서 다 보냈다. 〈육체의 문〉도 보았고 〈죽음보다 깊은 잠〉도 보았고 〈애마부인〉도 여기서 보았다)이 있었고 조금 먼 곳에 그 당시 강북의 유일한 개봉관이라 값이 비싸서 자주 가지 못했던 대지극장(〈식스센스〉를 보았다)이 있었고 돈암동으로 나가는 길목에 동도극장이나 도남극장(여기에서 영화를 본 기억은 없다)이 있었다. 모두 다 버스로 10분 안팎이요 재빠르게 걸으면 5분 안에 갈 수 있는 극장도 있었다. 지금은? 하나도 남김없이 다 사라졌다.

그야말로 '벨 에포크', 좋았던 옛 시절이다. 나는 하교하자마자 매일같이 동네 극장을 보러 다녔다. 나이 때문에 그 안으로 들어갈 일은 흔치 않았지만 바깥에서 극장의 간판을 보고 매표소를 구경하고 매표소 옆에 전시해놓은 비치된 영화 속 장면을 인쇄해놓은 스틸컷을 한참이나 보곤 했다.

5학년이 되었을 때, 사촌형이 23번 버스를 타면 시내의 큰 극장들 구경을 맘껏 할 수 있다고 했다. 나는 그 말을 듣자마자 삼양시장 앞으로 가서 23번 버스를 탔다. 과연 23번 버스는 시골 촌놈을 황홀경의 세계로 인도해주었다. 종로 5가의 한일극장을 시작으로 종로 3가의 서울극장, 단성사, 피카디리를 거쳐 곧 이어지는 종로 2가의 허리우드극장과 광화문 네거리의 국제극장, 아, 그것으로 끝이 아니었다. 버스는 용산 쪽으로 달렸고 나는 남영극장(〈깊고 푸른 밤〉의 허름한 간판)까지 다 보았으며 이윽고 보광동의 종점에 내려 저물어가는 한강을 내려다보고는 했다.

종로와 광화문은 그렇게 나를 도시인으로 만들어주었다. 그렇게 시작한 배회의 기억은 곧 청계천의 헌책방과 황학동의 중고음반으로 이어졌고, 아, 아무래도 교보문고를 기억하지 않을 수가 없다. 그 큰 서점이 시내 한복판에 있음으로 하여 나는 성장기의 대부분을 교보문고를 중심으로 하여 서울 도심지를 방사형으로 배회할 수 있었다. 나는 삼청동의 20년 전을 기억하고 있으며 옛 용산역사의 허름한 장병 승차사무소를 기억하고 있으며 세운상가의 크고 작은 공구들과 성인용품과 바삐 움직이던 리어카들을 기억하고 있다. 그 시작과 끝이 극장이었고 그 공간들의 모퉁이마다 극장이 있었고 그 시간들의 관절들마다 극장 간판이 이정표가 되었다.

누구에게나 '내 인생의 영화' 같은 질문에 답할 만한 기억들이 있을 것이다. 잡지나 책으로 그런 글들 엮인 것, 적지 않다. 읽어보면, 대체로 그 영화나 배우에 의하여 젊은 날 어느 한때를 애틋하게 떠올리는 감정을 만나게 된다. 언젠가《한겨레》신문에 나는 영화배우 줄리엣 비노쉬에 관하여 "줄리엣, 하고 말할 때마다 영롱하게, 그러면서 동시에 흔적도 없이 사라져버리는 희미한 눈동자. 푸른빛? 그 깊은 속으로 빠져들면 끝없이 이어지는 미로. 그리고 한 줌의 기억들"이라고 쓴 적 있다. 그런데 누군가 지금 "당신 인생의 영화는 뭐요?" 하고 묻는다면 줄리엣 비노쉬에게 양해를 구하고 싶다. 〈가시를 삼킨 장미〉와 〈내가 버린 남자〉의 유지인, 〈뻐꾸기도 밤에 우는가〉와 〈앵무새 몸으로 울었다〉의 정윤희, 〈겨울여자〉와 〈깊고 푸른 밤〉의 장미희, 〈무릎과 무릎 사

종로 3가의 서울극장은 인근의 단성사, 피카디리, 허리우드와 함께 시내 개봉관 전성시대를 이끌었다. (2011. 7. 서울극장)

이〉와 〈나그네는 길에서도 쉬지 않는다〉의 이보희를 기억하지 않을 수 없기 때문이다. 아, 〈산딸기〉와 〈애마부인〉의 선우일란, 오수비, 염해리, 안소영도 달리 메모가 필요하다. 아무튼, 그 시절에 영화를 본 날도 있고, 그 대형 간판과 영화 스틸 사진을 진열해놓은 벽을 구경하다가 돌아온 날도 있었다. 그런 '빛나는' 시절에 기이한 영화 두 편을 본 일이 있다. 그때는 그게 그 '거장'의 필름인 줄 모르고 보았다.

그 하나는 〈화녀 82〉. 아폴로극장에서 보았다. 전무송과 김지미의 주연인데, 그 모든 관계를 파탄내는 나영희가 강렬했다. 그 이듬해 나는 〈백구야 훨훨 날지 마라〉의 나영희를 또 보았다. 잊을 수 없는 영화들이었다. 남녀의 세상살이, 그 이치를 알 길이 없는 열다섯 살 소년의 눈에도 〈화녀 82〉는 잔혹하고 일그러진 이미지가 강렬했다. 양계장이 있다. 그 인근에서 중년 남자와 젊은 여자의 시체가 발견된다. 난도질당하여 죽은 것이다. 젊은 여자는 중년 남자 집의 '식모'(그때는 그렇게 불렀다. 그 당시 강남 아파트의 분양 전단지를 보면 부엌 안쪽의 작은 창 하나 있는 방을 식모방이라고 적었다)다. 사건은 자연스럽게 중년 남자의 부인 쪽으로 집중된다. 치정과 임신과 취약에 의한 살인이 이어진다.

그 무렵, 또 하나의 영화는 〈반금련〉이다. 〈화녀 82〉 때 그랬던 것처럼, 이 영화를 보면서도 나는 주인공 신성일과 이화시 대신 염복순이 무서웠다. 그녀의 대표작은 1975년의 〈영자의 전성시대〉인데, 몇 번의 재개봉으로 초등학교 고학년에 이른 나도 그 영화를 80년대가 오기 전에 볼 수 있었는데, 〈반금련〉에서의 역할은 무서웠다. 그때 나는 그 영화가 정윤희의 〈앵무새 몸으로 울었다〉나 선우일란의 〈산딸기〉 같은 영화인 줄 알고 보러 갔었다. 하지만 주인공 신성일이 여느 '세미에로 영화'의 남자 주인공과는 달리 심각한 곤경에 처하였다가 끝내 파탄나는 것을 보고 몸을 움찔했던 기억이 난다.

훗날 되새겨보니 그 영화 두 편은 모두 김기영 감독의 작품이었다. 1974년에 〈반금련〉을 크랭크인했다가 지나치게 노골적인 데다가 인간관계들의 엽기적인 파탄으로 인해 2시간 30분쯤 되는 상영 시간을 감독 스스로 포기 각서를 쓰고 1시간 30분 정도로 편집할 수밖에 없었고 그마저도 몇 년이나 묵혔다가 뒤늦게 개봉한 작품이라고 한다. 강한 자의식을 가진 여자들에 둘러싸여 전전긍긍하다가 억제할 수 없는 충동에 사로잡혀 파국으로 몰려가는 전무송과 신성일의 선홍빛 이미지는, 아직도 강렬하다.

이런 시절의 극장 체험이란 반드시 〈지옥의 묵시록〉이나 〈대부〉, 〈특전 U보트〉 같은 작품만으로 명치끝이 묵직해지는 것은 아니다. 내 유년기의 삼류 재개봉관은 이소룡의 꽃다운 시절이 다 스러진 다음이었기 때문에 성룡의 〈취권〉은 물론 이제는 검색 포털의 도움 없이는 감독이나 주연배우 이름도 까마득한 〈유성호접검〉, 〈혈리표〉, 〈비도권운산〉, 〈소림사 십대제자〉, 〈소림사 십팔동인〉 그리고 이소룡의 갑작스러운 죽음으로 〈사망유희〉의 속편 격인 〈최후의 정무문〉(그러나 순전히 한국 영화제작사인 화천공사에서 임의로 한 작업임)에서 이소룡 역을 맡은 거룡(본명 문경석)이나 왕호(본명 김용호)의 국산 무협 영화들로 채워져 있다. 이 영화들이 끝나면 '2본 동시 상영'으로 〈자녀목〉, 〈빨간 앵두〉, 〈산딸기〉 등이 상영되었으니 오후 한나절에 음양의 이치를 관통하는 '2본 동시 즐거움'이 없지 않았다. 그때의 성인영화 또한 그 노출의 수위와 무관하게 미묘한 정한으로 남아 있다. 지옥 같은 환경에서 탈출을 꿈꾸다 파멸에 이르는 정윤희의 〈죽음보다 깊은 잠〉, 낮과 밤이 다른 세계를 오가는 장미희의 딜레마가 돋보였던 〈색깔있는 여자〉, 얽히고설킨 치정과 배신을 그린 〈누가 여자를 두려워하랴〉 등은 비록 군데군데 허술하거나 낡은 컨벤션의 반

멀티플렉스 영화관의 숨 가쁜 경쟁 속도에 밀린 단관 개봉관 극장은 역사 속으로 사라졌다. (2011. 7. 드림시네마를 거쳐 서대문아트홀로 간판을 바꾼 서대문사거리의 구 화양극장)

복임에도 불구하고 그 시대의 답답함과 내 미성숙한 유년의 어지러움이 착상된 필름들이었다.

이제는 그 흔적조차 찾아볼 수 없는 재개봉관 화장실의 나프탈렌 냄새를 기억한다. 의자는 낡을 대로 낡았고 비가 내리는 필름은 그나마 종종 끊겼으며 그때마다 '동네 형'들은 휘파람을 불어댔다. 〈가시를 삼킨 장미〉나 〈훔친 사과가 맛있다〉 같은 멜로 성인영화가 상영될 때면 옆자리의 나이든 아저씨가 슬그머니 손을 잡기도 하지 않았던가. 조폭도 아니고 불량배도 아니고 양아치도 아닌, 그 시절의 고교생들은 재개봉관의 2층 복도에서 담배를 피우고는 했다.

이제 그런 극장들이 다 사라졌다. 이 거대 도시 서울의 유일한 단관극장이었던 서대문의 드림시네마(구 화양극장)를 끝으로 마침내 멀티플렉스 전성시대가 된 것이다. 요즘의 문화 인식으로는 반드시 보존해야 할 '근대 건축물' 이었던 을지로의 국도극장과 초동의 스카라극장은 각각 1999년과 2006년에 철거됐다. 한 세대의 문화와

군소 도시의 재개봉관 극장 역시 시설을 일부 축소 변경하여 대형 음식점, 예식장, 나이트클럽 등으로 변모하고 있다. (2008. 1. 강원도 태백, 메르디앙극장)

추억이 통째로 사라진 것이다. 서울극장, 대한극장, 피카디리, 단성사도 한 세기를 전후로 하여 멀티플렉스로 바뀌었다.

이 같은 사정은 전국적으로 비슷하다. 부산 유일의 단관극장이었던 남포동 국도극장도 복합공연장으로 바뀌었으며 영화 〈친구〉의 촬영 장소였던 삼일극장도 2006년에 철거됐다. 62년의 역사가 사라진 것이다. 광주의 계림극장과 태평극장, 대구의 대구극장, 자유극장, 제일극장, 대전의 대전극장과 신도극장 등이 모두 멀티플렉스라는 장벽 앞에서 허물어졌거나 그런 방식으로 리빌딩되었다.

극장 연대기 • • •

극장의 역사는 한국 근대사의 문화를 압축하여 보여준다. 구한말 개항 이후 선교사나 외교관에 의해 서양 문물의 통로로 극장이 시작되었다. 당시에는 영화를 보여주는 오늘날의 극장이기보다는 민속극, 연극, 활동사진이 '동시 상영' 되는 공간이었다. 1902년 대한제국 정부가 설립한 최초 실내극장 협률사(協律社)에서는 각종 가무와 곡예와 활동사진이 상연되었고, 협률사를 사설극장으로 대여받은 원각사(1908년)도 연희 중심의 공간이었다.

최초의 영화 상영관은 광무대였다. 발전소 겸 전차 차고로 사용되던 동대문의 시설 일부를 미국인 콜브란이 개조하여 1907년에 문을 열어 미국에서 들여온 영화를 상영했다. 1층에 700석 규모의 상영관이 열렸고 2층은 쌀 창고나 철물 공장으로 사용되었다.

이 시기에 단성사와 연흥사가 설립되었다. 단성사는 1919년에 영화전용관으로 개축되었는데 정교한 디자인의 목제 의자와 샹들리에, 벽에 부

단성사, 명보극장, 국도극장 등은 당대의 건축문화를 대표하는 공간이었다. (자료 사진은 리모델링하기 이전인 1999년의 단성사 모습)

착된 램프와 어두운 실내조명이 어우러진 공간이었다. 이 극장은 1970~1990년대 한국 영화의 르네상스를 이끌었으나(1993년에 임권택 감독의 〈서편제〉가 100만 관객을 돌파했다) 지금은 귀금속 전문 유통점으로 대대적인 리모델링 중이다. 지난 2005년에 지하 4층, 지상 9층의 총 10개관 1,860석의 멀티플렉스 극장으로 거듭났지만 90년대 중반 이후 도심형 극장보다는 주거 근접형 멀티플렉스가 시장을 압도하면서 쇠퇴기에 접어들고 말았다. 영화 보러 시내에 나가는 흐름이 줄어든 것이다. 단성사뿐만 아니라 피카디리극장도 2004년 '프리머스 피카디리'로 이름을 바꿔 간신히 연명하고 명보극장은 개관 51주년이 되던 2008

보존해야 할 근대 문화유산으로 등록예고되자 소유주가 곧장 철거해버린 스카라극장의 고풍스런 전면부. (영상진흥위원회 자료사진)

년에 뮤지컬 공연장으로 변환을 시도해야 했다.

다시, 극장의 기억을 떠올려보면, 단성사 이후 1920년대 이후 본격적으로 영화상설관 시대가 열렸다. 우미관, 동양극장, 약초좌, 황금좌, 명치좌 등이 들어섰는데 이 중 약초좌는 해방 이후 수도극장이었다가 1962년에 스카라극장으로 개칭하게 된다. 스카라극장은 파사드(건물 전면부)가 반원형으로 돌출된 것이 특징으로 극장 안팎에 장식적인 요소를 절제하여 그 모더니즘 양식의 건축문화적 가치가 높았으나 2005년 12월 6일 철거되었다. 당시 문화재청이 스카라극장을 근대 문화유산으로 등록예고하자 소유주가 부리나케 유서 깊은 건물 정면부 현관부터 허물고 철거해버린 것이다. 극장이 사라진 자리에 아파트형 인쇄 공장이 들어섰다.

약초좌, 곧 스카라극장의 운명만큼이나 오랜 세월의 역사와 문화에도 불구하고 한순간에 사라진 극장이 바로 황금좌, 곧 국도극장이다. 1913년 황금관으로 시작하여 1935년에 황금좌라는 이름으로 지상 3층 지하 1층 규모로 재건립된 이 극장은 당시 일본 근대 건축을 지배한 신 르네상스 양식이 두드러진 건물이었다. 특히 전면에 10개의 장식 기둥과 코린트식 주두 그리고 원형창이나 아치창 같은 장식 요소가 매끄럽게 실현되었다. 이 극장 자리에는 한때 주차장이 영업을 했고 지금은 외국계 비즈니스호텔이 들어섰다. 이 극장의 2층 회랑에서 1층의 로비를 내려다보던 옛 시절이 생각난다. 중학교 2학년 때였던가. 그때 이 극장의 회랑과 기둥은 그야말로 고색창연했다.

〈피아골〉, 〈미워도 다시한번〉, 〈별들의 고향〉, 〈영자의 전성시대〉 등을 상영하며 한국의 극장문화를 이끌어온 우아한 외관의 국도극장 역시 근대 문화유산 등록을 앞두고, 1999년에 철거되어 지금은 호텔로 바뀌었다. (영상진흥위원회 자료사진)

해방 이후, 신생독립국의 수도 한복판에는 앞다퉈 새로운 도시와 시민들을 위한 극장이 들어섰다. 대한극장(1955년)을 시작으로 명보(1957년), 국제(1957년), 반도(1960년), 피카디리(1960년) 등이 들어섰고 부도심권으로 재개봉관이 속속 개관하여 탈향하여 서울로 올라온 사람들의 문화 공간이 되었다. 그중에서 특히 기억할 만한 곳은 대한극장이다. 한국 극장사상 최초의 70밀리미터 영사기와 첨단의 음향 장치가 설치되었으며 무려 1,900개의 좌석을 단면 설계하되 관객의 시야를 최대한 확보한 극장이었다. 물론 이 극장도 지난 2001년 12월에 11개의 상영관을 갖춘 멀티플렉스로 바뀌었으나 관람문화의 급변으로 경영난에 허덕이고 있다. 다음으로 국제극장을 기억할 만하다. 1957년 9월, 광화문 네거리에 1,800석 규모로 개관한 국제극장은 내부 관람 시설뿐만 아니라

한때 대도시의 벽을 장식했던 영화 포스터들은 어느새 '추억 상품'이 되고 있다. (2010. 12. 충북 옥천)

넓은 광장과 대형 분수대에 의하여 서울 도심의 랜드마크가 되었다. 그러나 법적으로는 임시 가건물이었기 때문에 광화문 도심재개발 정책에 따라 1985년 4월 14일 폐관하게 된다.

통칭 '충무로'라고 불리던 한국 영화 중흥기의 이 기라성 같은 극장들의 명멸에 반드시 포함되어야 할 곳이 명보극장이다. 과거나 지금이나 극장은 도시문화의 꽃이며 당대 유행의 집합처이고 무엇보다 영화라는 최첨단의 감각이 팽팽하게 몸을 뒤트는 곳으로, 이 공간의 생성과 변천은 그 자체로 한 시대의 집합적 정서와 기억을 말해준다. 명보극장이 대표적 사례다.

명보극장은 1957년에 개관되었는데 그 출발부터 매끄럽지 못했다. 당시 8월 21일자 《한국일보》를 보면, 극장 개관을 앞두고 설계자인 김중업(바로 그 김중업!)이 시공자를 고발하는 일이 발생한다. 시공자가 애초 설계 도면과 달리 건축 구조와 재료 등을 변경했던 것이다. 한국 근대 건축의 기틀을 이룩한 김중업은 극장 서쪽 벽에 어울리지 않은 창문을 낸 미학적 측면이나 지붕을 콘크리트 대신 양철 지붕으로 뒤바꾼 공학적 측면 등을 일일이 나열하였다. 특히 김중업 특유의 외부 노출 계단이 사라질 위기까지 발생하였다. 김중업에게 있어 외부 노출 계단은 대표작인 '제주대 본관' 건물(이마저도 사라졌다)이 말해주듯이 단순한 치장이 아니라 공간의 안팎을 동시에 사유하는 증거였다. 공사 도중에 건축주가 바뀌면서 생긴 일이었다. 영화수입업자 이약룡은 1,500석 규모의 최고급 극장을 주문했지만 새로 인수한 건축주는 공사비 절감을 최우선으로 여겼다. 사태가 소송으로 번지자 시는 건축가의 요구와 건축주의 입장을 절충하여 이를테면 사라질 뻔한 노출 계단을 원래대로 시공하게 되는데, 그러나 건축주는 나중에 이 계단을 폐쇄하고 매표소로 전용해버렸다.

'크기'는 돌진적 산업화를 추구한 한국 사회의 문화적 내면을 구성하고 있다. (2010. 1. 서울 영등포 타임스퀘어)

그렇게 시작한 명보극장은 한때 대한극장, 스카라극장과 더불어 그야말로 '충무로'의 간판 극장이 되었으나 1984년에 전체 골격은 유지하되 전면을 16밀리미터 컬러 복층유리로 개보수하게 된다. 당시로서는 충격적인 광경이었다. 극장 전면이 거대한 통유리였기 때문에 치마를 입은 여성 관객은 명보극장을 불편하게 여겼다는 기사도 있었다. 그러다가 1993년에 완전 철거하고 이듬해에 지상 7층, 지하 4층, 5개관, 전체 2,040석의 당시로서는 최대 규모의 명보프라자로 재개관하게 되는데 이 작업을 건축가 김석철이 맡았다. 최초의 무인 자동 영사 시스템과 최첨단 음향 시설인 THX(루카스 사운드 시스템)와 DTS(돌비 디지털 사운드

시스템)를 설치하여 영화 음향하면 명보극장이라는 평을 듣기도 했다.

그러나 90년대 이후 도심 한복판의 극장들은 새로운 관람문화에 떠밀려 침체기에 들어간다. 1994년에 강남 시티극장을 시작으로 강남문화가 열렸고 1998년에 강변 CGV를 시작으로 주거 근접형 멀티플렉스가 기존의 관람 방식을 획기적으로 바꿔놓았다. 사람들은 이제 극장 시간에 맞춰 움직이지 않고 저마다 원하는 시간에 극장을 찾기 시작했다. 최대 20분 이내에 언제나 원하는 영화를 볼 수 있게 된 것이다. 특히 강변 CGV는 멀티플렉스 다관 상영과 더불어 가전, 가구, 식당, 생활용품 등을 한자리에서 해결하는 원스톱 쇼핑문화까지 구현하여 마침내 멀티플렉스 전성시대를 개막했다.

인공 공간의 핵심, 멀티플렉스 영화관 • • •

타임스퀘어? 뉴욕? 아니다. 영등포 타임스퀘어다. 그곳에 멀티플렉스 영화관 CGV가 있다. 나는 지금 그곳의 4층 난간에 서서 이 거대한 복합 쇼핑몰을 내려다보고 있는 중이다. 메인 출입구에서 들어서면 5층까지 나선형으로 잇대어 올라가는 에스컬레이터가 마중을 한다. 에스컬레이터는 각 층마다 매우 세련되게 단장한 매장으로 사람들을 토해낸다. 2층의 큰 서점으로 가는 사람, 3층의 푸드코트로 가는 사람, 4층의 영화관으로 가는 사람 그리고 그 밖의 수많은 매장과 전문 식당과 커피숍과 놀이 시설로 가는 사람들이 거대한 아트리움 사이를 가득 채우고 있다.

옛 영등포 경성방직 공장 부지(4만 2,600제곱미터)가 지난해 9월 16일 타임스퀘어로 거듭났다. 오늘날 대도시의 거대한 인공 공간은 대체로 이러한 과정을 거쳐 탈바꿈한다. 산업화 시대의 부도심권 공장지대가 날로

팽창하는 거대 도시의 문화 요충지로 지목된다. 부도심권의 공장들은 수도권 바깥이나 저 동남아의 어딘가로 옮겨간다. 동시에 그 주변에서 생계를 유지하던 가난하고 조촐한 삶들도 말끔하게 삭제된다. 그 자리에 거대한 문화유통 시설이 들어선다. 땅값과 건축비와 또 개발 이후의 활용 및 이윤 창출에 있어 오직 거대기업의 문화산업 분야만이 부도심권의 막대한 공간을 차지할 만한 권력과 금력을 휘두를 수 있으며, 실제로 모두가 그렇게 되고 말았다.

경성방직 공장 부지에 들어선 타임스퀘어는 개장 이후 겨우 100일 만에 무려 누적 방문자 2,000만 명을 기록했고 매출 또한 2,810억 원을 기록했다. 주중 평균 16만 명 주말 최대 32만 명이 방문한 타임스퀘어 안에 영화관이 있는 것이다. 건물 연면적 37만 제곱미터, 쇼핑 공간만 총 30만 2,000제곱미터에 달한다. 신세계백화점 영등포점과 명품관, 이마트, 메리어트호텔체인의 코트야드 바이 메리어트, 교보문고, 아모리스 웨딩홀, 코오롱 스포렉스 그리고 멀티플렉스 영화관 CGV가 있다. 이 CGV는 그 자체의 집객과 수익뿐만 아니라 여타 사업 공간들의 집객 및 매출 신장의 핵심으로 기능한다. 사람들은 영화를 보러 왔다가 쇼핑도 하고 밥도 먹는다.

CGV와 같은 멀티플렉스로 영화관사업 그 자체의 매출은 기록적으로 신장했다. 영화진흥위원회 영화관입장권통합전산망(스크린 가입률 98퍼센트)에 따르면 2009년도 영화 매출액이 무려 1조 817억 원에 이르는 것으로 잠정 집계됐다. 매출액 1조 원 시대의 가장 큰 동인은 관객 수 증가와 실질 관람료 인상에 있다. 2008년도 총 관객 수가 1억 5,083만 명이었는데 지난 2009년은 1억 5,648만 명으로 늘어났다.

관람료 인상 효과까지 부가되었다. 2009년 7월의 경우, CGV나 메가박

21세기의 쇼핑몰은 현대의 일상에 필요한 모든 것을 한 공간 안에 집적하고 있다. (2010. 1. 서울 영등포 타임스퀘어)

스 등 국내의 대표적 멀티플렉스는 주중 8,000원, 주말 9,000원으로 기존보다 1,000원씩 인상했으며 여기에 일반 상영관보다 평균 30퍼센트 이상의 관람표를 받는 3D, 4D, 대형 상영관 등이 늘어나면서 매출 규모가 크게 늘어났다. 여기에 영화 상영 직전의 광고 매출이나 엄청난 부가가치를 창출하는 대형 매점의 매출을 더해야 한다. 영화보다 팝콘의 수익성이 더 높다.

멀티플렉스 극장 점유율 추이를 보면 2001년 약 21퍼센트에 불과하였으나 2007년에는 약 85퍼센트에 이르고 있다. 멀티플렉스는 거역하기 힘든 대세가 된 것이다. 영화진흥위원회의 '2008 한국 영화산업 결산' 자료

영화관의 크고 작은 시설 역시 기능 이상의 심미적 취향을 반영한다. (2010. 1. 서울 영등포 타임스퀘어)

에 따르면, 2008년 기준으로 전국의 영화관은 모두 322곳으로 이 가운데 72퍼센트(232곳)가 복합 상영관이다. 전체 스크린 2,081개 가운데 복합 상영관의 스크린은 무려 1,840개(88.4퍼센트). CGV를 필두로 하여 프리머스시네마, 롯데시네마, 메가박스, 씨너스 등 5대 사업자가 군웅할거하는데 특히 1998년 서울 광진구 구의동에 국내 최초의 멀티플렉스 'CGV 강변'을 출범시킨 CGV의 영향력은 압도적이다.

문화연구가 이동연(중앙대 교수)은 멀티플렉스의 압도적 영향력에 대해 비판적 시선을 던진다. 그는 복합 쇼핑 공간과 그 핵심이 되는 멀티플렉스라는 공간이 '문화 다양성'을 해친다고 파악한다. 그 세부 사항으로 네

가지를 꼽고 있는데 "첫째, 멀티플렉스는 영화 관객들에게 영화의 볼 권리를 제한하고 있다는 점. 둘째, 극장 공간의 생태계 위기를 촉발시켰다는 점. 셋째, 독점적 소비문화 공간의 거점 역할을 한다는 점. 넷째, 멀티플렉스가 영화산업 수직 계열화의 치열한 독점 전쟁의 최종 유탄을 받는 장소라는 점" 등이 그것이다.

어쨌거나 '멀티플렉스 삼국지 대전'을 써온 CGV, 메가박스, 롯데시네마의 출혈은 CGV의 우세로 일단락되었다. 오리온 계열인 미디어플렉스는 메가박스 지분을 매각하고 국내 극장사업에서 철수하였고 롯데그룹도 롯데시네마의 신규 출점을 자제하면서 수익성 확보 위주의 사업으로 방향 전환을 했으며, 이 와중에 CGV는 중국 상하이 CGV 1호점을 개척하는 등 멀티플렉스 1위 사업자로 등극했다.

CJ CGV의 이상규 홍보팀장은 "오늘날의 소비생활 패턴을 가장 잘 보여주는 것이 영등포 타임스퀘어와 이 안에 위치한 멀티플렉스 CGV"라고 말한다. 그는 "강남 코엑스몰의 1.5배 규모인 타임스퀘어 안에 백화점, 할인 매장, 대형 서점, 호텔, 스포츠센터 등이 있고 그 핵심에 CGV가 있다. 엇비슷한 소비 상품을 나란히 늘어놓은 단순한 쇼핑몰이 아니라 쇼핑, 여가, 레저, 문화 등이 하나의 공간 속에서 정교한 동선 계산에 따라 합리적이면서도 다채롭게 펼쳐놓은 중심에 CGV라는 핵심 문화 공간이 있다"고 말한다.

이러한 새로운 유통 트렌드를 '몰링'이라고 한다. 이 몰링의 공간에서는 단순히 물건을 사는 행위를 넘어 그 사이로 걷는 행위 자체까지도 '이채롭고 즐거운 문화적 경험'이 된다. 그래서 '몰링(Malling)'이다. 이 거대한 복합 소비 공간 사이에서 하룻저녁을 다 보내는 젊은 세대를 '몰링족'이라고 부른다. 혹시 구글을 애용하는가. 그렇다면 '구글링'이라는 단

발터 벤야민이 근대 도시 파리에 대해 성찰했던 '산책자' 개념은 오늘날 거대한 인공 쇼핑몰 안에서 손쉽게 관찰할 수 있다. (2010. 1. 서울 영등포 타임스퀘어)

어를 알 것이다. 몰링이라는 신조어가 그와 같다.

미국의 몰 오브 아메리카, 일본의 커넬시티, 홍콩의 하버시티 등이 나라 밖의 대표적인 사례이거니와 국내의 경우로는 부산의 센텀시티가 이러한 '몰링'의 새로운 트렌드를 정확하게 보여준다. 일산 레이킨스몰, 대구 봉무 라이프스타일센터, 부산 롯데타운 등 전국 각지에서 들어서고 있는 20여 개 이상의 복합 공간도 '몰링'을 기본 개념으로 삼고 있다. 국민 소득 2만 달러가 넘어서면 이 같은 대형 복합 쇼핑몰이 신속하게 확대된다. 신조어 몰링은 새로운 파생어를 거듭 생산한다. 적극적으로 몰링을 즐기는 '몰고어(mall-goer)', 동네 산책을 하듯이 거대한 몰의 구석구석을 돌아보는 '몰워커(mall walker)' 등이 그것이다. 이러한 산책(소비?)을 가능케 하는, 심리적 안전판이 바로 CGV 같은 멀티플렉스다. 멀티플렉스 영화관은 이 거대한 쇼핑몰이 회전하는 데 꼭 필요한 동심축이 된다.

하나의 새로운 시작, 새로운 세계에서 시작 • • •

자, 이제 영화 〈아바타〉를 보자. 타임스웨커 4층 난간에서 발을 돌릴 시간이 된 것이다. 내가 특별히 이 영등포 타임스퀘어 CGV를 지목한 것은 세계 최대의 스크린이라는 '스타리움관'이 있고 그 안에서 3D 디지털의 〈아바타〉를 상영할 뿐만 아니라 바로 옆에서 4D로 세팅된 한국 영화 〈전우치〉를 볼 수 있기 때문이다. 이 모든 시설이 한두 해 전만 해도 몽상가의 머릿속에서나 가능했던 것이나 이제는 타임스퀘어를 시작으로 전국의 모든 멀티플렉스에서 실현되고 있다.

영화 〈아바타〉에서 주인공 제이크 설리는 판도라 행성을 두고 말한다. "그것은 하나의 새로운 시작이었다. 새로운 세계에서 시작!" 그런데 나는 이 대사가 제임스 캐머론 감독이 전 세계 관객을 향해 던지는 거대한 선언으로 들렸다. 3D 기술을 정점으로 하는 새로운 세계의 시작이 〈아바타〉로 시작되는 것이다. 그 생생한 현장이 타임스퀘어라는 신개념 복합 소비 공간 속에 위치한 CGV의 거대한 스크린과 압도적인 음향 시스템 속에서 구현된다.

신기술을 향한 전 세계 영화인들의 상상력은 어느덧 새로운 지평을 찾은 듯 보인다. 3D를 중심으로 한 전혀 차원이 다른 '비주얼 리얼리티'가 펼쳐지고 있다. 2009년 칸영화제는 개막작으로 3D 애니메이션영화 〈업(UP)〉을 선택했다. 베니스영화제 또한 2009년부터 수상 항목에 '3D 영화 부문'을 신설했다. 월트디즈니사는 2011년까지 22편의 3D 영화를 내놓을 예정이다. 미국에서는 지난 2005년부터 3D 스크린 열기가 일어나서 2009년 말 무려 2,600여 개의 3D 스크린이 설치되었다. 대부분의 영화관이 필름을 돌리는 기존 아날로그식 상영 시스템에서 3D 디지털 스크린으로 바뀌고 있다.

국내 영화 관계자들의 반응도 뜨겁다. 물론 국내 2,100여 개 스크린 중에서도 3D 스크린 상영이 가능한 곳은 5퍼센트 정도. 하지만 〈아바타〉 열풍 이후 각 멀티플렉스의 3D 스크린 확보 경쟁은 뜨겁게 달아오르고 있다. 2010년에 이미 56곳의 3D 상영관을 확보한 CGV는 그해에 80개로 늘렸고 롯데시네마를 비롯한 여타의 멀티플렉스 역시 분주히 움직이고 있다. 3D 상영 시스템을 갖추는 데 1억 원가량의 예산이 소요되지만 그 투자분을 회수할 만한 할리우드 블록버스터 영화들은 쉬지 않고 들어올 예정이다. 2010년도 개봉 영화 중에 3D 상영이 진행된 것만 해도 24편에 달한다.

〈아바타〉의 제임스 캐머론 감독은 앞으로 자신이 만들 모든 영화를 3D

이제 영화관은 스크린의 크기나 영사 시스템의 차별화뿐 아니라 서비스의 차별화와 취향의 구별짓기까지 실천하고 있다. (2010. 1. 서울 영등포 타임스퀘어)

로 제작하겠다고 밝혔고 스티븐 스필버그나 로버트 제메키스 같은 흥행성 높은 감독은 물론 할리우드의 거물 제작자 제프리 카젠버그 역시 "미래는 3D, 혹은 그 이상"이라고 호언하고 있다. 국내에서도 영화 〈친구〉로 유명한 곽경택 감독은 연평해전을 소재로 한 영화 〈아름다운 우리(가제)〉를 풀 3D로 제작 중에 있고 1,000만 관객 돌파를 이룬 〈해운대〉의 윤제균 감독 역시 차기작 〈7광구〉를 3D로 만드는 등 한국 영화계에서도 흥행을 노리는 작품들은 대체로 3D를 추구하고 있다. 1억 원 정도의 시설 투자는 그리 무리한 계획이 아닌 것이다. 정부에서도 3D 영상 및 그 파생산업 전체를 'IT코리아 5대 과제' 중 하나로 선정해놓

입구의 이쪽과 저쪽은 잠시나마 현실과 환상의 심리적 DMZ가 되기도 한다.
(2010.1. 서울 영등포 타임스퀘어)

은 상태다.

현대 문화예술의 해부학자인 아놀드 하우저가 주저 없이 20세기 최고의 예술로 지목한 영화는, 기실 '예술' 이라는 측면보다 '기술' 이라는 측면에서 비약적인 발전을 거듭해왔다. 기술은 영화의 발전에 지대한 공헌을 한 지렛대였다. 기술 향상이 없었다면 스티븐 스필버그와 조지 루카스는 한낱 몽상가에 지나지 않았을 것이다. 기술의 발전에 따라 영화감독은 새로운 표현력을 획득하게 되었고 그것에 의해 놀라운 상상력의 전개가 가능했다. 대중성이라는 기반 위에서 작업을 해온 감독들에게는 적어도 영화의 '기술' 적 측면이 그 자신의 '예술' 적 측면을 위협하는 적대적인 세력은 아니었던 것이다. 마치 흙먼지 날리는 운동장에서 바람 빠진 공을 차던 소년이 천연잔디를 맘껏 누비는 프로선수가 된 것처럼, 기술은 영화감독에게 매혹적인 가상세계로 가는 마법의 지팡이가 되어왔다.

영등포 CGV의 신준호 영사실장은 경력 14년차의 영사기사다. 전자공학을 전공한 그는 조금은 편하게 군생활을 할 수 있지 않을까 하여 영사기능사 자격증을 취득한 것을 시작으로 14년 경력의 베테랑 전문기사가 되었다. 지금은 사라진 아세아극장을 시작으로 강남 씨네하우스를 거쳐 CGV로 입사했고 영등포 CGV를 책임지고 있다. 말하자면 그는 급박하게 변화해온 영화관 기술의 증언자인 셈이다.

그의 안내로 영등포 CGV의 영사실을 둘러보았다. 영화관 전체의 한복판에 있는 영사실에서는 사방에 위치한 각 상영관으로 서로 다른 화면들을 내보내고 있었다. 〈시네마천국〉 같은 영화에서 보는 그 옛날의 아날로그 릴 영사기는 찾아볼 수 없었다. 릴 대신 거대한 플래터가 그 기능을 대신하고 있었고 특히 3D나 4D 영화는 모든 영사 과정이 컴퓨터로 제어된다. 신준호 실장은 "영화 기술은 끝없이 진보할 것"이라고 말한다. "사람들은 더 많은 자극을 원할 것이고, 또 감독들 역시 극단적 표현이 가능한 기술을 찾아낼 것이다. 지금의 3D나 4D도 언젠가는 낡은 방식이 될지 모른다. 좀 더 혁신적인 영상을 원하는 욕망이 사라지기 전까지 영화라는 예술은 끝없이 기술적 진보를 거듭할 것이다."

어떤 점에서 영화의 역사는 곧 '영화 기술'의 역사이기도 하다. 100여 년 전, 1895년이 끝나갈 무렵인 12월 28일, 프랑스 파리의 사교장 그랑카페에 몰려든 사람들의 눈은 오늘날 첨단 시설의 3D 상영관 안으로 들어간 사람들의 눈과 다를 바 없었다. 100여 년 전의 그랑카페에 모인 사람들은 오귀스트 뤼미에르와 루이 뤼미에르 형제가 만든 영화 〈열차의 도착〉 앞에서 입을 다물 수가 없었다. 3분이 채 안 되는 짧은 영화, 그것도 저 멀리서 기차가 도착하여 플랫폼에 이르러 멈추는 것에 지나지 않는 그 영화는 이후 100여 년의 영상 시대를 예고한 충격의 필름이었다. 실제로 그 짧은 영화를 보다가 놀라서 거리로 뛰쳐나가는 사람도 있었다. 그 이후 D. W. 그리피스와 세르게이 에이젠슈타인 감독이 있었고 세실 B. 드밀을 거쳐 스티븐 스필버그와 조지 루카스 그리고 오늘날의 피터 잭슨과 제임스 캐머론이 있는 것이다.

3D 기술 또한 1838년 발명가 찰스 휘스턴의 입체 안경

타임스퀘어 CGV의 최첨단 영사기. (2010. 1. 서울 영등포 타임스퀘어)

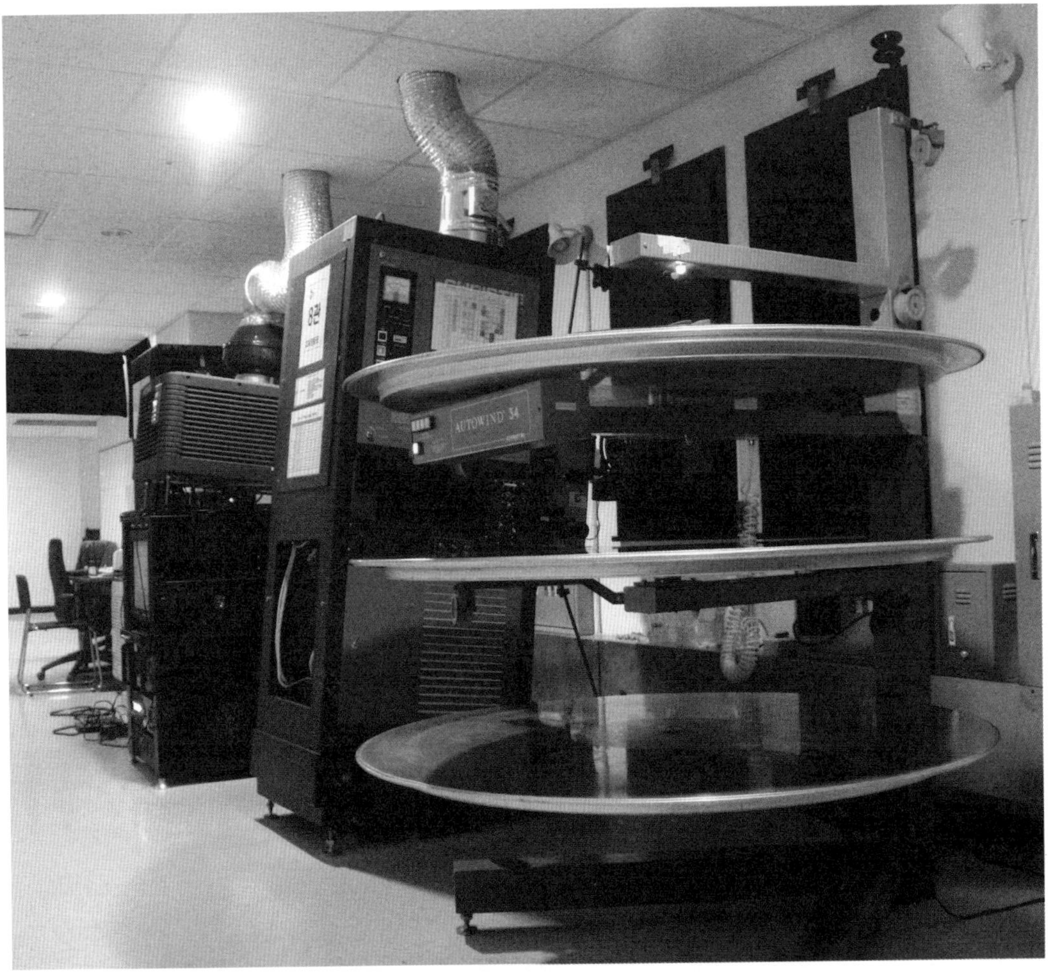

을 시작으로, 1900년 파리 박람회에 등장한 애너글리프 안경을 거쳐 1915년 미국 뉴욕에서 처음으로 애너글리프 입체 광학 방식의 3D 영화가 상영되었다. 이 3D 기술을 포함하여 영화의 모든 기술적 발전은 영화에서 파생된 여타의 영상물과의 전쟁 과정에서 얻어진 측면이 크다.

영화는 100여 년의 역사 속에서 크게 세 차례의 대전을 치렀다. 그 첫 번째 전쟁이 1950년대의 텔레비전이다. 거실에서도 편안하게 각종 영상물을 시청할 수 있는 환경이 제공되자 극장을 찾는 관객이 줄었다. 두 번째 전쟁은 1980년대의 홈비디오. 사람들은 영화관에 가는 대신 동네 비디오 가게에 가서 신작이나 흥행작을 대여해서 보았다. 마지막 전쟁은 금세기 들어 전 세계 네티즌의 일상적인 취미가 되어버린 '불법 다운로드'. 이 세 차례의 고비마다 실제로 관객이 줄어들긴 했지만 언제나 마지막 승자는 영화 그 자체였다.

압도적인 스크린과 음향 시설이 주는 심미적 쾌락은 제 아무리 대형 텔레비전이라 해도 따라잡기 어려운 것이며, 더욱이 디지털 컨버팅 과정을 거친 인터넷상의 영화 파일은 우리가 영화관에서만 체험할 수 있는 자극적인 음향을 도저히 재현할 수 없다.

영화는 텔레비전, 비디오, 컴퓨터 파일 같은 적대자를 만나면서 발전해왔지만 어쩌면 애당초 그와 같은 파생 매체는 영화 그 자체의 원본성이 가지고 있는 독특한 미학적 스케일과 감각을 따라올 수 없는 조무래기들이었는지 모른다. 그리하여 말을 바꿔보자면, 영화의 영원한 적대자는 '어제 만들어진 영화'일 것이다. 영화는 관객의 욕망을 자극하고 이 욕망은 다시 더 매혹적인 영화를 갈망한다. 영화사의 거대한 분기점이 된 세실 B. 드밀의 〈십계〉나 조지 루카스의 〈스타 워즈〉, 제임스 캐머론의 〈터미네이터 2〉나 피터 잭슨의 〈반지의 제왕〉 같은 혁신의 영상은 그 이전의

멀티플렉스가 등장했을 때 일부 전문가들은 상영 시간에 맞춰 사람이 움직이던 패턴이 사라지고 아무 때나 원하는 영화를 볼 수 있다고 예견했다. 그러나 멀티플렉스 영화관들이 흥행 영화 중심으로 타임라인을 짜기 때문에 오히려 원하는 영화를 찾아볼 수 없는 상황도 발생하고 있다.
(2010. 1. 서울 영등포 타임스퀘어)

모든 감각과 스케일과 매혹의 장치를 완전히 뛰어넘고자 하는 작가적 열망의 소산이다. 그 마지막 행렬에 〈아바타〉가 있는 것이다.

이제, 깨어날 시간이다 • • •

〈아바타〉를 시작으로 하여 분명하게 확인된 것은, 이제 '3D'는 놀이동산의 셀로판지 색안경 차원이 아니라는 점이다. 모든 상상의 원천은 그와 같은 조잡한 입체영상에서 시작했지만 지난날 몽상가들의 꿈은 오늘날 '새로운 몸'이 되었다. 3D 전용 안경 저 너머로 자막이 오른다. 그 자막은 과거처럼 스크린의 평면 위에 납작하게 붙어 있지 않고 관람자와 스크린 사이에 둥둥 떠 있다. 그리고 영화가 시작된다.

〈아바타〉는 지구인과 행성 판도라의 원주민 나비족과의 대결을 뼈대로 한다. 지구인들은 판도라에서 자원 언옵타늄을 채굴하기 위해 나비족을 학살한다. 비록 영화 속 이야기와 주요 인물의 캐릭터는 2154년이라는 시간대를 살고 있지만 미국의 근현대사(인디언학살과 이라크전쟁)를 떠올리게 하는 장면으로 가득 차 있다. 미국의 정치분석가 마이클 카미켈이 "이 영화는 미국의 군산복합체가 세상을 파괴할 것이라는 메시지를 던져준다"고 촌평한 것은 일리 있는 지적이다. 물론 주요 인물의 캐릭터는 '착한 미국인'의 전형이라서 〈터미네이터 2〉나 〈반지의 제왕〉이 보여준 묵시록적인 매혹과는 거리가 멀다.

핵심은, 그런 주제 의식이 아니다. 3D라는 첨단 기술이다. 개봉 20일 만에 역대 흥행수익 4위인 10억 2,000만 달러(약 1조 1,000억 원)를 넘어선 〈아바타〉의 기록은 지난 2009년 한국 영화 전체 매출액의 두 배를 넘는 기록이다. TV 방영, 홈비디오, 게임, 음반, VOD, 캐릭터, 기술료 등의

현대인이 숲과 물가로 산책을 나서는 일은 드물다. 오히려 주말이면 카페와 옷가게와 영화관이 한군데 집적된 인공 공간 속으로 산책을 나선다. (2007. 9. 고양시 일산 라페스타)

부가 효과 창출은 계산조차 불가능한 수치다. 이 '기록적인 기록'은 〈아바타〉의 내용보다 그 압도적인 신기술의 비주얼 이펙트에 있다. 지금 사람들은 제임스 캐머론의 '영상 혁명'에 기꺼이 1만 원이 넘는 관람료를 지불한다.

3D의 〈아바타〉 혹은 그 밖의 무수한 대작 블록버스터와 4D의 실감체현에도 불구하고, 영화관 바깥은 생생한 현실이다. 영화관을 품고 있는 타임스퀘어라는 거대한 공간 역시 그 바깥의 좀 더 냉혹하고 엄정한 현실 속에 있다. 〈아바타〉의 주인공 제임스 설리는 "이제 깨어날 시간"이라고 말한다. 그처럼, 영화를 보고 나면, 그 안에서 영원히 살지 못하고, 우리는 밖으로 나와야 한다. 쇼핑 공간 안에서 일상을 영위할 수도 없는 일이다. 어쨌든, 가상현실 밖, 실제의 현실 안으로 우리는 돌아와야 한다.

그러나 이러한 공간, 특히 영화관이라는 어두컴컴한 곳이 없다면 우리 일상은 얼마나 건조할 것인가. 유통업계 종사자들은 이 거대한 공간을 '복합 문화 공간'이라고 부른다. 그러나 사실은 '대형 소비 공간'이다. 우울하다. 그 사이로 거닐어야 하고, 그 속에서 연인을 만나고 그 속에서 가족의 나들이가 이뤄진다. 적어도 한 세기 전에는 사람들이 공원이나 물가로 산책을 나갔다. 그런데 이제는 인공의 거대한 쇼핑몰 안에서 산책한다.

이제 영화관은 그저 영화를 보고 재빨리 귀가하는 그런 곳이 아니다. 거대한 복합 쇼핑 공간, 그 안에 영화관이 있다는 것은 기본적으로 그 공간을 찾는 사람들을 서너 시간 동안 묶어놓을 수 있다는 얘기다. 그리고 영화 상영 앞뒤의 시간들이 확장된다. 누구라도, 불가피한 사정이 없는 한, 영화 시간에 딱 맞춰 들어와 영화가 끝나자마자 신속하게 차를 타고 나가려고 하지 않는다. 또 다른 소비로 이어지는 것이다. 영화관을 빠져나온 발길은 타임스퀘어 전역에 펼쳐져 있는 소품 매장과 서점과 식당과 게임장과 스포츠센터와 명품 매장으로 확장된다.

이곳에서는, 하나의 공간에서 다른 공간으로 가기 위해 '바깥'으로 나갈 필요가 없다. 도심 속의 도심이다. '바깥' 도심의 혼잡이나 불편이나 소음 따위는 이 거대한 복합 도시 안에 들어오지 않는다. 물론 이 속에서 인간이 삶을 영위하지는 않는다. 그러나 여가는 물론 일상생활도 충분히 해낼 수 있다. 없는 것 빼고는 다 있다. '바

대규모 인공 공간은 취향의 적극적 자극을 통한 이익의 극대화를 노골적으로 추구한다. (2010. 1. 서울 영등포 타임스퀘어)

영화관은 인공 도시 안에서 '산책'을 해야 하는 현대인에게 쉼 없이 시각적 자극을 제공하는 쾌락의 낙원이다. 현대의 인공 낙원은 후각(극장 안에서 진동하는 팝콘이나 오징어 냄새!)을 무시하고 청각(혼잡하고 소란스러운 음악들!)에 무관심하지만 시각적 장치들은 정교하게 배치한다. (2010. 1. 서울 영등포 타임스퀘어)

끝'으로 향하는 수직의 쾌적한 통로를 빠져나가면 지하철과 버스와 택시와 기차까지 탈 수 있다. 휴게실이나 좌석 같은 소품 시설이 쾌적하고 세련된 외양으로 변화한 것은 언급할 필요도 없다. 그것을 포함한 공간 전체, 영화관 전체, 거대한 공간 전체가 급변하였고 이제 그것은 더 이상 낯선 풍경이 아니다.

옛날에는 그러하지 않았다. 극장은 독립된 건물로 따로 존재했다. 대한극장을 나와서 남산으로 걸어갔고 중앙극장을 나와서 명동으로 스며들었으며 아세아극장에서 세운상가로, 허리우드에서 교보문고로, 단성사에서 창덕궁으로, 코아아트홀에서 종로서적으로, 또 어딘가에서 다른 어딘가로 걸었다. 그 사이의 수많은 골목과 노점과 포장마차와 폭우와 스쳐지나가는 사람들이 하나의 도시를 형성했다.

그러나 이제는 한 공간 안에서 모든 것을 다 해결한다. 지하주차장으로 들어가서, 다시, 지하주차장에서 빠져나온다. 그러니까 집과 주차장과 인공 공간들 사이를 차량으로 왕복하는, 도심의 나들이가 되었으니, 이런 경우를 두고 발터 벤야민의 '산책자' 운운하기란, 심미적으로 어색하다. 새로운 사유가 필요하다.

모델하우스,
가설무대의 삶

대도시의 네거리마다 요란한 치장으로 서 있는 모델하우스는 한곳에 정박하지 못하고 끝없이 떠도는 우리 삶의 불안정성을 잘 보여준다. 모델하우스는 그 자체가 임시 가설물로 언제든지 쉽게 짓거나 철거할 수 있고 다른 벌판으로 손쉽게 이전할 수 있다. 가설무대의 삶! 오늘도 '낙원구 행복동'에는 모델하우스가 창궐한다.

내 나이 또래에서, 시골에서 나고 자라 서울로 올라온 사람들이라면 대체로 그러하듯이, 나는 그리 길지 않은 삶에서 이 한반도의 주거 양식을 모조리 다 체험해보았다. 경북 산간오지의 고향을 떠난 것은 초등학교 3학년 1학기 때인데, 그때 고향집은 초가에서 슬레이트로 개량한 지 2년째였다. 초가에서 호롱불 켜놓고 막 초등학교에 입학한 형의 교과서를 아무렇게나 펼쳐지는 대로 눈앞에 펴놓고는 가갸거겨 읽어대는 시늉을 하던 기억이 있는데, 내가 초등학교 입학할 무렵에 새마을운동의 하나로 초가가 슬레이트 지붕으로 바뀌었고 전깃불이 들어왔다. 서울로 이사를 나올 때, 동네 사람들이 동구 밖까지 다 나와서 다들 울었던 기억이 난다. 생의 첫 번째 10년을 그런 환경에서 나고 자란 것을 나는 은혜롭게 생각한다. 몇 해 전, 고향을 찾았을 때, 그 기억을 되살리기 어려울 정도로 집터는 이미 오래전에 빈터가 되고 말았지만 말이다.

서울에 와서는 미아리의 단독주택가에서 10년을 살았는데, 소년은 비가 오면 마루에 앉아 처마 아래로 떨어지는 비를 받아먹기도 했다. 그곳

역시, 다른 볼일이 있어, 몇 해 전에 근처를 지나가다가 힐끗 쳐다보니 온통 아파트 군락으로 변하고 말았다.

그 무렵에 큰고모님 댁으로 자주 놀러갔는데 그곳은 개발되기 이전의 상계동으로 가혹한 도심 개발의 극한에 내몰린 처참한 집들이었다. 합판을 잇대어 붙인 집들이었다. 이웃의 작은 소리도 합판을 넘어왔고 사촌 형제들과 조금이라도 장난을 심하게 치면 합판 너머의 옆집 사람이 조용히 하라고 소리를 지르는 곳이었다. 수십 세대마다 화장실이 하나씩 배치되어 있었으므로 동네는 언제나 고약한 냄새가 짓누르고 있었다. 그곳에서 미성숙의 청소년들은 일찌감치 담뱃불로 교복바지를 태웠고 때로는 자기 팔을 지지기도 했다. 비가 내리면, 상계동은 온통 진창이 되었다. 황석영의 소설 『돼지꿈』의 어떤 광경들이 자주 펼쳐졌다. 그곳은 학원가로 유명한 아파트 군락이 된 지 오래되었다.

김소진의 단편 소설에 기록된 '달동네' 삼양동은 이제 거대한 아파트 군락지로 변해버렸다. (2004. 10. 서울 삼양동 아파트 건설 현장)

고등학교 다니면서, 실핏줄처럼 얽혀 있는 삼양동 달동네를 샅샅이 걸어다녔다. 그 언덕 위에 있는 학교를 다녔기 때문이다. 소설가 김소진은 삼양동 달동네의 응고될 수 없는 슬픔과 창백한 분노를, 그토록 절실하면서도 때로는 무서우리만치 건조하게 그려냈다. 그런 까닭에 나는 김소진의 소설을 문학사의 한 업적으로 읽어본 일이 없다. 내게 그의 소설은, 문학사 이전의 기록이다. 그는 단편 「길」의 앞부분에서 다음과 같이 썼다.

> 길을 보면 왠지 위로가 된다. 널찍한 도로나 반듯한 길거리보다는 걷다가 언제든지 걸터앉아 다리쉼을 할 수 있는 뒷골목의 좁고 구불구불한 길이면 더욱 그렇다. 길이 있는 한 삶도 있을 것 같았다. 그리고 가야 할 길보다 무작정 걷는 길이 더 좋았다. 왜냐하면 그런 길의 끄트머리에는 반드시 고달픈 한 몸쯤은 누일 만한 집이 나타나는 법이기 때문이다.

아파트는 단순한 거주 공간이 아니라 경제적, 문화적 욕망의 필연적인 꼭짓점이다. (2007. 5. 가양대교와 방화대교 사이 공항철교 공사 현장에 세운 현대 아파트 광고)

하아, 이제 그곳마저도, 삼양동 기슭에서 시작하여 북한산의 능선을 따라 정릉 아랫마을까지 아파트로 완벽하게 바뀌었다. 김소진은, 그의 소설이 반드시 그의 행적을 지시하는 것은 아니지만, 여러 단편들에서 삼양동을 떠나 노원으로 다시 거기에서 일산 신도시로 이주한다.

나 또한, 20대의 어수선했던 대부분의 계절을 어느 한군데 머물지 못한 채, 미아리에서 부평으로 그곳에서 신림동이며 봉천동으로, 반지하에서 옥탑방으로 다시 거기에서 볕 하나 들지 않는 차고를 개조한 방으로 옮겨 다니며 보냈고, 이윽고 결혼하면서 18평짜리 아파트에서 살기 시작했다. 김소진의 단편 「키 작은 쑥부쟁이」에 나오는 "안산동 골짜기에서 서울여상 뒤 지붕에 호박을 인 집, 예수재림을 금식기도로 간구하며 늘상 흐느끼던 주인집, 시교위 장학사라고 하던 대머리 주인집, 뒤란에 아름드리 느티나무가 있는 한약방집의 이 층, 장희빈의 묘가 뒤에 있어 아이들이 귀신소동을 곧잘 피우던 다다미집…… 대조동 구호주택 한 칸, 불광중학교 뒤 항아리집, 은혜국민학교 옆 텃밭집, 이틀이 넘었다고 한 달치 방세를 계산하는 바람에 대판 싸웠던……" 그런 정도는 될 만한 이행이었다.

결혼을 얼마 앞두고 집에 들렀을 때, 아버지는 동네 사람과 "아파트 하나 구했다고 허네. 저기 방학동에, 아파트……" 하면서 얘기를 나누고 계셨는데, 그때만큼 '아파트'라는 말이 갈비뼈 사이로 뚜렷하게 틈입해온 적은 없었다. 아파트는, 그때나 지금이나, 가난한 삶의 저 언덕 너머에 있는 선망의 공간이었던 것이다. 아들이 다세대연립빌라가 아니라 작은 '아파트'라도 장만해서 신혼생활 시작한다는 것을, 아버지는 강조하고 싶었던 것인지도 모른다. 그렇지 않은가, 아파트는 단순히 철근콘크리트 라멘조 건물 이상의 어떤 뭉클한 공간이다. 우연일 뿐이지만, 지금 나는 김소진의 행로처럼 서울 북쪽 동네를 떠나 일산 신도시의 아파트 군락지로 이

주해왔다.

모델하우스를 찾아서 • • •

사거리의 신호등은 좀처럼 바뀌지 않는다. 차들은 전진하지 않는 앞차들의 꽁무니에 빠짝 붙은 채 푸른 신호등으로 바뀌기를 기다린다. 아무래도 두 번의 신호 교대는 기다려야 할 듯하다. 출근 시간대의 사거리는 사방의 골목에서 기어나온 차들로 이미 꽉 차 있다. 일산 신도시의 사거리에서 서울로 진입하는 간선도로를 찾아헤매는 차륜의 행렬은 마치 숙영지를 떠나가는 지친 군사들처럼 느리게 움직일 뿐이다.

담배 한 모금을 위하여 차창을 연다. 담배 연기는 비좁은 실내를 벗어나 영하의 대기 속으로 사라진다. 그 대신 매서운 바람이 일순간에 답답한 차 안으로 밀려 들어온다. 그것을 차단하기 위하여 차창을 올리다가 문득 건너편 건물을 바라본다.

마침내 저 인공의 가설물이 단장을 끝냈다. 2008년 겨울이 시작될 무렵부터 저 건물은 공사 중이었다. 안팎의 단장을 다 끝내지 않아서 개관을 하지 않은 상태였기 때문에 그 안으로 들어가보지 못했으나 필경 바깥의 단장만큼이나 그 안도 섬세하게 다듬어냈을 것이다. 저 가설물은 연말과 연초의 숨 가쁜 시간대에 걸쳐 꾸준히 치장을 했다.

예전에는 다른 형상이었다. 다른 건설사의 다른 아파트 브랜드가 오랫동안 서 있었는데, 그 자리를 새 건설사의 새 브랜드가 들어서기 시작한 것이다. 신도시 중심가의 텅 빈 부지는 꽤나 오랫동안 여러 건설사의 브랜드로 자주 옷을 갈아입었다. 그 앞을 지날 때마다, 혹은 교통체증 때문에 좌회전 신호를 기다리며 한참이나 사거리 한복판에 서 있을 때마다,

수시로 변한 저 가설물의 외양을 바라보고는 했었다. 그 외양에는 우리 시대의 가장 대표적인 욕망이 함축되어 있었다.

이 비루하고 헛헛한 삶을 일거에 해방시켜줄 것만 같은 욕망! 이 곤고한 한반도의 삶을 지탱케 하는 거의 유일한 목표! 생의 에너지를 온전히 쏟아부어야만 하는 간절한 신기루! 비록 20년 장기 상환의 기나긴 멍에가 될지라도 우선은 그 공간 속으로 자신과 가족의 생애를 밀어넣어야만 하는 생활의 전체, 곧 아파트라는 이 시대의 화두가 바로 저 가설물의 화려한 외장과 근사한 인테리어에 농축되어 있는 것이다. 다름 아닌, 모델하우스!

'내 집'을 갖고 싶다는 현실적 꿈과 '중산층' 욕망을 동시에 보여주는 모델하우스는 사용 기한이 지나면 신속히 철거되고 새 브랜드로 바뀐다. 사진은 일산의 어느 모델하우스가 사용 완료 후 차례로 철거되고 공터로 바뀌는 모습이다. (위의 두 사진은 2009. 12. 맨 아래 사진은 2011. 10)

옵션 상품입니다 • • •

모델하우스에 가보셨는가. 그렇다면 당신은 그 행렬의 팽팽했던 긴장을 결코 잊지 못할 것이다. 수많은 인파 때문에 번호표를 받고서야 입장이 가능했던 모델하우스도 적지 않다. 그 정도는 아닐지라도, 모델하우스 부지에 들어서면 우선 감색 작업복 차림의 안내원들 수신호에 따라 임시 주차장에 차를 세우는 순간부터 마음속은 두 가지 무늬가 엇갈리기 시작했다. 번잡한 도로를 정면으로 한 모델하우스의 전면은 이국적이며 화려한 치장인데, 그 이면의 주차장은 대체로 비포장의 공사 현장이다. 전면의 근사한 화장에 비하여 모델하우스의 이면은 임시 가건물 특유의 골조가 덩그러니 노출되어 있다. 전 생애를 바쳐야만 얻을 수 있는 중형 아파트를 향한 꿈은 비포장의 임시 주차장만큼이나 공허한 꿈으로 다가온다.

이윽고 입구에 들어선다. 널찍하게 마련된 전시 로비와 안내 데스크와 급하게 가져다놓은 듯한 화환과 총천연색으로 큼직하게 써놓은 문구들이 마중을 한다. 평형 별로 구획된 곳으로 들어가면 텔레비전 광고에서 자주 보았던 최신의 인테리어가 눈에 들어온다. 사람들은 두리번거린다. 당신도 두리번거린다. 가상의 거실을 걷고 주방의 장식장이나 식탁을 손으로 만져보고, 심지어는 물이 나오지 않을 것을 뻔히 알면서도 싱크대의 수도꼭지를 돌려보기도 한다. 하나의 연극적인 행위가 벌어지는 것이다. 가설무대 위의 연극배우처럼 임시로 설치된 소도구들을 만져보고 적당한 자리에 배치되어 있는 소파나 장식 의자에 앉아본다.

동시에, 당신처럼 그 공간을 찾아온 다른 사람들을 의식하기도 한다. 애들 방이 조금 작지 않느냐는 어느 부인의 뒷모습을 따라 서재라는 임시의 공간으로 이동한다. 그 부부는 시공사에서 서재라고 명명한 이 공간을 서재 대신 다른 용도로 쓸 수 있는 방안이 무엇이 있을까를 잠깐 상의하면서도 그들 마음속의 꿈을 포기하지는 않는다. 야, 이 정도라면 바깥에 나갈 이유가 없겠어. 그 부인의 남편이 말한다. 그는, 당신처럼, 정말로 근사한 서재를 갖고 싶었던 것이다. 먼 훗날 그 서재가 노부모의 거처나 직장 다니는 큰아들의 방이 될 가능성이 높지만, 그래도 이 모델하우스에서만큼은 그 서재가 바로 그 남편, 곧 당신의 몫인 것이다. 시공사 측이 서

모델하우스의 내부 인테리어는 당대의 소비 수준과 유행 감각의 일면을 보여준다. 사진 속의 거실은 2005년경의 소비 풍속과 거실 취향을 말해주고 있다. (2005. 7. 고양시 일산)

재에 배치해놓은, 저 19세기 말엽 스코틀랜드 디자이너 찰스 매킨토시 풍의 중후한 책상과 의자 앞에서 당신은 좀처럼 움직이지 못한다.

신혼의 부부들이 서재에 들어섰다가 금세 맞은편 안방으로 이동한다. 아직 그들에게 서재는 과욕인 셈. 사실 이 중형 아파트 자체가 그들의 현실적 목표는 아니다. 그러나 당신이 그랬듯이, 그들은 조금 전에 들렀던 작은 크기의 아파트보다는 이 널찍한 중형 모델에서 더 많은 꿈을 꾼다. 갓 돌이 지났을 아이를 업은 신혼의 부인에게 안방은 비현실적인, 그로테스크한 설치미술처럼 보인다. 어쩌면 그들은 지금 이 널찍한 안방의 깊숙한 곳에 딸려 있는 드레스룸만 한 곳에서 살고 있을지 모른다. 그런들 어떠랴. 모델하우스는 꿈을 저장한 곳이고 그 꿈을 어루만져보는 연극무대인 것. 빠듯한 살림을 절약하며 살아가는 신혼부부일지라도 이 가설무대에 입장하여 미래의 어떤 배역을 선체험하는 권리는 소유하고 있다.

거실이나 안방이나 서재나 욕실에 공통적으로 등장하는 인상적인 문구는 "장식용입니다" 혹은 "옵션 상품입니다" 같은 정중한 인사들이다. 어떤 모델하우스에는 "만지지 마시오"나 "가져가지 마시오"도 있었는데, 요즘은 그런 투박한 경고를 만나기는 어렵다. 아무튼, 모델하우스 안에 세팅되어 있는 인상 깊은 소도구들은 '장식용'이거나 '옵션 상품'들인데, 이는 모델하우스 전체가 미래로 한없이 유보된 꿈이라는 것을 직관적으로 보여준다. 모델하우스 자체가 장식용이며 수많은 옵션으로 구성된 기계장치인 것이다.

모델하우스의 변천 • • •

아파트. 이제는 이 한반도의 대표적인 주거 공간이 되었다. 산하 도처에 아파트 아닌 곳이 없으며, 지금은 비록 공터이거나 야트막한 산이라 해도 가까운 시일 내에 모조리 아파트로 뒤바뀔 것이다. 높은 산을 깎고 너른 바다를 메워 아파트를 짓는 시대 아닌가.

지난 1970년 이 한반도의 아파트는 겨우 4만 2,000가구로 전체의 0.7퍼센트에 지나지 않았다. 그러나 불과 30년 만인 지난 2000년에 523만 8,000가구로 36.8퍼센트까지 증가했으며, 2000년 이후 해마다 40만~60만 가구가 공급되어 2009년 12월 총 628만 5,201가구로 급증했다. 이 거대한 물량의 생산과 구매와 소비의 정점에 모델하우스가 있다.

평생 짊어지고 가야 하는 아파트 대출금의 운명을 암시하듯이 모델하우스의 크고 작은 시설들은 대부분 만질 수도 없고 소유할 수도 없는 '전시용품' 이다. (2007. 12. 고양시 일산)

국내에 모델하우스가 처음 들어선 것은 1969년 서울 한강변의 동부이촌동 한강아파트 때 일이다. 1957년 중앙산업이 고려대 부근에 종암아파트를 지은 것으로 아파트 역사가 시작되었으니 모델하우스는 10년쯤 지나서 등장한 것이다. 최초의 단지형 아파트인 1964년의 마포아파트(현 도화동 삼성아파트 자리)나 최초의 고층아파트로 불리는 1967년의 한남동 힐탑아파트까지만 해도 모델하우스의 필요성은 그리 크지 않았다.

그런데 한강맨션부터는 사정이 달라졌다. 정부 차원에서 아파트에 대한 인식을 바꿀 정책적 필요성이 제기된 것이다. 아파트 역사 초기의 10년 동안 아파트는 시민들의 전통적인 주거 개념을 넘어서지 못했다. 자기가 사는 거실 위에 다른 가족의 화장실이 있다는 위생적인 관념은 물론 수도, 위생, 엘리베이터, 쓰레기 처리 등의 시설 문제가 완벽하게 선결되지 않았던 탓에 주택 공급 물량을 확대하고 이로써 구도심을 '개선' 하려는 정책적 의지가 제대로 실현되지 못했다.

그래서 등장한 것이 동부이촌동의 한강아파트 모델하우스다. 1969년의 일이다. 공무원아파트, 한강맨션, 한강외인, 한강민영아파트 등 4단계의 개발 과정을 통해 형성된 이 단지는 총 3,220가구로 서민형 크기에서 최대 55평형까지 갖춘 복합 단지였다. 당시만 해도 아파트는 서민들이 다닥다닥 붙어사는 곳으로 인식되어 있었는데 정부는 이 개념을 불식시키고 '중산층 주거단지' 라는 인식을 확산시키기 위하여 학교, 상가, 공공시설까지 적절히 배치했으며 고위직 공무원을 입주시키는 전략까지 추진했다. 이와 같은 단지 배치와 중산층 거주라는 개념은 1970년대 이후 '아파트 단지 조성' 의 개념적 원형이 되었다. 바로 그것을 시각적으로 보여주기 위하여 모델하우스를 설치했던 것이다. 물론 지금과 같은 모델하우스가 아니라 분양 현황판, 지역 안내도, 모형 등을 보여주는 정도였다.

이렇게 출발한 모델하우스는 70년대의 강남권 개발과 80년대의 상계동, 목동, 과천 개발을 거치면서 '견본주택'을 통한 조기 분양의 고리로 변화하였다. 이는 90년대 초의 일산, 분당, 평촌 같은 신도시 건설 시기까지 관철된다. 그러니까 그때까지만 해도 모델하우스는 '견본주택'이었다. 게다가 아파트에 대한 현실적이거나 심미적인 욕망이 부글부글 끓어오른 시기였기 때문에 특별히 모델하우스를 근사하게 치장할 필요가 별로 없었다. 짓기만 하면 팔리던 때였다.

건설사의 입장에서 모델하우스가 하나의 '심미적 전략 포인트'로 작용하게 된 것은 1997년 환란위기 이후의 극심한 부동산 침체를 돌파하려던 시점이다. 때마침 건설사 입장에서는 두 번 다시 오지 않을 '아파트 분양가 자율화'가 시작되었다.

새로운 세기에 들어서면서 '아파트 브랜드 대전'이 달아올랐다. 그 이전만 해도 아파트는 행정동명 뒤에 '1차', '2

모델하우스는 화려한 단일색과 볼륨감 넘치는 선을 과감히 활용하여 지나가는 사람들의 시선을 집중시킨다. (2007. 11. 고양시 일산)

차', '3차'를 달거나 '진달래', '개나리', '달빛', '옥빛' 같은 수식어를 다는 정도였는데 지난 2000년 3월 삼성물산이 경기도 용인에 구성1차 '래미안'을 런칭하면서 모델하우스에도 대대적인 변화가 일어나기 시작했다. 97년 외환위기 이후 얼어붙은 부동산 경기를 돌파하려는 건설사의 브랜드 전략은 삼성물산의 래미안을 시작으로, 한 번 듣고는 그 뜻을 좀처럼 헤아릴 수 없는, 실은 그 어휘의 사전적인 정확한 뜻보다는 그 낱말이 연상시키는 뿌연 이미지를 확산시키는 전략으로 순식간에 번져갔다. '하이페리온', '푸르지오', '자이', '리첸시아', '힐스테이트' 같은 말들이 흐린 하늘에 띄워올린 애드벌룬처럼 이 한반도를 압도하기 시작했다. 하나 같이 '최고, 지성, 상류, 능력, 탁월한' 같은 의미를 담고 있다고 하는데 최근에는 이마저도 부족하여 '래미안 하이어스'처럼 원래의 의도를 더욱 강조하려는 수식까지 달기 시작했다. 익숙했던 전통의 공간을 말끔히 밀어낸 자리에 키치적인 이름을 앞세운 고층 브랜드의 행렬이 이어졌다.

이러한 '명품 브랜드' 전략은 '당신이 사는 곳이 당신이 누구인지 말해준다'는 식의 강력한 정서적 위화감을 전면에 내세우는 광고전으로 확산되어 톱스타 모델 기용, 압도적 광고비 지출, 인테리어 및 마감재의 고급화 등으로 이어졌고 이는 곧 분양가 상승과 해당 지역의 아파트 가격 상승이라는 악순환의 구조까지 낳게 되었다. 각 건설사는 영어, 프랑스어, 러시아어에 중세풍의 유럽이나 도회적인 미국의 고루한 이미지를 누더기처럼 이어붙인 브랜드 이미지를 집 한 채 장만하려는 서민들의 심연 깊숙한 곳에 낙인처럼 남겨놓았다. 멀쩡히 잘 살고 있던 아파트 이름을 최신의 브랜드로 새롭게 페인트칠하는 풍경이 곳곳에서 벌어졌고 놀랍게도 그렇게 페인트칠만 새로 했을 뿐인데 가격이 조금은 상승하는 기이한 광경까지 일어났다.

톱스타를 앞세운 아파트 광고는 밤낮으로 우리의 심연 깊숙한 곳까지 잠입한다. 이 대도시에서 더 이상 인간적인 망명지는 찾아낼 수가 없다.(2007. 6. 고양시 일산)

그 한복판에 모델하우스가 있다. 아파트 브랜드 대전 이후 모델하우스는 단순한 '견본주택'이 아니라 주택 경기의 심리적 지표이자 대형 건설사의 전쟁터가 되었다. 최근의 사례만 해도 분당 파크뷰, 자양동 포스코더샵, 용산 시티파크, 여의도 자이, 인천의 청라와 송도지구 등 인기 지역의 모델하우스에 수만 명의 인파가 몰렸다. 이 인파가 어느 정도인가를 두고 해당 지역이나 브랜드의 홍보 및 분양 실적을 가늠하기도 한다. 그래서 건설사들은 수동 계수기에 의한 방문객 수, 카탈로그 배포량, 분양 문의 전화 등을 다각도로 분석하여 청약률이나 초기 계약률을 예측하는 한편 이를 또다시 분양 대전의 광고 전략으로 삼는다.

모델하우스, 심미적 전략 공간 • • •

일반적으로 모델하우스는 두 달 안팎의 공기를 거쳐 완공된다. 3개 평형을 전시한다고 했을 때 대략 10억 원대의 공사비를 들이게 되고 보다 큰 부지에 이벤트 시설까지 부가할 경우 20억 원 남짓한 예산으로 작업을 한다. '청약'을 목표로 하는 임시 건물이기 때문에 대략 6개월 안팎의 수명인 경우가 많고 길어도 1년을 넘지 않는다. 그 이상 운영된다고 하면 그 아파트 분양은 실패한 경우이고 따라서 그런 경우 모델하우스는 실제로 운영되지도 않는다. 운영이 끝난 모델하우스는 대략 2,000만~4,000만 원의 비용으로 철거를 하게 되고 임시 가건물의 특성상 구조체와 합판이나 목재 등은 다른 부지로 이동하여 재활용되는 수가 많다.

그런데 이 같은 보통의 모델하우스에 더하여 대형 건설사는 100억 원이 넘는 대대적인 투자로 주택전시관을 짓고 있다. 이런 모델하우스나 주택전시관에서는 단순히 어떤 모형을 둘러보는 정도가 아니라 클래식이나 서양 미술 강좌, 수지침이나 요가, 부동산 공개강좌나 입시설명회까지 열린다.

현대건설의 도곡동 힐스테이트 갤러리는 연면적 2,750평의 국내 최대 규모로 이 공간에서는 주거 전시뿐만 아니라 공연장, 카페테리아, 놀이터 등이 우선적으로 배치되어 있다. 분양 예정인 '견본주택'을 보려면 3층으로 올라가야 한다. 인테리어 비용만 100억 원이 들었고 5년간의 부지 임대료 90억여 원과 연간 운영비 10억여 원이 소요된다. 삼성물산 건설 부문의 일원동 '래미안 갤러리'도 2001년 개관 이후 수시로 음악 공연이나

건축가 민성진이 설계한 합정역 인근의 '자이 갤러리'는 기존의 분양 전용 모델하우스에서 벗어나 다양한 공연, 전시, 심포지엄이 열리는 복합 문화 공간을 표방하고 있다. (2007. 6. 서울 서교동)

'세련된' 모델하우스 자이 갤러리 맞은편에는 GS건설이 짓는 지하 7층 지상 39층의 대규모 주상복합아파트 '자이 웨스트밸리'가 들어서고 있다. (2010. 10. 서울 서교동)

전시회를 열고 있다. 이런 대대적인 공세에 첨단의 건축가들이 참여한다. 일원동의 '래미안 갤러리'는 설치미술가 한젬마가 참여했고 GS건설의 서울 서교동 '자이 주택문화관'은 건축가 조민석이 설계했다. 두산건설의 '두산 아트 스퀘어'는 'iF 커뮤니케이션 디자인 어워드 2009' 커뮤니케이션 부문 수상작으로 선정되기도 했다. 현대산업개발의 수원 아이파크시티 분양을 위한 모델하우스는 세계적인 건축가 벤 판 베르켈이 설계했다.

대형 건설사들이 이렇게 모델하우스에 대대적인 투자를 하고 그곳을 다양하게 운영하는 것은, 방문자들에게 나눠주는 안내장에 적혀 있는 것처럼 진실로 '도심 속의 문화 공간' 역할을 자임하려는 것은 아니다. 그것은 그것대로 피상적인 실현의 한 모습으로 드러나긴 하지만 그 숨은 뜻은 자사 브랜드 가치의 공세적인 마케팅으로 귀결된다. 그곳에서 클래식 공연이 진행되고 미술 강좌가 열린다는 것은, 그 공간의 은밀하면서도 압도적인 문화 전략에 서로가 비적대적으로 공모하여 내면의 욕망을 숨김없이 나누는 의식을 행하는 것이다. 대형 백화점들이 일반적인 문화 강좌 프로그램과는 별도로 'VIP를 위한 문화 강좌'를 은밀하게 진행하는 것과 같은 맥락이다. 그 시간은 문화를 공부하는 시간이 아니라 상류 사회에 진입했음을 확인하는 욕망의 시간인 것이다.

부동산 포털 사이트 '닥터아파트' 홈페이지를 보면, 실수요자가 모델하우스를 방문했을 때 꼭 확인해야 할 사항을 알려주고 있다. 거실의 경우 '각 침실과 주방으로 움직이는 동선이 편리한가', '에어컨용 전원이 적당한 위치에 마련되어 있는가', '걸레받이와 마루판의 색상이 조화로운가' 등이며 침실은 '문이 부드럽게 잘 열리고 닫히며 소음이 없는가', '전화, 콘센트, 텔레비전 전원 등의 수량과 위치가 적정한가' 등이고 주방은 '조리 시 냄새가 잘 빠질 수 있는 구조인가', '싱크대 상판 및 벽은 청소하기

일산은 대표적인 신도시 아파트 밀집지역이자 인근의 교하, 운정, 식사, 덕이 등 크고 작은 아파트 개발지구로 인하여 대규모 모델하우스가 하루가 멀다하고 교체되어 들어서는 도시다. (2007. 12. 고양시 일산)

쉬운 자재인가' 등이다. 이렇게 거실, 침실, 주방, 욕실, 베란다마다 10개 이상의 확인 사항들이 있다.

그러나 당장의 실수요자가 아니라면 그렇게 일일이 확인하며 모델하우스를 둘러보는 사람은 드물다. 당신은 욕망의 전시장이자 꿈의 오아시스인 모델하우스에서 '구둣주걱을 걸어놓기에 적당한가' 같은 자잘한 현실의 기능을 확인하려는 생각은 별로 없다.

김성동의 장편소설 『집』, 세상만사에 두루 통달하고 깊은 성찰까지 해내는 가장이 일상생활에는 자주 무능하고 대소사마저 형편없이 처신하여, 안 그래도 고부간 갈등이 심각한 집에 부채질을 더하는 이야기가 의뭉스럽

대형 식탁, 대형 냉장고, 대형 소파 등 모델하우스의 인테리어는 크기에 집착하는 한국형 '중산층 욕망'을 전형적으로 드러낸다. (2007. 12. 고양시 일산)

게 술술 들려오는 소설이다. 읽고 나면 누구라도 그 '집'의 가장 신세가 남의 얘기 같지 않고, 또 그의 처신에서 이러지도 저러지도 못했던 작은 일들을 기억하게 될 것이다. 그럼에도 이 소설은 '집'이라는 단어가 연상시키는 많은 정서를 순식간에 환기시켜준다.

생각해보라. 부동산 가격 폭등으로 서울 후미진 곳이나 수도권의 주요 지역 32평 아파트가 4억 5,000만 원쯤은 가볍게 넘기는 판이니, 어쩌다 밤늦게 거실 소파에 누워 '해외 축구'라도 보다가 문득 고개를 들면, 저 한 뼘짜리 화장실이 5,000만 원은 되고, 뭐 하나 제대로 건사하기도 어려운 뒷베란다가 3,500만 원쯤은 되고, 이제 중학교에 갈 큰애의 방도 침대

모서리와 책상 귀퉁이가 맞붙은 '미니멀' 한 공간이지만 그마저도 7,000만 원쯤은 되는, 기막힌 '집' 의 교환 가치를 발견하게 되는 것이다.

이른바 '버블 세븐' 지역의 32평을 이렇게 분해하여 계산하면 아마 안방에 딸린 작은 화장실도 4,000만 원쯤은 될 것이다. 그렇게 '집' 을 분해하여 살피고 나면, 정말 이 32평이 4억 5,000만 원을 훨씬 넘어야 한단 말인가, 절망적인 상태에 빠지고 만다.

물론 이런 경우라고 해서 사람 사는 곳이 못 되는 건 아닐 것이다. '아스팔트 킨트' 세대를 대표하는 최인호는, 그가 한창 문재를 드날리던 1971년(그 이듬해에 최인호는 '별들의 고향' 을 연재했다)에 단편 「타인의 방」을 발표하여, 술 취한 사내가 남의 집을 자기 집으로 착각해 문을 두드리며 소란을 피우는 광경을 쓴 바 있는데, 그 '집' 은 아파트라는 '타인의 방' 이었다.

> 그는 익숙하게 짤랑이는 대여섯 개의 열쇠 중에서 아파트 열쇠를 손의 감촉만으로 잡아들었다.
>
> "전 이 집의 주인입니다."
>
> "뭐라구요?"
>
> 여인이 의심스럽게 그를 노려보면서 높은 음을 발했다.
>
> "당신이 이 집 주인이라구요?"
>
> "그런데요."
>
> 그는 대답했다. 그러자 여인은 고개를 갸우뚱거렸다.
>
> "아니 뭐 의심나는 것이라도 있습니까?"
>
> "여보시오."
>
> 아무래도 사내가 확인을 해야 마음 놓겠다는 듯 다가왔다. 사내는 키가 굉

장히 큰 거인이었으므로 그는 사내를 올려다보았다.

"우리는 이 아파트에 거의 삼 년 동안 살아왔지만 당신 같은 사람은 본 적이 없소."

"아니 뭐라구요?"

그는 튀어오를 듯한 분노 속에서 신음 소리를 발했다.

출장지에서 돌아온 사내를 맞이한 텅 빈 아파트, 일주일 전의 날짜로 멈춰 있는 시계, 아마도 출장을 간 날부터 집을 비운 게 틀림없어 보이는 아내의 거짓 행각, 갑자기 흔들리는 실내의 사물들, 환청과 환각 속에서 술과 담배를 찾는 사내, 타인의 방!

의식주라고 했던가. 인간 삶의 기본 요소인

1970년대의 강남 아파트 신화 이후로 여전히 피아노는 중산층의 문화적 욕망을 대표하는 아이콘이다. (2007. 12. 고양시 일산)

집이 이토록 격렬한 소외의 공간이 되고 만 것은 20세기 후반 이후 이 한반도의 인류에게는 거의 재앙과 같은 상황이다. 아파트는 사는 곳이 아니라 언젠가 값을 올려 팔기 위해서 무리하여 사는 것이 되었고 그 안의 일상이란 표백된 획일성과 진부한 내부 구성과 키치적인 디테일로 충만되어 있다. 그런 까닭에 이미 1971년에 최인호가 아파트를 「타인의 방」으로 그렸음에도, 1996년에 김소진 또한 단편 「경복여관에서 꿈꾸기」에서 엇비슷한 상황을 설정한다. 세월이 변하여, 최인호의 열쇠가 김소진에서는 번호키로 바뀌어 있다. 그런데 아무리 입력된 번호를 반복하여 눌러도 문이 열리지 않는 것이다. "매일 4869를 누르면 얌전히 열리던 이 문이 왜 이 고집불통이 되었단 말인가? 갑자기 4869라는 숫자가 이집트 피라미드에서 발굴된 해독 불가능한 암호처럼 완강"하게 보이는 상황.

그런 생각을 하면서, 담배 한 모금을 위하여 모델하우스를 빠져나온다. 출입구로 가서 신발을 갈아 신는다. 모델하우스 측이 제공한 실내 슬리퍼 대신 상냥한 안내원이 말끔하게 정리해놓은 신발들 속에서 낡은 운동화를 찾아 신는다. 다양한 모양의 신발들이 저마다의 연륜으로 나란히 정렬되어 있는데, 흡사 그것은 은행이나 병원 수납실 앞에서 대기번호표를 손에 쥐고 멍하니 앉아 있는 사람의 형상을 닮았다. 밖으로 나가 담배를 한 모금 피우면서 단락 없이 들고나는 승용차들을 바라본다. 그들은 모두 모델하우스를 보기 위해 주말의 귀한 시간을 바치고 있는 중이다.

아파트, 가설무대의 삶 • • •

〈박하사탕〉, 〈밀양〉, 〈시〉 등으로 우리 시대를 대표하는 영화감독이 된 이창동은 그 이전에 한국 사회의 상처를 농밀하게 들여다본 소설가였다. 그

모델하우스는 '임시 가설물' 이지만 그 내부의 치장은 세심하게 공들인다. (2007. 12. 고양시 일산)

의 영화가 비록 〈오아시스〉 같은 작품에서 환상성을 강하게 드러낸 부분이 있긴 해도, 기본적으로 '우리 시대' 를 정면으로 바라보고자 사실주의적인 관점을 꾸준히 지키고 있는 것은 그가 젊은 시절, 현란한 이미지의 마법에 걸려들었던 감독 지망생이 아니라 꼼꼼히 단어를 선별하고 엄정하게 문장을 닦은 소설가였기 때문이다.

이창동 감독은 소설을 쓸 때나 영화를 만들 때나 목울대를 타고 넘어오는 짐승 같은 울음소리를 자주 변주했다. 첫 작품 〈초록물고기〉에서 한석규는 형에게 공중전화를 걸어 울부짖는다. 〈박하사탕〉에서 설경구는 마주

'베니어 판'은 임시 가설물인 모델하우스 공사에 필수적인 자재품이다. (2007. 12. 고양시 일산)

달려오는 기차를 향해 두 팔을 벌린 채 절규한다. 〈오아시스〉에서도 목울대를 넘어오는 처절한 울음소리는 멈추지 않는다. 〈밀양〉에서 전도연은 짐승처럼 눈물을 흘리며 제 가슴을 치고 또 친다. 〈시〉에서는 아예 눈물조차 다 말라버렸다.

왜 그럴까. 그들은 모두 '가설무대' 같은 삶을 살아간다. 이창동의 소설과 영화 속 주인공은 하나같이 불안정한 평균대 위에 놓여 있다. 〈박하사탕〉은 '가설무대의 삶'이라는 그의 생각이 공간적으로 자주 변형되는 작품이다. 영화 속 인물들은 하나같이 임시로 형성된 공간을 오간다. 설경구는 신도시 주변의 가구점 사장이다. 가구점 안에는 언젠가 다른 곳으

임시 가설물로 절반쯤 공사가 남은 모델하우스의 나머지 절반을 근사한 이미지가 매끈하게 덮고 있다. (2007. 11. 고양시 일산)

로 팔려갈 가구들이 적재돼 있다. 그런데 심부름센터에서 연락이 온다. 아내가 바람을 피운 것이다. 설경구는 아내가 있는 신도시 외곽의 모텔에 난입한다. 그러고는 가구점 여직원과 차 안에서 사랑을 나눈다.

가구공단, 심부름센터, 모텔…… 하나같이 임시 공간들이다. 이창동 감독이 자주 연출하는 〈초록물고기〉의 가족 회식이나 〈박하사탕〉의 동창 MT, 〈밀양〉의 가정 심방, 〈시〉의 불안하기 짝이 없는 소읍 풍경들은, 그 안의 인물이 곧 붕괴될지도 모를 가설무대의 삶을 악착같이 끌어안고 있음을 보여준다.

그의 중편 『녹천에는 똥이 많다』를 보자. 이복형제 이야기다. 형은 천신만고 끝에 중계동 아파트단지에 '입성' 한 자수성가한 사람이다. 학교 급사로 시작해 정교사까지 이른 형은 '일상의 행복' 을 위해 모든 것을 바쳤다. 귀한 사랑도 얻었다. 그가 중계동에 장만한 23평 아파트는 젊은 날을 헌신해 얻은 귀한 전리품이다. 그런데 동생이 나타난다. 배다른 동생은 형보다 더 큰 행복을 갈망한다. 그래서 사회운동에 헌신했다. 1980년대의 어떤 사연들이 떠오르는 구도다. 형제 간 갈등이 생기고, 간신히 장만한 작은 아파트에 균열이 오는데, 동생의 뒤를 밟는 경찰의 발자국 소리가 다가온다. 그들을 피해 소설의 뒷부분에서 형과 동생은 거대한 중계동 아파트 단지 맞은편의 녹천 땅 미개발지를 뛰기 시작한다. 똥밭 위를 달린다.

그는 울기 시작했다. 그의 눈에서 끊임없이 눈물이 흘러내렸고 그 눈물이 그를 더욱 서럽게 만들었다. 그가 우는 것은 후회 때문도 아니었고 자책감 때문도 아니었다. 그저 가슴이 찢어지도록 자기 자신이 비참하다는 느낌, 아무도 이해 못할, 아무에게도 이해받지 못할 자신만의 슬픔이 그를 울게 만들었다. 아주 오랜 시간 동안 그는 똥구덩이에 엉덩이를 깔고 앉은 채 일어날 생각도 않고 어린아이처럼 소리내어 울고 있었다. 가슴속에 있는 모든 슬픔의 덩어리가 한꺼번에 터져나온 듯이 얼굴을 일그러뜨리고 울었다. 너무나 오랜 세월 그의 몸 안에 뭉쳐져 있던 슬픔, 어찌할 수 없는 허망함에 완전히 자신을 내맡기고 울었다.

이창동의 소설에 잘 드러나 있듯이, 우리 시대의 '아파트' 는 거주 형태 자체가 '임시 천막' 같은 곳이다. 지금 누군가 28평에 산다고 생각해보자. 그곳을 평생의 공간으로 여기지는 않을 것이다. 그것이 32평이 되고 38평이 되어도 이른바 '아파트 시세표' 가 자극하는 불안한 심리 상태는

일시적으로 사용이 중단된 모델하우스의 쓸쓸한 풍경은 부동산에 전 생애를 걸어야 하는 우리 삶의 이면을 닮았다. (2011. 10. 서울 항동)

치유되기 어렵다. 좀 더 심미적인 차원에서는 그것이 45평이 된다고 해도 그 물질적 계산과는 별개로, 과연 단 한 번뿐인 이 생애를 이토록 규격화된 성냥갑으로 그쳐야 하는가 하는 생각이 없지 않은 것이다.

소설가 공선옥은 「한데서 울다」에서 아파트에서의 삶을 이렇게 쓰고 있다.

아파트는 온통 소음의 도가니였다. 남편은, 좀 시끄러우면 어때, 라고 말했다. 집 없는 것보다 낫지, 라고도 했다. 처음에는 남편의 말에 수긍하기도

한적하여 쓸쓸하기까지 한 모델하우스 주차장. 거의 유일하게 인간적인 풍경이다. (2008. 7. 고양시 일산)

했다. 하지만 날이 갈수록 그것이 아니었다. 견딜 수 없이 화가 끓어오르기도 했다. 내가 이런 '집구석'을 마련하려고 그 고생을 했던가, 싶어서 눈물이 핑 돌기도 했다. …… 그러니까 정희의 '집 보러 다니기'의 대장정은 정작 '내 집 장만'을 한 뒤부터 시작되었다. 남편이 출근을 하고 큰 아이들이 학교를 가고 시어머니가 노인정에 나가고 나면 정희는 부리나케 이제 겨우 돌쟁이 막내를 놀이방에 맡긴 뒤 마치 도둑질을 하러 나가는 것처럼 소음 가득한 아파트를 빠져나왔다. 서러움이 그녀를 그렇게 하게 했다.

이제 아파트는 돌산도 뭉개버리고 철조망도 뜯어내면서 깊은 산과 한적한 고을과 서해의 갯벌에서까지 일제히 기립하고 있다. (2008. 5. 경기도 시흥시 소래포구)

아파트로 상징되는 우리 삶의 부박성, 한자리에 머물지 못하고 끝없이 미끄러져야만 하는 가설무대로서의 삶은, 큰 도시 네거리마다 요란한 치장으로 서 있는 모델하우스가 심각하게 증명해준다. 크고 작은 도시들마다 모델하우스가 네거리며 초입이며 광활한 벌판이며 터미널 앞에 도도하게 서 있다.

모델하우스는 그 자체가 임시 가설물로 언제든지 쉽게 짓거나 철거할 수 있고 다른 벌판으로 손쉽게 이전할 수 있는 경량철골조 가건물이다. 전면에는 '낙원구 행복동'에 오신 것을 진심로 환영하는 듯한 문구가 강렬한 서체로 쓰여 있고 근사한 이미지의 연예인들이 두 팔을 벌리며 인사한다.

그 내부로 들어가면 모델하우스는 지금 우리 시대의 부유하는 감성과 그대로 맞아떨어지는 소품들로 채워져 있다. 소품들에는 삶의 먼지가 하나도 묻어 있지 않다. 널찍한 창호, 젠 스타일의 거실, 큼직한 벽걸이 TV, 미술 관련 서적으로 채워진 서재, 와인셀러가 놓인 주방…….

그리고 소품들마다에 적혀 있는 "전시품입니다" 혹은 "이 상품은 옵션입니다"라는 글귀. 글귀는 그 소품뿐 아니라 주방의 이탈리아제 침대나 욕실의 미국제 욕조 모두가 '전시품'이며 그리하여 모델하우스 전체가 하나의 거대한 '전시장'이고 우리 욕망을 대리해 세팅해놓은 임시 가설물임을 말해준다. 그것을 통과해 실제로 아파트로 진입해 들어가도 임시 가설물의 헛헛함은 끝나지 않는다. 저 1960년대 후반의 산업화에 따른 대량 이주 이후로 우리는 여전히 '어떤 과정'의 선로 위에서 끊임없이 미끄러지면서 살고 있다.

모텔,
최후의 망명지

남루했던 여인숙이나 장급 여관이 모텔로 바뀌고, 다시 '부티크텔' 이니 '럭셔리텔' 같은 이름으로 새 단장하면서 도심지의 숙박 시설은 '테마형 문화 공간' 으로 변하고 있다. 그리하여 이제 모텔은, 불가피한 격정에 시달리다 못해 간신히 찾아가는 도피처가 아니라 열정의 순간들을 맘껏 소비하는, '강박증' 을 벗어던지고, 쾌적하고 고급스런 레저 공간이 되고 있다.

소설가 김영현은 2002년 9월, 《한국일보》에 게재한 '나는 왜 문학을 하는가'에서 저 쓰라렸던 1970년대의 기억을 되새긴다. "김민기가 잡혀가서 죽도록 얻어터져 병신이 되었다더라는 소문도 들렸고, 가리봉동 어느 공장에서 여공들이 똥물을 뒤집어썼다더라는 풍문도" 들리던 그때 친구가 군대를 가게 되었는데, 그 일로 김영현은 통행 금지 때까지 술을 마시고 경찰에게 잡혔다가 입대할 청춘이라는 이야기에 은덕을 베푼 경찰의 호의로 여인숙을 들어가게 된다. 그러니까 호텔이니 모텔이니 무슨 장급 여관이니 하는 숙박업소가 아니라 고색창연하게도 그 시절의 '여인숙'이다. 신발을 손에 들고 들어가서 문 위의 작은 시렁에 올려놓는, 때로는 시렁이 없어 문 옆에 구겨져 있는 신문지 위에다 신발을 올려놓는, 그 여인숙 말이다.

담배 가게 이층의 쓰러져가는 여인숙, 겨우 계단에 매달리다시피 하여 올라갔다. 돈이 없어 시계를 끌러주고 주머니를 털어 소주 됫병을 사 왔다. 이

불에서는 곰팡이 냄새가 나서 도저히 누울 수도 없었다. 엉망으로 술에 취한 그 친구는 기어코 엉엉 소리내어 울었다. 그리고 "복수할 거야, 복수할 거야" 라고 밑도 끝도 없이 혼잣말처럼 뇌까렸다. 어쩔 수 없이 나는 그 밤을 온통 추위와 이유 없는 청춘의 아픔과 설움에 젖은 채 그와 함께 보냈다.

그 새벽에 여인숙을 나온 김영현은 집으로 돌아오자마자 처음으로 소설을 쓰게 된다. 오늘의 번잡한 세속 도시에도 여전히 여인숙은 멸종되지 않고 남아 있다. 지방으로 가면, 역전과 관공서의 골목에 여전히 여인숙이 있다. 여인숙은, 순전히 발음에 따른 것이지만, 모텔이나 여관에 비하여 애틋한 여성성의 멀미를 느끼게 한다.

그곳에서도 사랑이 있을까. 글쎄, 비닐하우스에서도 사

여인숙에서 여관으로, 다시 장급 모텔에서 고급 부티크텔로, 한 시대의 사랑과 밀어의 공간은 그렇게 변해왔다. (2008. 1. 강원도 정선)

랑은 피어나는 법이니 여인숙은 부러 말할 까닭도 없다. 아니, 여인숙에 장기 월세를 내며 새 살림을 차리기도 한다. 요즘의 모텔에서는 찾아보기 어려운 풍경이다. 다름 아닌, 박영한의 소설 『우묵배미의 사랑』의 민공례 이야기다.

무능한, 그런 까닭에 폭력적이기까지 한 남편에 시달리는 치마 공장 미싱사 민공례에게 껄렁껄렁한 남자 배일도가 다가온다. 두 사람의 가난한 사랑은 공장 근처의 비닐하우스다. 사람 눈을 피하여 외진 곳을 찾아 걷다가 소낙비를 피하여 찾아든 비닐하우스, 그곳이 그들의 여인숙이요 모텔이 되었다. 그곳에서 민공례는 "가겟방에서 컵라면과 소주와 쥐포를 사다 먹으면서 가마니때기에 누워 사랑"을 나누었다. 배일도는 공례에게 말한다. "따악 오늘 하루만 나랑 같이 있자." 그것은, 지금 이 글을 읽는 수많은 독자들이, 누군가에게 간절하게 말했거나 그로부터 들었던, 바로 그 말이다.

틀림없이 민공례는 사랑을 나누었다. 그러나 배일도에게는 그 사랑이 벅찼다. 두 사람은 서울 대방동의 여인숙에 살림까지 차리기도 했으나 배일도의 아내가 들이닥치게 되어 짧은 순간들이 지나간다. 세월이 흐른 후 민공례는 비닐하우스를 찾는다.

여인숙의 사랑은 그처럼 헐거운 것이다. 모텔이나 호텔과는 사뭇 다른 정경들! 김훈의 소설 「배웅」에서도 여인숙은 처연하다.

> 여인숙 방에는 누워서 팔을 뻗쳐 닿을 수 있는 벽에 씹던 껌이 말라붙어 있었다. 오지의 여인숙에서 윤애는 무덤덤하게 김장수의 몸을 받았다. 초저녁에는 방을 두 개 얻어서 따로따로 들어갔는데, 양쪽 방에서 가끔씩의 헛기침 소리와 오랜 침묵이 계속되고 나면 결국 김장수가 윤애의 방으로 건너갔다.

서울의 부도심마다 모텔촌이 난립해 있다. (2004. 10. 서울 도봉구 수유동)

김장수는 그것이 사랑이라고 생각하지 않았다. 그것은 사랑이라고도, 불륜이나 치정이라고도, 심지어 욕망이라고도 말할 수 없는 일처럼 느껴졌다. 그것은 뭐랄까. 물이 흐르듯이, 날이 저물면 어두워지듯이, 해가 뜨면 밝아지듯이, 그렇게 되어져가는 일인 것처럼 느껴졌다.

모텔, 욕망의 비상구 • • •

"깔끔한 스타일! 남자친구가 딱 좋아할 스타일! 프런트에서 친절하게 맞이해주셔서 너무 좋았어요. 역시 친절은 기본! 간식도 많아서 좋았어요."

아니, 도대체 어떤 공간이기에, 궁금하다. 어느 인터넷 사이트에 올라와 있는 '이용 후기'의 한 토막이다. 스타일이 살아 있는 공간! 친절하고 간식도 제공되는 공간! 어디일까, 특급 호텔 남태평양의 휴양지 지중해의 크루즈 어디일까, 가보고 싶다. 나는 자못 궁금하여, 이어지는 '이용 후기'를 좀 더 읽어본다.

"마치 외국에 온 느낌이었습니다. ㅎㅎ. 인테리어가 독보적이고, 앤티크한 가구 스타일로 인테리어를 해서 고풍스럽군요."

"어제 이용했던 605호실입니다. 공휴일이라서 빈방이 있는지 확인 전화를 해봤는데요. 겨우 하나 남았다고 해서 얼른 갔지요. 생각보다 아담했지만 방이 따뜻하고 깨끗해서 괜찮았어요. ㅋㅋㅋ."

"일 때문에 708호에서 숙박하게 되었네요, 벽면이 황금 벽면. 불이 밝은 편이고 침대가 넓고 푹신해요~."

"누구나 한 번쯤은 가보고 싶어하는 화곡동 '서울○○○'에 다녀왔습니다.

최신의 모텔들은 입구에서부터 과거의 장급 여관의 낡은 간판과 달리 과감하고 적극적이며 화려한 장식을 과시한다. (2011. 8. 경기도 파주)

소문대로 말이 필요 없는 곳이네요. 역시 '서울○○○'이구나 하는 소리가 절로 나오네요."

이제 조금은 알 듯하다. 화려하거나 깔끔한 인테리어에 거울, 침대, 수건 같은 것이 깨끗하게 정돈되어 있는 공간! 이런 글 중에는 바로 그 감각의 공간에 대한 상세한 점검과 평가까지 덧붙이는 이용자도 있다. 예컨대 이런 글이다.

"DVD 플레이어는 10만 원도 안 하기 때문에 프로그램 서비스보다 DVD

서울 외곽의 모텔은 이 시대 성적 욕망을 집약한 상징적인 공간이다. (2011. 8. 경기도 파주)

타이틀을 비치해도 좋을 듯. 글구 화질이 떨어지고 잡음이 나던데, 단자를 보니 RGB 연결이 안 되어 있더군요. DVD 기기를 바꾸고 컴포지트로 연결하면 완벽해집니다."

이처럼 꼼꼼한 '이용 후기'이다 보니 이를 읽는 사람들도 서로가 원하는 정보를 깔끔하고 친절하게 공유한 끝에 댓글로 화답한다. "객실 정말 깔끔해 보이네염", "화장실 구조가 특이하네요. 불편하진 않나요?", "널찍한 객실이 좋네요. 자외선 소독기도 눈에 띄는군요", "미리 예약 안 하면 못 가겠네요. 워낙에 인기가 많은 곳이라", "일회용품이 너무 일회용품스럽더군요", "객실이 넓고 소음 차단도 확실하지만 영화, 간식, 5.1채널 등이 아쉽군요".

흡사 새로 나온 휴대폰이나 디카에 대해 주고받을 법한 이런 대화, 궁금하다. 그리하여, 나는 모텔을 찾아 나섰다.

모텔을 찾아 나서다 • • •

왜 화곡동일까, 우선 그 생각이 먼저 들었다. 인터넷의 모텔 안내 사이트들을 검색해보면 서울의 경우 몇 군데 거점지역이 떠오른다. 강남, 종로, 영등포, 신촌 등은 그 '나름'의 이유들이 분명하다. 강남의 신천이나 잠실은 바로 '강남'이라는 것 자체가 하나의 이유가 되고 종로는 저 70년대부터 지하철 1호선과 직장인과 맥주집으로 말미암아 유서 깊은 곳이며 신촌은 젊은 세대의 아지트라는 간명한 이유가 있다. 영등포는 기차와 지하철에 더하여 온갖 형태의 유흥업소와 쇼핑 공간으로 인하여 엄청난 유동인구가 있는 곳. 그런데 화곡동은? 나는 화곡동 모텔촌으로 방향을 정했다.

이 일대의 모텔을 자주 이용하는 사람들의 '이용 후기'에 따르면, 화곡동이 개발되기 전에 큰 하천이 있었다. 그 양옆으로 허름한 주택과 논밭이 있었는데 경인고속도로가 관통되고 하천이 복개되면서 소규모 공장이나 유통 시설이 급속히 들어서고 그 뒤로 상가와 유흥업소와 숙박 시설이 빠르게 번졌다는 것이다. 여기에 그 옛날 유일한 국제관문 노릇을 했던 김포공항이 인접해 있다는 점도 한 요인이 되는데, 아무튼 이런 요소들로 인하여 화곡사거리에서 곰달래길로 접어들면 그 전면과 이면 도로에 불야성의 모텔들이 번창해 있다. 그중 한 곳은, 널찍한 객실 안에 간이 수영장

밤거리를 향해 은밀한 기호를 난사하는 모텔촌 풍경. (2010. 3. 서울 화곡동)

까지 있어서 성탄절이나 연말이면 단체 손님의 예약 전화가 줄을 잇는다. TV 드라마의 촬영장이 되기도 했다.

그 가운데 한 곳, 차를 밀어넣기에 용이한 모텔로 핸들을 꺾자 곧 주차 관리원이 마중을 나왔다. 나중에 확인한 사실이지만, 이 일대의 모든 모텔들은 건물 안팎에 CCTV를 설치해두고 있기 때문에 고객이 들고나는 것을 한순간에 파악한다. 도심지에 위치한, 심지어는 주택가에 인접한, 그런 공간이지만 방문자들이 이러한 공간을 할인매장이나 미용실에 갈 때처럼 무덤덤하게 찾아가지는 않는다. 약간의 호기심과 망설임과 기대와 주저함이 뒤섞여 있게 마련인데, 모텔업소 측에서는 고객들의 이러한 일

최신의 모텔은 난처해하고 주저하는 고객들을 산뜻하고 세련된 분위기로 환대한다. (2011. 1. 서울 영등포)

렁거리는 마음을 재빨리 정중하게 안심시켜주는 것이 급선무의 서비스가 된다.

중년의 주차 관리원은 단정한 차림이었다. 일급 호텔의 도어맨과 엇비슷한 차림이다. 다만 한 가지 차이가 있다면, 호텔 도어맨이 차량의 문을 익숙한 솜씨로 열어주는 것과는 달리 모텔의 주차 관리원은 승차자가 문을 열 때까지 기다린다. 혹시라도 차 안에서 커플끼리의 '약속'이 설익어서 약간의 '실랑이'가 벌어질 수도 있기 때문이다. 그렇지 않다 하더라도 모텔에 들어가려는 고객들의 얼굴을 정면으로 바라보는 것은 이 업계에서는 애써 회피한다. 그것은 비단 고객 서비스 차원이 아니라 평일 저녁에 모텔을 방문하는 사람과 그들의 주차 편의를 도와주는 사람 사이에 형성되는 심리적 회피 기제가 작용하는 셈이다. 어쨌거나 소문난 갈비집에 차를 세우는 것은 아니니까.

그런데, 나의 경우는, 조금 예외였다. 주차 관리원은 혼자서 찾아온 방문자를 조금은 의아하게 바라보더니, 방을 사용할 거냐고 물었다. 나는 그렇다고 했다. 그는, 그런데 왜 혼자서 하는 표정을 짓다가 곧 차를 주차하기 시작했다. 현관으로 들어서기 전에, 그가 주차를 마무리하는 것을 보았는데, 빼곡히 들어찬 다른 차량들과 마찬가지로 널찍한 가림판을 가져다가 번호판을 가렸다.

법원의 판결에 따르면, 이렇게 숙박업소에서 자동차의 번호판을 가리는 것은 불법이다. 2008년 10월 13일, 서울 강남의 어느 모텔 종업원이 늘 하던 대로 모텔 주차장에 세워진 차들의 번호판을 직사각형 판으로 가렸는데, 이날 단속을 나온 경찰이 이 종업원을 '자동차관리법 위반' 혐의로 즉결심판에 넘긴 것이다.

자동차관리법(10조)은 "번호판을 가리거나 알아보기 곤란하게 해서는 안 된다"고 규정하고 있다. 이를 어길 경우 100만 원 이하의 벌금형에 처하도록 되어 있다. 이 종업원은 "고객들의 사생활 침해가 우려된다"고 항변하면서 정식 재판을 청구했고 1심 재판부는 "번호판을 가리는 것을 무조건 처벌 대상이라고 한다면 다른 차량의 번호판을 우연히 가리고 주차한 경우나 주차장에 셔터를 설치한 경우까지 모두 처벌해야 하는데 이는 부당하다"고 설명하면서 종업원에게 무죄를 선고했다. 종업원이 모텔 이용자들의 사생활 보호를 위해 번호판을 가린 것은 자동차의 효율적 관리나 안전 확보와는 상관없는 것이라고 판시한 것이다.

이에 검찰은 "모텔을 이용하는 범죄자들이 번호판을 가려달라고 요청

할 가능성이 큰 만큼 이에 대한 단속은 정당하다"며 항소를 제기했는데, 서울중앙지법 형사항소 4부는 이를 받아들여 종업원에게 벌금 5만 원을 선고했다. 2009년 3월의 일이다. 2심 재판부는 "자동차관리법은 번호판을 가리는 금지 행위에 대해 장소적 제한을 두지 않았다"고 밝혔다.

그런 법적 다툼에도 불구하고, 현실은 여전히 번호판을 가리는 쪽이다. 그렇다는 것은 이 대도시가 아직은 범죄의 소굴이 아니라 사랑의 공화국이라는 것을 말해준다. 범죄나 사랑이나 한결같이 은밀하고 조용하게 진행하는 그 무엇이지만, 잠재적 범죄의 단속을 위하여 모든 차량의 번호판을 노출해놓는 쪽보다는 은밀한 사랑을 위하여 그들의 신상이 확인될 수 있는 번호판을 애써 가려주는 쪽으로 현실의 무게추는 기울어져 있다. 주차 관리원은 홀로 찾아온 방문자를 위해서도 번호판을 말

차량번호를 가려주던 무채색의 천막 대신 요란한 조명으로 변신하고 있는 최신의 모텔 입구. (2011. 8. 경기도 파주)

끔하게 가려주었다.

여인숙에서 모텔로 • • •

프런트의 여직원 역시, 인터넷 이용 후기에 나와 있는 대로, 친절하게 마중을 했다. 물론 그녀는 혼자서 방문한 사내를 한번 훑어보기는 했다. 그러나 퇴근 시간이 맞지 않아서 우선 먼저 와서 기다리기로 약속한 커플 또한 얼마나 많을 것인가. 그녀는 '그런가 보다' 하는 생각으로 702호실 키와 1,000원짜리 일회용품 세트를 내놓았다.

나는 엘리베이터를 타고 올라가면서, 내 기억 속의 여인숙과 여관과 모텔들을 스크린해보았다. 우웅~ 하는 기계 소음을 따라 7층까지 올라가는 데 겨우 10여 초밖에 지나지 않을 찰나였지만, 열아홉 살 때 하룻밤 묵었던 청량리 지중해다방 뒷골목의 여인숙에서 재작년 목포에서 열린 어느 심포지엄 때 이용했던 하당동 모텔 밀집지구까지 한순간에 필름이 돌아갔다.

청량리 지중해다방 뒷골목의 여인숙에서, 잠을 다 이루지 못하고, 술에 취한 동행자를 남겨두고 혼자서 어둠이 채 가시지 않은 경동시장 쪽으로 터벅터벅 걸어나오던 그 스무 살 겨울의 시간은, 추억이라기보다는 차라리 딜리트 키로 말끔히 삭제해버리고 싶은 멀미 나는 기억이다. 점퍼도 벗지 못한 채, 이불은 술에 취한 동행자의 몫으로 밀어놓고, 누런 비닐장판의 한쪽 구석에 웅크린 채 뜬눈으로 밤을 보낸 후 '이 공간과는 재빨리 작별해야 한다'는 놀라운 확신을 안고, 미명의 새벽거리를 터덜터덜 걸어나오다가, 문득 돌아보았던 그 시절의 여인숙은, 그 비좁고 냄새나는 골목은, 결코 다시는 돌아갈 수도 없고, 돌아가기도 싫은, 남루하고 핏기 없

밤이면 모텔촌의 간판은 요란하게 빛이 나지만 낮이라고 해서 그 공간이 휴식을 취하는 것은 아니다. (2004. 10. 경기도 파주)

는 공간이었다. 나는 얼마 후 입대 영장을 받았다.

그에 비하여 목포시 하당동의 모텔촌은 근사한 공간이었다. 심포지엄 참석자들은, 여관이나 모텔에 대한 저마다의 달콤하면서도 씁쓸했던 기억들은 잠시 뒤로 한 채, 하룻밤 머물렀던 공간의 '현대성'에 대해 한마디씩 하지 않을 수 없었다.

지방 도시로 출장을 내려가게 되면 역이나 터미널 인근에 있는 그 흔한 '관광호텔' 대신 차라리 모텔촌에 가서 신장개업한 시설을 이용한다는 사람이 꽤나 많았다. 우선 나부터가 그랬다. 심포지엄이나 특강, 혹은 여러 형태의 글을 위해 경향 각지로 취재를 다니다 보면 잠자리가 편해야 하는 것은 물론이고 인터넷 환경이 제대로 갖추어져 있어야 한다.

지난 2007년, 경남의 어느 소도시 관광호텔에서는 크게 낭패 본 일이 있었다. 별 세 개짜리 그 관광호텔에는 객실에 컴퓨터가 비치되지 않은 것은 물론 노트북 이용자를 위한 인터넷 랜 시설도 구비되지 않아서 하는 수 없이 1층 로비에 있는 컴퓨터를 이용해야 했는데, 500원을 넣으면 20분 동안 이용할 수 있는, 그러나 외장하드나 메모리는 전혀 꽂을 수도 없는 것이었다. 그날의 원고 마감은 제대로 지킬 수 없었다. 그랬는데, 정말로 경남 각지의 모텔 시설은 애틋한 시선을 교환하는 커플은 물론 이런저런 일로 하루를 유숙해야 하는 사람에게도 상당한 편의를 제공한다.

다음은 부산 해운대구 우동의 어느 모텔에서 하룻밤 머물렀을 때 메모한 것이다. 그곳의 모텔이 스스로를 소개한 문구가 이채로워서 따로 적어 둔 것인데, 순서 없이 나열해본다.

> 해운대역에서 전화주시면 모텔 차량으로 직접 모셔드립니다. 적립카드로 10퍼센트 적립해드립니다. 광케이블 인터넷, 산소공기청정기, 연수기, 월풀 욕조, 한국 일본 미국 성인방송, 구강청정제, 신발 살균 소독기, 비치파라솔, 비데, 홈시어터, 스팀사우나, 여성세정기, 100인치 시네마스크린 등이 제공됩니다. 특실에서는 사랑하는 분을 볼 수 있는 LCD모니터와 카메라가 있습니다. 엘리베이터는 입실용과 퇴실용이 구분되어 있습니다. 퇴실용 엘리베이터 앞으로 차량 대기시켜드립니다.

나는 아직도 "사랑하는 분을 볼 수 있는 LCD모니터와 카메라"가 어떤 이유에서, 어떤 기능으로 작동하는지 알지 못하지만 그것이 10여 년 전만 해도 도심지 외곽의 모텔촌 입구마다 내걸려 있던 '러브 체어 완비'와 같은 목적을 위한 것이 아닐까, 상상해본다.

아무튼 심포지엄 관계자들과 목포시 하당동의 신식 모텔을 하룻밤 이용하고 난 후, 새로운 시설과 도구와 보조 용품들을 언급하면서 "과연 새로운 세기에 살고 있구나" 하는 말을 주고받은 적이 있다. 그러한 시설과 도구를 '실제로' 써봤으면 하는 농담까지 주고받으면서 말이다.

화곡동 모텔의 702호에 들어섰을 때, 그 시설과 도구들이 좀 더 업그레이드된 차원에서, 가지런히 정돈되어 있었다. 전체적으로 블랙 톤을 유지한 가운데 부분 조명들이 이 밀폐된 공간의 '비현실성'을 강조하고 있었다. 리넨(원래 의복용 섬유를 말하지만 숙박업계에서는 객실에 제공되는 각종 비품을 통칭한다)은 정확히 2인용으로 세팅되어 있었다. 두 개의 베개는 흡사 이 공간이 완성된 이후 지금까지 그 누구도 다녀간 일이 없다는 듯, 정확하게, 나란히 누워 있었다. 두 개의 슬리퍼, 두 개의 컵, 두 개의 가운, 두 개의 컴퓨터…….

사진작가 이은종은 대도시 곳곳의 모텔을 가감 없이, 과감하게, 정면성의 시선으로 찍음으로써 한 시대의 정서적 초상화를 그려내어 전시회를 가진 적 있다. 그는 "모텔은 정해진 금액으로 일정 시간 동안 공간을 점유할 수 있는 사적 공간으로, 휴식과 일탈의 자유를 만끽하게 하는 감정과 행동들을 수용하게 하고, 가슴 후끈한 첫사랑을, 헤어진 사람을 그리워하며 또 다른 사랑을, 이탈된 사랑을, 또는 집은 없지만 고단한 몸을 누일 수 있는, 죄를 짓고 숨어 있는 도피처로서의 기능"을 하고 있다고, 자신의 전시 도록에 썼다.

바로 이러한 기능을 하는 공간은, 그 기능에 적합하도록 끝없이 회전한다. 쉬지 않고 고객이 밀려들고, 서로의 몸이 식고 나면 곧 빠져나가게 되고, 뒤를 이어 또 다른 커플이 들어선다. 나의 차를 맡았던 주차 관리원은

젊은 연인들을 위해 컴퓨터와 게임기 등을 구비하고 있는 어느 모텔.
(2010. 3. 서울 화곡동)

모텔이라는 공간의 확고부동한 설치 개념은 성적 판타지의 극대화다. (2010. 3. 서울 화곡동)

이중삼중으로 차를 빼곡히 정돈했었다.

'대실'이라는 말이 이 업계의 근간이 된다. 숙박하는 고객보다는 대실하는 고객에 의해 이 업종은 유지된다. '대실'이라고 하면 두세 시간 정도 머무는 것을 뜻하는데 '무한대실'이라는 말도 있다. 오전에 방문한 고객에게 8시간가량 대실해주는 것을 말한다. 새벽 일찍, 혹은 오전 10시 전후로 숙박 고객이 빠져나가면 공실이 생기는데, 이것을 이용하게 될 저녁의 고객이 찾을 때까지, 객실 회전율을 높이기 위해 한낮의 고객에게 시간을 많이 보장해주는 것이다. 특히 월요일 대낮의 경우 이용요금이나 시간의 혜택이 늘어난다. 이렇게 특정 요일이나 특정 시간대를

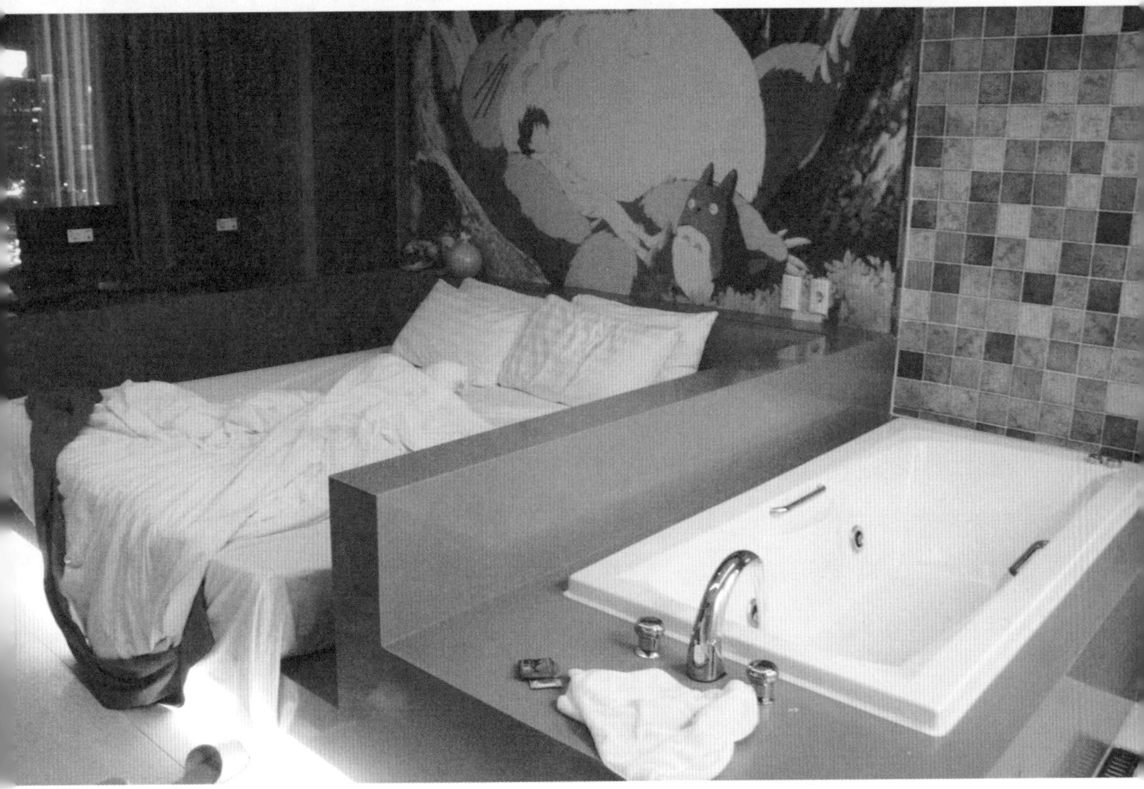

최신 모텔의 내부는 영화, 게임, 애니메이션 등 대중문화의 익숙한 아이콘을 변주하여 구성된다. (2011. 1. 서울 영등포)

정하여 가격과 서비스의 할인을 제시하면, 과거 같으면 몰라서 이용하는 고객이 없겠지만, 요즘은 인터넷을 통하여 이러한 사실이 전국적으로 알려지기 때문에 그 시간을 활용하려는 커플의 예약이 줄지 않는다. 모텔업계에서는 홈페이지나 모텔 전문 사이트를 통한 홍보를 '가장 효과적인 수단' 으로 보고 있다.

젊은 커플들에게 '인터넷 모텔 예약' 은 익숙한 트렌드다. 이 분야의 선두 사이트인 '모가' 는, 지난 2001년 포털 사이트의 카페 '모텔가이드' 로 시작하여 현재 무려 50만여 명의 회원을 유치한 대표적인 모텔 포털 사이트다. '모가' 는 각 지역 모텔의 시설, 서비스, 요금, 예약 등의 정보 제공을 위해 동영상까지 제공한다. 모텔 전문 VJ들이 다소 들뜬 표정과 목소리로 제휴 모텔들의 시설과 서비스를 소개한다. 이용 후기와 댓글 그리고 각종 이벤트, 쿠폰, 선물 등이 제공된다. 옛날처럼 골목길로 조심스레 들어가서 선팅이 된 유리문을 반쯤 밀고는, 겨우 목소리를 가다듬어 "저기, 방…… 있어요"라고 물어보는 일은 사라져버린 것이다.

젊은 커플들은 이 신생의 공간에서, 사랑의 열병만 다스리는 게 아니라 숙제도 하고 영화도 보고 게임도 한다. 브라운관 텔레비전은 구시대의 유물로 오래전에 사라졌고 40인치 이상의 대형 화면(심지어 100인치 안팎의 대형 화면도 있다)으로 바뀌었으며 인터넷은 물론 다양한 게임까지 구비되어 있다. 몇 해 전만 해도 일본 소니가 만든 '플레이스테이션'(일명 플스)이 비치되어 있었다. 그러나 플스는 큰 인기를 얻지 못했다. 사랑의 열망에 들뜬 젊은 커플들은 짧지 않은 시간을 들여 집중해야 하는 타이틀이 대부분인 플스 대신 가볍게 즐길 수 있는 '닌텐도 위'를 택했다. 게임 원리나 작동 방식을 전혀 몰라도 누구나 즉각적으로 즐길 수 있는 아이템이 많기 때문에, 모텔은 플스 대신 닌텐도 위를 구비하기 시작했다.

남루하고 칙칙했던 여인숙이나 여관이 모텔로 바뀌었고, 그 모텔 역시 전동기구나 월풀 욕조를 앞세웠던 것에서 이제는 '다중 문화 공간'처럼 변신하고 있는 것이다. 밀폐되고 좁은 객실을 적절하게 인터리어하는 것에서 벗어나 각 층이나 객실마다 테마를 부여하거나 아예 모텔 자체가 '부티크텔'이나 '럭셔리텔' 같은 콘셉트로 치장하고 있다.

아이스크림, 계절 과일, 스낵, 팝콘, 맥주, 와인, 원두커피 같은 부속물이 이 신생의 공간을 부드럽게 장식한다. 자주 이용하는 고객이나 경품에 당첨된 고객에게는 백화점 상품권, 놀이공원 이용권, 패밀리 레스토랑 시식권까지 제공한다. 무료 대실이나 숙박권 혹은 무한대실(8시간)이 제공

한눈에 모텔임을 바로 알 수 있는 우측 건물과 달리 외향적 욕망을 극도로 자제한 좌측 건물처럼 최신의 모텔은 여관이나 모텔(또는 호텔)이라는 표현을 최소화하거나 아예 사용하지 않는 극도의 미니멀리즘을 통해 오히려 심미적 효과를 높인다. (2011. 8. 경기도 일산)

되는 것은 기본이다. 생산자를 알 수 없었던 저가의 목욕 용품 대신 젊은 세대라면 누구나 기억할 만한 용품(이를테면 비달사순, 엘라스틴, 도브 등의 브랜드 제품)으로 심리적 안정감까지 제공한다. 시사주간지나 영화주간지를 객실마다 비치한 곳도 있다. 격정에 시달리다 못해 어쩔 수 없이 동반해버린 어두침침한 모텔이 아니라 정열의 한순간을 맘껏 소비할 수 있는 아늑하고 고급스러운 욕망의 공간으로 신속히 변모하고 있는 것이다.

경기도 부천시의 어느 모텔은 숙박업소의 분위기를 말끔히 털어내고 젊은 세대가 선호하는 영화나 드라마에서 봄직한 오피스텔처럼 꾸며놓았다. 문화적으로 '익숙한 공간'을 꾸며놓음으로써, 낯설고 이질적인 공간에 들어서는 커플들의 불편한 마음을 가라앉히는 '효과'를 본 것으로, 업계에서는 평가하고 있다.

인테리어 잡지에 소개되기도 한 이 모텔은 총 28개의 객실을 아홉 가지 콘셉트의 디자인으로 차별화하여 구성했다. 예약한 고객이 도착하기 전에 월풀 욕조에 따스한 물을 받아두는 서비스까지 구사한다. 경기 서부 권역에서 '상당한 평가'를 받은 마케팅이다.

천, 천, 히 변해온 사랑의 무늬 • • •

시설과 마케팅이 급변한다고 해서, 젊은 세대의 표현 방식이 예전과 다르다 해서, 사랑의 무늬가 금세 변하는 것은 아닐 것이다. 여인숙이든 여관이든 모텔이든 러브호텔이든, 사랑의 체위도 크게 달라진 것이 없고 한정된 시간 동안 애틋하게 서로를 보듬고자 하는 열병 또한 쉽게 변하지 않는다.

1888년에 우리나라 최초의 '호텔'인 대불호텔이 생겨났고 1902년에 최초의 서양식 호텔인 '손탁호텔'이 세워졌다. 그때만 해도 그러한 공간은 일부 상류층과 외국인의 전용 시설이었다. 전통 사회의 주막집을 대체하는 근대적 숙박업인 여관은 1883년에서 1890년 사이에 들어서기 시작했고 1910년 이후 일제에 의해 번성했다. 그러던 것이 '여관문화'라고 할 만한 시대의 주류를 형성한 것은 1960년대 이후의 일로 서울 같은 대도시에는 지방 곳곳에서 일을 보러 나온 사람들이 일시적으로 머무르는 공간이 필요했고, 반대로 지방의 소도시에는 봄가을로 찾아오는 여행객이 머무를 공간이 필요했다. 여기에 각종 유흥업이 발달하면서 이른바 '장급 여관' 시대가 1980년대 이후 부도심권을 중심으로 급속히 늘어났다. 1990년대 이후에는 교외의 모텔촌까지 형성되었다. '러브호텔'이라는 말이 나온 게 이 무렵의 일이다.

1999년 이전의 공중위생법은 숙박업소를 면적에 따라 명확하게 구분했다. 여인숙은 바닥면적이 10평 이상, 여관은 객실 10실 이상, 호텔은 객실 30실 이상이었다. 이 중에서 여관의 경우 19실 이하는 을이었고 20실 이상이면 갑이라 불렀는데, 이 갑에 속하는 여관을 '장급 여관'으로 불렀다. 그러던 것이 1999년에 이 규정이 폐지되면서 현재의 공중위생관리법은 숙박업소를 이렇게 세분하여 부르지는 않는다. 2000년부터는 모든 숙박업소가 '호텔'이라는 말을 붙일 수 있게 되었는데, 사랑과 관계의 방식이 다채로워지면서, 이러한 행정 구분과는 달리 각 숙박업소는 저마다의 콘셉트를 강조하여 '부티크텔' 같은 독특한 작명과 브랜드와 체인까지 갖는다.

나는, 화곡동 모텔의 702호를 둘러보면서, 이러한 변화를 증거하는 몇 편의 기억들을 생각해보았다. 맨 앞에 소개한 김영현, 박영한, 김훈의 기록이 있거니와 소설가이자 에세이스트인 고종석도 《한국일보》에 연재한

모텔 이외에는 다른 공간이 없어서 아예 모텔 광고판으로 변해버린 경기도 파주시의 공공 이정표. (2011. 8. 경기도 파주)

'사랑의 말, 말들의 사랑'에서 '열정의 추억'을 되새김질한다.

여자와 처음 잠을 잔 게 열아홉 살 세밑이었다. 신촌의 허름한 여관에서였다. 잠을 잤다는 말은 정확치 않다. 나는 그 밤 한숨도 못 잤으니까. 여자(A라 하자)는 잠깐 눈을 붙였(던 것 같)다. 통금이 해제되고 한 시간 뒤쯤, 우리는 여관을 나왔다. 어둑새벽이었다. 우리는 로터리 쪽으로 잠시 걷다가, 신촌시장의 밥집으로 들어가 선지해장국을 시켰다.

그런 시대를 엇비슷하게 경과한 소설가 김훈은, 신도시의 귀퉁이마다 속속 모텔이 들어서고 이에 일부 학부모 단체와 종교 관계자들이 집단 항의를 했을 때, 그 풍경을 보며 이렇게 쓴 적 있다.

러브호텔 주차장 입구는 비닐커튼으로 가려져 있다. 비닐커튼은 자동차를 가려서 러브의 익명성을 보호하는 장치다. 구청에 등록하고 합법적으로 이루어지는 혼내 정사건, 눈먼 치정이건, 다급한 간통이건, 매춘이건 간에 러브의 익명성은 보호받아야 마땅하다. 나는 간통과 치정을 편드는 것이 아니라 익명성의 존엄을 편든다. 그렇게 말하는 것이 훨씬 더 인간의 모습에 가깝다. 러브호텔 주차장의 비닐커튼은 위선과 기만의 장치다.

바로 그 비닐커튼을 헤치고 소설가 김원우의 주인공들이 들어간다. 중편이라고는 하나 그래도 장편이 아니요 대하장편은 더욱이 아닌, 그럼에도 도무지 그 줄거리며 상황을 요약하여 설명하기가 어려운 문제의 중편 『객수산록』에서 나이 쉰에 이른 남녀가 모텔에 들어간다. 여자가 "우리도 좀 쉬었다 가요. 속으로 미쳤냐 그러든 말든 괜찮다고 그래요"라고 그를 이끌었기 때문에 "대낮인데도 붉고 푸른 네온사인을 숨 가쁘게 깜빡거리는 이른바 러브호텔 군락지"로 들어선 것이다. 그들의 차가 "익명성의 존엄"(김훈)을 위하여 설치해놓은 비닐커튼을 헤치고 들어간다.

> 갑작스럽게도 좀 흉물스러운, 그 시커먼 색깔만으로도 피댓줄 같은 고무제품이 아닐까 싶은 주렴벽이 앞으로 가로막았고, 승용차가 그 치렁치렁한 아랫도리를 기세 좋게 찢어버리며 안으로 기어들어갔다.

이러한 작업과 더불어 젊은 세대에 속하는 작가들도 '모텔'이라는 공간을 의미 있는 상징으로 받아들인다. 좀 더 연배가 있는 작가들이 여관이나 모텔을 통하여 끊으려야 끊을 수 없는 아날로그적 인간관계의 추억을 더듬어보았다면 그보다 젊은 작가들은 이 공간이 가진 익명성, 폐쇄성, 인공성, 일시성이라는 점에 주목하여 파편화되고 단절된 오늘의 관계망들을 예리하게 포착하려고 시도하고 있는 것이 특징적이다.

예컨대 김영하는 『퀴즈쇼』에서, 과연 그런 청춘들이 오늘의 세태에 실존하는가 의심스러운, 따라서 '컴퓨터 세대의 성장소설'이라는 옷에 억지로 구겨넣은 듯한 이 소설에서 '빛나'라는 여자를 보여준다. 그녀는, 강남역 쪽의 모텔에서 '나'에게 전화를 한 상황이다.

> 멀리서 텔레비전 소리 같은 게 들려왔다. 깔깔, 웃음소리가 들려오는 게 심야토크쇼나 개그프로 같았다.
>
> "실은 정환이 오빠하고 와 있어."
>
> "뭐, 지금 정환이가 옆에 있어? 뭐야, 너희들 변태야?"
>
> "아니, 정환 오빠는 샤워 중이야. 곧 끝날 것 같아."

90년대 이후 한국 문학은 모텔이라는 협소한 밀어의 공간을 주제로 한 작품을 많이 남겼다. (2004. 10. 경기도 수원)

"근데 왜 전화했어?"

"오빠한테 물어보려고. 오빠가 자라면 자고, 자지 말라면 안 자려구. 나는 잘 판단이 안 서서 말이야."

"그걸 왜 내가 결정을 해? 너 바보야?"

"그럼 그냥 자? 그래도 돼?"

장은진은 『아무도 편지하지 않다』에서 눈먼 개와 함께 모텔을 전전하는 남자 이야기를 들려준다. 권정현은 작품집 『굿바이! 명왕성』을 통하여 이 사회의 '정상성'이라는 가혹한 시선에서 배제된 소수자를 깊이 들여다보면서, 그들을 모텔이라는 익명의 공간으로 초대한다. 2009년 《강원일보》 신춘문예에 단편 「미끼」로 등단한 소설가 김갑수는, 바로 그 작품에서, "주머니에 있는 오천 원짜리를 세어보니 열일곱 장이었다. '아모르' 든 '파인힐' 이든 어디나 '대실료 이만 원' 하고 허연 현수막으로 휘날리고 있었으니 그 애에게 줄 돈까지 셈해보면 꼭 삼만오천 원이 부족했다"는 이야기를 들려준다. 그 아이는 영영 얼굴을 드러내지 않았고 주인공은 그 아이의 휴대폰 번호도 물어보지 못한 것으로 소설은 끝이 난다. 소설가 김도언 역시 『랑의 사태』에서, 할머니가 운영하는 모텔의 맨 꼭대기 666호에 살고 있는 아이의 이야기를 들려준다. 김애란은 「성탄 특선」에서 가난하고 안쓰러운 젊은 커플이 편히 쉴 수 있는 모텔을 찾아 전전하는 씁쓸한 풍경을 보여준다.

편혜영은 『재와 빨강』에서 어느 남자의 기억을 묘사한다. 그는 "학생들이 모두 돌아간 피아노학원에서 조율이 안 된 피아노로 연주"해주던 전처를 떠올린다. "철지난 바닷가에서 탔던, 삐걱거리며 흔들리던 공중관람차"와 더불어 "전처를 처음 안았던 모텔 천장에 달린, 두 사람의 땀을 식히는 데 아무런 도움도 되지 않던 파란 날개 선풍기"도 기억한다. 이로써 편혜영은 병든 도시의 불길한 욕망을 괴이하게 콜라주한 작품 목록에 온기를 불어넣기 시작한다.

그로테스크한 상상력으로 인간의 내면에 웅크리고 있는 비극성을 드러내온 백가흠은 어느 부부가 웰컴모텔에 아이를 유기하고는 도망쳐버리는 '사건' 을 들려준다. 26개의 소단락으로 구성된 단편 「웰컴, 베이비!」의 웰컴모텔은, 간판이야 모텔이지만, 남루한 여관에 가까운 공간이다. 소설에 적힌 내력 역시 허름한 여관이 모텔이라는 간판을 달고 간신히 버텨온 세월을 들려준다. 웰컴모텔은 "담벼락에 붙어 있는 여러 개의 작은 간판

모텔이라는 익명의 공간에서는 서투르거나 익숙한, 부끄럽거나 애틋한, 불가피하거나 습관적인 사랑이 마른버짐처럼 일었다가 스러진다. (2010. 3. 서울 화곡동)

을 따라가다 보면 후미진 골목길 끝에 부끄러운 듯" 서 있다. 한때는 양질의 포르노테이프를 틀어주던 웰컴모텔에는 장기 숙박자들과 누군가 유기하고만 아이와 가난한 재수생 커플처럼 정박지를 찾지 못한 사람들이 "저마다 사연을 가지고 해가 지길 기다려 꼬불꼬불한 골목길을 헤매다 웰컴모텔에 안착"한다. 그 한 대목, 모텔을 관리하는 청년이 방금 재수생 커플이 사용한 방을 정리하러 들어선다.

방은 깨끗이 정돈되어 있고 아무것도 사용한 흔적이 없다. 욕실 구석에 던져져 있는 타월과 물기 가득한 바닥만이 방금 사람이 왔다 갔다는 사실을 말해주는 것 같다. 여기저기 타일이 떨어져나간 곳을 시멘트로 대충 칠해놓아 욕실은 지저분해 보인다. 60촉 전구는 너무 넓은 욕실을 밝히기에 안쓰럽다. 미스터 홍은 맥없이 세면대에 물을 세게 틀어놓고 거울에 비친 자기 모습을 가만히 바라보며 한숨을 쉰다. 미스터 홍의 시선이 욕실 구석 휴지통에 멈춘다. 둘둘 말린 생리대가 버려져 있다. 미스터 홍은 젖은 수선을 손에 쥐고 방을 둘러본다. 모든 게 놓아둔 그대로다.

이불을 들춰본 미스터 홍은 도망치듯 모텔을 나섰던 단골 재수생들을 떠올린다. 걷어낸 이불 밑 침대 시트에 핏자국이 남아 있다. 급히 수건으로 지우려고 했는지 핏방울은 오히려 넓게 번져 있다. 시트에 핏자국을 남기지 않으려고 애썼을 그들의 세심함에 안쓰러운 마음이 든다.

군더더기 없는 사랑법 • • •

이제, 화곡동의 이 검은 모텔을 나설 때가 되었다. 나는, 퇴실 버튼을, 눌렀다. 702호에 머문 지 한 시간도 채 되지 않았다. 더 머물 이유가 없었다. 그 공간에 달리 만날 사람이 없었으므로 혼자서 실내를 찬찬히 둘러보고 9시 뉴스를 시청하고, 스포츠 뉴스까지 마저 본 후에야, 나는 비로소 나가는 일밖에 남지 않았다는 생각이 들었다.

퇴실 버튼을 누르고, 엘리베이터를 타고 1층으로 내려와, 입실문이 아니라 퇴실문 쪽으로 한 걸음 나서자, 출구 바로 앞에 내 차가 운전석과 조수석 쪽 문이 반쯤 열린 채 대기하고 있었다. 시동까지 걸려 있었다. 그 모텔의 서비스 방식인 듯했다. 그 누구의 눈에도 띄지 않은 채 신속히 빠져나갈 수 있도록 깔끔하게 준비되어 있었다.

나는, 아쉽게도, 조수석 쪽으로 걸어가서 그 문을 닫은 후, 다시 운전석

쪽으로 돌아와서 차에 올랐다. 나를, 주차 관리원은, 멀찌감치에 서서 바라보고 있었다. 혼자 와서 혼자 떠나는 사람을 위하여, 주차 관리원은 골목 바깥으로 나가서 차량을 유도했다. 만약 한 쌍의 사랑이었다면 그는 그렇게까지 친절하게 하지 않았을 것이다. 익명성을 가장 높은 수준으로 가치로 존대하는 이 공간에서 누군가가 너무 성의 있게 차량 안내를 하는 것도 그 한 쌍의 사랑에게는 불편한 일이 되기 때문이다. 나는 그의 손짓을 따라, 좌회전 깜빡이를 켜고 신속하게 화곡터널 방향의 대로에 접어들었다.

깊은 밤에도 모텔의 팝사인은 꺼지지 않는다. (2011. 8. 경기도 파주).

백화점,
욕망의 진앙지

오랜 역사와 문화를 간직해온 각 지역의 장소성은 사라지고 지방 정부와 자본과 소비 욕망이 뒤엉킨 초대형 초고층의 쇼핑몰이 들어서고 있다. 그 물신은, 너무나 압도적이며 노골적이다. 현대 도시의 인간은, 거대한 소비 공간의 '바깥' 에서 살아가는 게 점점 불가능해지고 있다.

어디라고? 센텀시티? 순간, 어리둥절해하는 당신의 표정이 보인다. 몇 가지의 보도들이 당신의 뇌를 스쳐 지나간다. 부산, 벡스코, 센텀시티 그리고 최신의 세계 최대 백화점. 바로 신세계 센텀시티!

그들은 그렇게 부른다. '센텀시티점'이라고 부르지 않는다. 여러 백화점 가운데 하나라는, 도심지 요처마다 세워져 있는 그렇고 그런, 무지막지한 크기로 지나가는 행인들을 굽어보는, 명절이나 바겐세일 때 도심지를 온통 마비시켜버리는, 그 흔한 백화점들 가운데 또 하나 추가된 것이 결코 아니라는 것을 강조하기 위하여 '○○점'이라는 끝음절을 과감히 생략해버린 것이다. 신세계 센텀시티! 복합 문화 쇼핑몰, 아니 문화와 소비와 욕망의 거대한 도시의 이미지로 센텀시티는 항구 도시 부산의 수영만 부지에 들어섰다.

이 신세계 센텀시티는 2009년 3월 개관 때부터 로이 리히텐슈타인과 앤디 워홀을 앞세우면서 '또 하나의' 백화점이 아니라 이제까지의 공간과는 '전혀 다른' 백화점임을 과시한 적 있다. 그동안 여러 백화점들이 계절

부산의 신세계 센텀시티는 바닥면적 넓이에 있어 '세계 최대'라고 한다. (2009. 8. 부산 센텀시티)

마다 커튼이나 이불보 교체하듯이 '중견작가 초대전'이니 '한국화 세일'이니 '수채화 동인전'이니 하는 정도의 규모로 적당히 '문화 공간'을 채워왔던 것에 비하여 로이 리히텐슈타인과 앤디 워홀이 서두를 장식하고 엘리엇 어윗 같은 사진작가가 갤러리 공간을 압도해버리는 광경은, 부산의 이 군사비행장 시설이 왜 센텀시티라는 이름으로 바뀌었으며 또한 그 안의 가장 강력한 인상으로 신세계 센텀시티가 랜드마크로 떠올랐는가를 선명하게 보여준다.

압도적 크기, 또 하나의 '세계 최대' • • •

먼저 언급하건대, 여기서 센텀시티라고 부르는 공간은 기본적으로 '신세계 센텀시티' 백화점을 뜻한다. 이와 구분하여 해운대구 센텀시티라고 적는 경우도 있는데 이는 부산시 해운대구 우동의 옛 수영비행장 일대를 대대적으로 개발한 대규모 도시개발 구역 전체를 가리킨다. 이 구역 안에는 신세계뿐만 아니라, 아직까지는 부산경남지역 유통업계를 대표하는 롯데를 비롯하여 홈플러스를 앞세운 삼성도 진출해 있으며 최신의 호텔과 아파트형 공장이 들어섰고 인근의 '마린시티'와 겹쳐지는 곳으로 센텀파크, 아델리스, 베네시티 같은 초고층 아파트가 기립하였으며 2013년에는 108층 규모의 월드비즈니스센터가 들어설 예정이다. 해운대구 센텀시티의 도약대가 된 벡스코도 전시장으로는 유일하게 흑자를 내는 곳으로 2012년까지 제2전시장을 마련할 계획이다. 영화 제작의 후반 작업 설비를 마친 부산영상센터 역시 부산국제영화제 전용관을 개관하고 차차 영상문화관까지 마무리하고 있는 상태다.

이 거대한 '센텀시티' 안에 신세계 센텀시티가 2009년 3월 3월에 그 위용을 드러냈다. 고급 석재인 오로데조토를 사용한 건물 외관은 부드러운 회색과 밝은 브라운이 주종을 이룬다. '물리적 크기가 심미적 크기를 보증하지 않는다'고 웅변하듯이 엄청난 스케일의 복합 건물임에도 강철의 유연한 곡선과 채광창 그리고 흡사 거인이 슬며시 어루만져준 듯한 전면부의 질감은, 종종 거대한 건물들이 그 앞으로 걸어가는 사람을 압도하면서 내리누르는 듯한 심리적 하중을 가볍게 덜어주고 있다. 이는 건물 내부로 이어지면서 3개의 보이드(Void, 건물 내부의 비어 있는 공간)로 확인된다. 그중에서도 한가운데의 보이드는 1층부터 9층까지 시원하게 뚫려 있어 자연채광이 충분하게 되는데 이는 채광 효과만이 아니라 이 내부에 대한 심리적 크기와 안정감을 극대화하는 효과까지 낳는다.

"아무리 뛰어난 인테리어도 건축을 이기지는 못한다." 센텀시티 부점장 권혁구 상무의 말이다. 이 말 속에 90년대 스타일에서 벗어난 최근의 백화점 공간 구성의 핵심이 배어 있다. 신세계 파리사무소장 등을 지내면서 세계 유통업계의 변화를 분석해온 그는 사업 초기 기획 단계부터 참여하면서 무엇보다 이 거대한 부지 위에 어떠한 공간이 세워질 것인가를 상상해왔다.

국내 최대 복합 쇼핑몰, 그것이 이 공간의 일차적 목표인데, 뉴욕 월드트레이드센터 쇼핑몰과 고객 서비스계의 전설을 쌓아가고 있는 미국 노드스트롬백화점을 설계한 상업 시설 전문 설

거대한 입방체로 기립한 센텀시티의 북쪽 측면은 좀처럼 다가가기 어려운 쇼핑의 신전 같은 위용을 보여준다. (2009. 8. 부산 센텀시티)

계회사 캘리슨이 이를 맡았다. 캘리슨은 카타르도하의 '진주항', 미국 워싱턴주 시애틀의 W호텔, 일리노이주 시카고의 보잉사 본부, 중국 베이징과 상하이의 나이키 차이나, 샌프란시스코의 블루밍데일백화점 등을 설계했으며 국내에는 이미 경기도 수원역의 AK플라자를 성공적으로 론칭한 경험이 있다.

앞서 '위용'이라고 표현했지만, 이는 단순한 비유가 아니라 실제적인 사실을 가리키는 것이다. 그동안 '세계 최대'라는 이니셔티브는 지난 1902년에 문을 연 뉴욕의 메이시백화점 몫이었다. 지난 2006년에 메이시백화점은 GWR(기네스월드레코드)에 세계 최대 면적의 백화점으로 등재되어 "THE WORLD'S LARGEST STORE MACY'S"라는 대형 현수막을 전면에 내걸었지만 이제 그것을 신세계 센텀시티에 물려주게 되었다. 메이시백화점은 연면적 19만 8,500제곱미터로 약 6만 평 크기인데, 이는 6만 5,000명 이상을 수용할 수 있는 상암월드컵경기장(연면적 16만 5,829제곱미터, 약 5만 평)보다 약 1만 평이 더 큰 규모다. 이 백화점을 평면으로 넓게 펼치면 서강대, 동덕여대, 숭실대 같은 대학의 부지를 감싸게 된다. 그런데 신세계 센텀시티는 연면적 29만 3,906.8제곱미터(약 9만 평)로 메이시백화점보다 3만 평가량 더 넓다. 연면적으로 계산하면 일산의 호수공원과 엇비슷하다. 신세계 측은 개점 3개월 만에 기네스월드레코드로부터 세계 최대의 공식 인증을 받았다.

그와 같은 '크기'가 영업 면적 곳곳에서 확인된다. 센텀시티에 입점한 CGV에는 아시아 최대 규모의 스크린이 설치되어 있다. 스타리움관이 그것인데 가로 27미터, 세로 11.5미터에 11.1채널 디지털 서라운드 시스템이 갖춰져 있다. 11층에서 14층까지 4개 층을 통째로 활용한 골프레인지는 7,603제곱미터(약 2,300평) 규모로 국내 최대 수준. 비거리 90야드,

위압적인 외관을 거쳐 내부으로 들어서면, 1층에서 최상층까지 뚫려 있는 보이드 구조에 의해 센텀시티는 쇼핑의 낙원으로 변모한다. 센텀시티는 3개의 보이드 구조로 되어 있다. (2009. 8. 부산 센텀시티)

60타석의 규모이며 일반 이용자의 방해를 받지 않고 기량 연마에 집중할 수 있는 크고 작은 설비가 마련되어 있다. 티샷 위치에서 바라본 골프레인지의 전면은 그물망을 제외하고는 온전히 푸른 창공을 지향하는 공의 궤적을 그 어떤 시각적 방해물도 없이 집중적으로 관망할 수 있도록 되어 있다.

이 밖에도 많은 '크기'들이 있다. 1만 6,100제곱미터(약 4,900평)의 식품관 역시 국내 최대 규모이며 493제곱미터(약 149평) 규모에 408석으로 단장된 문화홀은 국내 유통 시설에 들어선 전용홀 중에서 최대 규모일 뿐만 아니라 최적의 공연 시스템을 설비하여 백화점 시설 중에서는 최초로 전문 공연장 인허가 등록까지 마쳤다. 갤러리와 마찬가지로 이 공간 역시 금난새와 유라시안필하모닉 오케스트라, 첼리스트 정명화와 남경주, 최정원, 전수경 등의 무대가 오른 적 있다. 면적에서만 일산 호수공원만큼 큰 것이 아니라 그 안에 구성된 각종 공간과 시설들 역시 최대를 지향하고 있는 백화점이 바로 신세계 센텀시티다.

층별 배치를 뒤바꾸다 • • •

자, 이제 백화점, 아니 '시티' 안으로 들어가보자. 백화점이라고 할 때, 우리 경험 속에 떠오르는 공간 구성과 배치가 있다. 1층에는 화장품과 잡화, 2층은 영캐주얼, 3층은 여성복, 4층은 남성복…… 7층은 가전제품이고 8층은 극장이며 9층은 식당가다. 그런데 이 센텀시티는 그와 같은 평면적 구성으로부터 완전히 이탈해 있다.

그 대표적 사례가 센텀시티 안의 서점, 곧 교보문고다. 지하 주차장에서 최상층 골프레인지까지 그 넓은 공간을 구석구석 안내한 센텀시티 마케팅팀의 안용준 과장은 백화점 중간층에 교보문고가 널찍하게 마련된 것을 강조한다.

그동안 도시 곳곳의 백화점에서도 책을 파는 경우가 있었다. 그러나 문화용품이나 가전제품이 진열되어 있는 층의 한구석을 할당받는 정도였다. 하지만 센텀시티는 경우가 다르다. 20만여 종의 방대한 서적을 중심으로 음반, 문구, 북카페로 구성된 교보문고는 1,000평 가까운 넓이다. 5층의 상당 부분을 차지한다. 희귀본이나 한정본, 엄선하여 수입한 예술서적도 적지 않다. 수영장을 내려다볼 수 있는 통유리 안쪽으로 책에 몰입할 수 있는 공간까지 마련되어 있다. 그 나머지는 자연스럽게 CGV 영화관과 연동되는데, 이 영화관은 또 8층까지 이어진다.

센텀시티는, 지하에 식품 매장이 있고 최상층에 수영장이나 문화센터가 들어서는 기존의 백화점 층별 배치를 과감히 뒤바꾸었다. 5층의 대부분을 차지하고 있는 교보문고 센텀시티점. (2009. 8. 부산 센텀시티)

그렇게 설명하면서 그는 교보문고와 영화관과 갤러리와 문화홀과 아이스링크와 스파랜드를 샅샅이 소개했다. 백화점의 본령이라고 할 수 있는 아래층의 의류, 잡화, 가전 매장에 대해서는 오히려 설명을 줄였다. 그와 같은 상품의 매장 유치와 시설 배치는 한눈에도 확실히 보이는 것일 뿐만 아니라 '복합 문화 공간'으로서의 센텀시티, 그러니까 백화점이 아닌, 백화점을 뛰어넘는, 새로운 개념의 백화점을 강조하고자 하는 의지가 엿보이는 성실한 보폭이었다.

앞서 언급한 갤러리는 6층에 있고 그 층에는 아카데미 시설까지 들어서 있다. 일반 시민과 고객을 대상으로 하는 신세계 아카데미의 커리큘럼은 한 권의 책으로 집적되어 있다. 건강, 요리, 취미처럼 여느 백화점에서도 다들 배치하는 실용적인 강좌도 있지만 이 안내 책자의 맨 첫머리는 부산국제영화제로 말미암아 아시아 최고의 영화 중심 도시로 떠오른 부산의 '맨파워'가 적극적으로 활용된 수준급의 강좌로 장식되어 있다. 조성룡 교수(성균관대 건축학과)의 '20세기의 도시와 영화'를 필두로 하여 이수원 부산국제영화제 프로그래머의 '달콤쌉싸름한 유럽영화', 최자영 부산외대 연구교수(그리스사 전공)의 '호메로스의 일리아드와 그리스 문학의 전통' 같은 인문 강좌를 맨 앞에 소개하는 것은 신세계 센텀시티의 '문화전략'이 작고 미세한 영역에까지 거의 무의식적으로 관철되고 있는 것으로 보인다. 이 거대한 공간의 4층은 아이스링크로 조성되어 있는데 동계올림픽 4관왕 출신의 쇼트트랙 전 국가대표 출신의 전이경 씨가 수석 강사로 초빙되어 있다.

센텀시티 4층에 위치한 아이스링크. (2009. 8. 부산 센텀시티)

쇼핑 + 휴양 + 문화 • • •

그러나, 어쨌든 신세계 센텀시티는 백화점이다. 공간의 조형과 내부의 배치와 운영 지침 그리고 현장 직원과 입점 회사 모두는 '단 하나' 라고는 할 수 없지만, 사실상 이 거대한 공간의 존재 이유가 되는 '매출 신장' 을 위하여 존재하고 또한 기능하는 것이다. 이 거대한 공간은 세금이 충당된 공공문화 시설이 아니며 누군가의 기부로 이룩된 자율 사회도 아니다. 당장의 실용적 욕망에 따른 소비뿐만 아니라 잠재적 소비, 그러니까 내면의 욕망을 끌어올리거나 원래는 없었던 욕망까지 사람들의 내면에 드리워야

내부 공간 구성의 획기적인 변화에도 불구하고 이른바 '명품 매장'이 1층의 길목을 독차지하는 것은 백화점의 오래된 관행이다. (2009. 8. 부산 센텀시티)

하는 유통 시설이다.

센텀시티는 개장 100일째에 대한민국 인구의 10퍼센트에 달하는 450만 명이 방문하면서 무려 1,500억 원의 누적 매출을 달성했고 그중에서도 에르메스, 샤넬, 루이뷔통 등으로 구성된 고가 브랜드 매출은 무려 350억 원으로 전체 매출의 23퍼센트를 차지했다. 일정하게는 '개장 프리미엄'이 붙은 수치이지만 그 여세는 금세 시들지 않았다. 유통업체 비수기라는 2009년 7월 27일부터 8월 6일까지의 '휴가 극성수기' 때에도 방문 고객 수는 무려 76만 명이었으며 매출 또한 160억 원을 올렸다. 이는 개장 이후 일별 평균 매출액보다 15퍼센트 증가한 것이며 고객

수 역시 1.7배 늘어난 것이다. 또한 서울, 대구, 울산 등 부산 이외의 지역에서 찾아온 이른바 원정 고객이 절반을 넘었으며 외국인 관광객 매출 또한 전체 매출 규모의 10퍼센트대에 달했다.

> 전통적으로 모든 백화점은 8월 첫째 주에 일제히 직원 휴가를 실시한다. 하지만 올해에 센텀시티만큼은 휴가를 실시하지 않았다. 실험을 해본 것이다. 이 휴양 도시에 몰려온 바캉스족들이 반드시 센텀시티 안으로 들어올 것이라고 판단했던 것이다. 지난 5월에는 1,800명을 엄선하여 '나이트 파티'를 가졌다. 쇼핑과 식사와 공연이 포함된 이벤트로 일반 영업이 끝난 오후 8시부터 2시간 동안 진행했는데, 이 파티에서만 20억 원가량의 매출이 발생했다. 획기적인 발상을 존중하고 신속하게 판단을 내리는 회사의 경영 방침이 그와 같은 최초의 실험들을 가능케 한다. 그리고 무엇보다 센텀시티이기 때문에 가능한 것이기도 하다.

센텀시티 정병권 부점장의 말이다. 그는 백화점이 "더 이상 물건 파는 곳이어서는 안 된다"고 강조한다. 그렇다면 무엇을? "핵가족과 주 5일 일상 문화는 백화점으로 하여금 복합 문화 공간으로 변할 것을 요구한다"고 그는 강조한다.

바로 이 점이 센텀시티를 단순히 거대한 백화점이 아니라 '쇼핑+휴양+생활문화'라는 코드로 읽게 하는 요소다. 부산 이외의 지역만이 아니라 해외에서 건너온 외국인 관광객들이 적지 않다는 점, 백화점 비수기인 여름 휴가철에도 오히려 매출이 늘어났다는 점, 주부 중심의 소비 패턴이 아니라 온 가족이 저마다의 필요에 따라 공간 활용을 하고 있다는 점 그리고 해운대 해수욕장의 젊은이들이 비치웨어에 샌들을 신고 나들이 삼아

센텀시티는 명품 가방이나 실용 잡화만이 아니라 문화를 팔고 일상을 판다. 여느 동네 찜질방에 비해 두 배 가까운 가격에도 불구하고 부산 시민뿐 아니라 일본을 비롯한 해외 관광객들이 몰려드는 센텀시티의 스파 시설은, 조용하고 아늑한 '휴식'을 팔고 있는 셈이다. (2009. 8. 부산 센텀시티)

센텀시티 안으로 들어온다는 점 등이 기존의 소비 패턴과는 전혀 다른 소비를 가능케 하는(혹은 촉발시키는) 신형의 공간임을 말해준다.

센텀시티의 내부 인테리어 역시 각 분야의 세계적인 전문가가 맡았는데 패션 부문의 미국 RYA, 식음매장의 일본 NODE가 그러하거니와 특히 센텀시티 1, 2층의 서북 측면에 배치된 스파랜드는 일본의 인테리어 디자이너 하시모토 유키오가 맡았다.

하시모토 유키오는 2008년 여름, 대만의 타이베이국립고궁박물원 바로 옆에 개장한 음식점 실크스 팰리스[故宮晶華]를 디자인하여 호평을 받은

오늘날 대부분의 백화점은 'VIP 마케팅' 정도가 아니라 'VVIP' 마케팅, 극소수의 유력 인사들을 대상으로 한 휴식, 네트워크, 쇼핑, 문화 강좌를 별도로 운영한다. 센텀시티 시설 중에서 가장 은밀한 '트리니티클럽'도 회원 명부와 운영 방침이 극도의 보안 사항이며 업무와 관련없는 직원들의 접근도 철저히 통제되는 곳이다. (2009. 8. 센텀시티)

바 있는 거장으로 신석기 시대 중국의 제기(祭器)를 응용하여 매우 세련되면서도 차분한 기품을 잃지 않는 세계를 선보인 바 있는데, 그가 어루만진 이 센텀시티의 스파랜드는 여느 '찜질방'과는 그 규모와 분위기를 전혀 달리한다. 때를 밀거나 땀을 내는 정도의 '실용성'만이 아니라 차분한 사색과 쾌적한 휴식까지도 가능케 하는 '젠' 스타일의 구획과 조명이다. 인간의 삶이란 끊임없는 갈등과 번뇌의 연속이고 따라서 우리는 정류장이든 화장실이든 택시 안에서든 늘 종잡을 길 없는 자기 속의 자기와 싸우기도 하고 대화도 하지만, 만약 자기 몸을 조금은 방목시키면서 조금은 한가롭게 머뭇거리고자 한다면 이 스파랜드의 착잡한 조명은 적잖은 도움이 될 것이다.

그리고 트리니티클럽이 있다. 스포츠와 스파가 결합된 곳인데 VVIP, 그러니 V(VERY)가 두 번이나 들어간 극소수의 고객을 위한 10층의 공간이다. 해당 층의 절반은 문화홀로 쓰이고 있어서 이 층에는 오직 트리니티클럽뿐이다. 센텀시티를 안내하는 책자에서도 이 공간은 "극소수 VVIP인 트리니티 고객만을 위해 마련된 최고급 스파 시설"이라고 소개되어 있다. 평범한 이용자로서는 10층에 그러한 시설이 있는지를 짐작조차 하기 쉽지 않고 어쩌다 10층에 올라섰다 해도 그 안으로 구경 삼아 들어가기에도 어려운 곳이다. 일반 직원들도 이 클럽의 회원 명부나 그날그날의 이용자에 대해 알아보려고 해서는 안 될 만큼 철저하게 '관리'되는 공간이다. 이탈리아의 건축가 클라우디오 실베스트린과 조명 디자이너 마리오 난니가 극도로 억제된 빛과 선으로 정돈해놓은 트리니티클럽은, 온갖 계층과 세대와 성별이 저마다의 욕망이 지시하는 방향을 따라 자유롭게 유영하는 중에서도 극소수의 이른바 VVIP는 그들만의 '포비든시티' 안으로 조용히 들어갈 수 있도록 설계되어 있는데, 이 점 또한 센텀시티가 왜 여는 '백화점'과 다른 곳인지를 극명하게 보여준다.

백화점, 욕망의 용광로 • • •

태초의 백화점 역시 그러한 곳이었다. 유럽의 경우 19세기 초반만 해도 대부분의 상점은 집안 대대로 이어져오는 작은 가게였다. 소비자가 물건을 잘 볼 수 있도록 진열하는 일 따위는 하지 않았다. 그러다가 근대적 의미의 널찍한 가게가 프랑스 파리에 등장했다. 커다란 쇼윈도와 밝은 조명으로 치장한 마가쟁 드 누보테. 인류는 최초로 쇼윈도에 진열되어 있는 상품을 구경하면서 거리를 걸었다. 스쳐 지나가는 시간은 찰나이지만 그 짧은 순간에 진열품은 행인의 마음속에 지우기 힘든 잔상을 남긴다. 언젠가 행인은 자신에게 내재되어버린 소비 욕망의 명령에 따라 마가쟁 드 누보테의 문을 열게 되는 것이다. 그 '사건'은 나폴레옹 3세가 집권하던 1854년, 조르주외젠 오스망 남작의 대대적인 파리 정비사업에 따른 결실이었다. 오스망은 파리에 대로를 편성하였고 아케이드가 형성되기 시작했다.

이 획기적인 가게는 곧 '봉 마르셰'(bon marché, 프랑스어로 저렴하다는 뜻) 백화점으로 진화했다. 이 최초의 백화점이 시도한 마케팅 기법은 두 세기를 건너뛴 지금에도 여전히 관철되는 원칙이 되고 있다. 백화점이라는 명칭에 부합하는 판매 방식, 즉 박리다매를 통하여 대량생산-대량소비 체계를 형성하였고 동시에 고급 상품과 그 소비자를 별도로 관리했다. 정찰 가격제를 통해 빠른 소비 패턴을 유도하는 한편 바겐세일을 도입하여 대형 소매업으로서는 치명적인 재고 부담을 확실히 줄였다. 계절을 앞서서 신상품을 전시하는 판매 방식은 물론 오늘날의 백화점이 그러하듯이

백화점은 인간의 내면에 잠복되어 있는 취향과 감각을 자극하여 단순한 실용적 소비가 아니라 취향의 소비와 감각의 지출을 즐기도록 부추킨다. (2004. 10. 서울 신촌 현대백화점)

유리 천장, 강철 뼈대, 화려한 조명, 비실용적이지만 근사한 장식물 등으로 구성된 이 최초의 백화점은, 두 세기에 걸쳐 그 공간을 찾는 사람들에게 욕망의 용광로로 작용하기에 충분한 원리를 창안했던 것이다. 백화점 카탈로그, 달력, 가계부, 개인 수첩, 문화 정보 안내서 등을 제공한 것도 이미 19세기 중엽 파리에서 진행된 마케팅이었다. 산업화와 식민 수탈 등으로 엄청난 소비자층이 된 신흥 시민계급이 귀족 사회의 우아한 문화를 대중화시킨 봉마르셰백화점으로 찾아들었다. 급변하는 현대의 파리를 고독한 시선으로 응시했던 시인 보들레르가 '모더니티의 수도 파리'의 쇼윈도를 대하여 쓰디쓴 시를 썼긴 했어도 그것

마네킹이 '40퍼센트 세일' 안내판을 들고 있거나 아예 '세일' 티셔츠를 입고 서 있다. 이것만으로도 이곳이 중저가 백화점이라는 것을 쉽게 알 수 있다. (2011. 7. 고양시 일산 뉴코아백화점)

이 오스망 남작의 대로처럼 쭉 뻗어나가는 현대의 소비 욕망에 브레이크를 걸 수는 없었다.

이 현대의 공간은 대량생산과 대량소비의 확실한 실험장이 된 미국으로 건너가 20세기의 소비 천국을 만들었다. 19세기 후반 미국은 전 대륙에 걸친 거점 도시 발달과 더불어 이를 종횡으로 잇게 되는 대륙횡단 철도와 우편제도 등으로 매우 공세적인 광고시장이 형성되었고, 이는 다시 동부에서 서부로 이어지는 주요 도심 상권의 집객력을 높이는 결과를 가져왔다. 지난 1세기 동안 미국의 백화점은 크고 작은 체인점, 세일즈맨 영업, 대형할인마트 그리고 최근에는 홈쇼핑 등으로 어려움을 겪기도 했지만 여전히 압도적인 대세를 백화점이 유지해왔다. 백화점은 그 모든 유형을 블랙홀처럼 집어삼켰을 뿐만 소비 패턴과 구매 동기를 주도했다.

한국의 백화점이 오랜 역사 동안 '벤치마킹' 해온 일본의 백화점도 메이지 유신 이후의 근대사에 지울 수 없는 문화의 흔적을 새겼다. 1904년 일본의 전통 의상인 기모노 판매점인 '미쓰코시' 가 백화점으로 형태를 바꾸면서 시작된 일본의 백화점은, 그 초기에는 '탈아입구', 즉 아시아를 벗어나 유럽을 지향한다는 근대화 정책의 한 반영으로 유럽 여러 나라의 상품을 판매하는 것으로 시작하였으나, 곧 '백화점' 이라는 말에 걸맞게 대중을 겨냥한 소비 공간으로 탈바꿈했다. 이채로운 것은 산업화와 지역 개발에 따라 신흥 중산층이 형성되고 이들이 도시 외곽의 신주거지에 정착하면서 거미줄 같은 철도를 따라 터미널형 백화점이 발달했다는 점이다.

우리의 백화점 역시 비슷한 양상을 걸어왔으나 서구나 일본과는 전혀 다른 경향성이 짙게 발견되는 부분이 있다. 그것이 바로 '문화적 공간' 으로서의 백화점이다. 과거에는(물론 요즘도 대다수 백화점에서는) 이용자들이 우선 옷가지나 생활용품을 구매하기 위하여 백화점에 들어간다. 그런

센텀시티는, 그 정문 앞에서 '인증샷'을 찍는 거의 유일한 '구경거리'로서의 백화점이다. (2009. 8. 부산 센텀시티)

데 이왕 나온 김에 셔츠 한 벌 구경하고 돌아설 게 아니라 이곳저곳 돌아다니면서 아이쇼핑도 하고 출출하면 밥도 사 먹었다.

그러다가 지난 1990년대 이후 '문화센터'라는 개념이 강조되면서 꼭 쇼핑 때문이 아니라 강의도 듣고 수영도 하고 사람도 만나는 곳으로 차츰 변하였다. 이는 우리 사회의 급속한 산업화에 따른 기현상으로 일반 시민이 편하게 즐길 수 있는 문화스포츠 공간이 절대적으로 부족했던 저간의 사정을 반영한다. 7,80년대는 말할 것도 없고 90년대만 해도 문화, 스포츠, 복지 시설은 여타의 경제 지표에 비하여 현저히 낮았다. 지방자치단

백화점마다 입점 경쟁을 벌이는 프랑스의 '샤넬'이 센텀시티에서도 가장 중요한 위치에 들어서 있다. (2009. 8. 부산 센텀시티).

체가 중앙정부와 협력하여 급히 재원을 조달하여 적절한 공간을 준비하기 시작한 것이 바로 90년대 중엽 이후의 일이고, 그와 같은 인프라가 완공되어 시민들이 실질적으로 이용하기 시작한 것은 새로운 세기에 들어와서나 가능했다.

그 이전까지 시민들이 생활 영역에서 쉽게 찾아갈 수 있는 공공 부문의 문화스포츠 시설은 전무하다시피 했다. 일정하게 경제력이 갖춰지고 문화적 측면의 소비를 할 준비까지도 되어 있었지만 그와 같은 공간이 달리 없었으므로 시민들은 백화점의 셔틀버스에 오르기 시작했다. 지하에서는 장을 보고 저층에서는 쇼핑을 하고 고층으로 올라가서는 수영도 하고 노래교실도 다니는, 그런 문화가 90년대의 백화점 풍경이었다.

새로운 도시의 문화 공간 • • •

이 신형의 공간에서는 백화점이라고 했을 때 떠오르는 '직접' 상품에 대한 필요뿐만 아니라 보다 넓은 '간접' 상품군들(책, 영화, 전시, 강좌 등의 문화 소비)로 확장되고 있다. 아내를 따라 백화점에 가는 것을 흡사 지옥행 열차라도 탄 것처럼 질색하는 남편들에게도 이런 공간이 제공하는 전혀 다른 서비스를 조금씩 받아들이기 시작한다. 서점이 있고 영화관이 있고 스파랜드가 있고 아이스링크가 있는데, 그 하나하나가 매우 강력한 임팩트를 갖고 있어서 '시간을 보낸다'는 한가로운 표현이 무색할 지경이다. 권혁구 부점장은 이 점을 강조한다.

> 결국 핵심은 건축 공간 그 자체다. 센텀시티가 세 개의 수직 보이드를 중심으로 설계된 이유가 여기에 있다. 자잘한 인테리어가 아니라 선이 굵은 공간의 조형으로 다양한 문화적 욕구가 실현될 수 있도록 개념을 잡은 것이다.

그와 함께 센텀시티 9층에서 북측의 부지를 내려다보았다. 백화점이 들어서 있는 공간은 개발 예정인 전체 부지의 일부에 지나지 않는다. 1만여 평의 신개척지가 센텀시티의 북측 면으로 드넓게 펼쳐져 있다. 그의 설명에 따르면, 현재는 야외형 스트리트몰(일산의 라페스타 구조)과 복합 오피스 빌딩으로 개발한다는 기본 계획만 수립되어 있을 뿐, 모든 가능성이 열려 있는 상태다. "향후 10년 동안 우리 사회가 어떻게 변해갈지, 또 이 지역이 동아시아에서 어떤 위상을 갖게 될지를 충분히 고려하면서 답을

센텀시티 북측으로 1만여 평의 미개발 '신천지'가 펼쳐져 있다. (2009. 8. 부산 센텀시티)

찾아낼 예정"이라고 그는 말한다.

그 과정은, 한편으로는 대형 유통업체들의 혈전이 되겠지만 동시에 우리의 문화적 삶에 적잖은 영향을 미치는 방향으로 전개될 것이다. 신세계가 센텀시티로 부산권역에 교두보를 마련했지만 아직까지 이 지역의 권좌는 롯데백화점이다. 지하철 센텀시티역을 공유하고 있는 두 회사의 경쟁은 이 지역을 도화선으로 하여 가히 전국 곳곳으로 번져가는 형국이다. 롯데는 2009년 12월 개점한 부산 중구 중앙동의 광복점으로 '공세적인 수성'에 들어갔다. 옛 부산시청 자리에 건립 중인 107층 마천루의 일부가 백화점 공간이다. 프로야구단 롯데자이언츠를 매개로 하는 감성 마케팅만으로는 자칫 추월을 허용할 수도 있기 때문이다. 이 같은 대형화, 초고급화 경향은 신세계와 롯데만의 일이 아니고 또한 이 부산지역만의 일도 아니다. 롯데의 김포 스카이파크, 현대의 일산 킨텍스점 등이 줄을 이었다.

이 경향은 국내만의 흐름이 아니다. 지난 2003년에 완공되어 '도쿄 안의 도쿄'로 불리는 73만 제곱미터(22만 평) 규모의 롯폰기 힐스는 아파트, 상업 시설, 미술관, 영화관, 호텔, 오피스, 공연장 등으로 구성되었다. 일본인 특유의 세밀함으로 조성되어 몇 번을 와도 그 지형지물을 쉽게 판단하기 어렵고 그렇기 때문에 매일같이 새로운 문화가 열리는 곳처럼 인식되어 있다. 다층적인 기억이나 복합적인 역사를 이 공간에서 찾아볼 수 없다. 오직 새로운 공간과 시설들의 행렬이다.

이만큼은 아니어도, 프랑스 파리의 '라 데팡스(La Defence)'나 영국 런던의 '카나리 워프(Canary Wharf)'도 복합 개발 도시의 사례로 꼽힌다. 아랍에미리트연합(UAE)의 '두바이 월드'는 30억 제곱미터(9억 평) 규모에 무려 45개의 대형 프로젝트가 진행되고 있다. 삼성물산이 완공한 세계 최고층 빌딩 '버즈 두바이'를 비롯하여 야자수 형상의 인공 섬 '팜 주메이라', 사막 안의 '스키 리조트', 세계 최초의 7성 호텔 '버즈 알 아랍' 등이 이 신도시를 구성하고 있다. 싱가포르의 마리나베이도 대규모의 인공 도시다.

요절한 문화비평가 이성욱은 이미 10여 전인 1997년에 백화점의 물신성을 예리하게 포착한 바 있다. 그에 따르면 "백화점 디스플레이의 궁극 목적은 소비자의 쇼핑 시간을 최대한 늘리는 데"에 있다. 그것을 위하여 각 층의 동선을 일부러 복잡하게 만들거나 안락하고 편안한 휴게 시설을 만들거나 지하나 지상 맨 위층에 있는 식당, 문화센터, 식품 코너 등을 설

부산 지하철 센텀시티역에 내리면 좌우로 신세계와 롯데의 센텀시티점 입구가 나온다. 그 가운데에 위치한 '신전 분수'는 공공 공간과 쇼핑몰 공간이 기이하게 결합된 키치적 감각의 천박함을 고스란히 보여준다. (2009. 8. 부산 센텀시티역)

치한다. 초기의 백화점은 대공장의 조립 라인과 유사했지만 이제는 '탈중심화된 엔터테인먼트'로 바뀌었다.

이성욱이 인용한 바 있는, 상품미학 비판론자 볼프강 하우크 역시 백화점 매장은 "무대처럼 꾸며져 있으며 더 큰 소비 욕망을 자극하도록 관중에게 오락을 제공"한다고 쓴 적 있다. 시간의 지체를 위한 공간 구성과 소비의 촉진을 위한 각 구성 요소의 '오락화 · 연예화'는 이 센텀시티에 이르러 정점에 이른 상태다. 한 세기 전에 이성욱은 "백화점 매장에 창문이 없는 것은 구매 집중을 위해 자연(실제)과의 통로를 차단했기 때문"이라고 분석했는데, 센텀시티는 그것마저 너끈히 초월해버렸

음식도 팔고 서비스도 팔고 시간도 팔고 공간도 팔고 문화적 욕망까지 파는 백화점을 추구하다 보니, 어떤 면에서는 매우 혼잡하고 어수선한, 과잉된 문화적 욕망의 혼잡하고 노골적인 노출이 벌어지기도 한다. (2009. 8. 부산 센텀시티)

다. 1층에 화장실이 없어야 하고 각 층에는 시계나 창문이 없어야 한다는 소비에 몰입할 수 있다는 근대적 개념을 이 센텀시티는 완전히 벗어던졌다.

"예전에는 백화점에 시계가 없고 1층에는 화장실이 없고 큰 유리창이 없다고들 했다. 예전 방식은 그랬다. 하지만 이제는 다르다. 그와 같은 물리적 요소로 고객을 백화점 안에 머무르게 하는 시대는 지나갔다."

다시, 권혁구 부점장의 말이다.

"일본 백화점의 지나치게 섬세하고 복잡한 구성 대신 심플하면서도 대담하게 맥락을 짚어가는 미국 방식으로 도입한 것도 그 때문이다. 센텀시

이제 도시인은 대형 쇼핑몰의 '외부'로 나가지 못한다. (2004. 10. 서울 목동 현대백화점)

티는 공간 디자인을 최우선적으로 고려했다. 거대한 스케일이면서도 결코 바깥의 행인이나 내부의 고객들이 부담스러워하지 않는 공간 연출을 적극적으로 시도했다."

몇 년 사이 센텀시티를 포함하여 전국 곳곳에 신축되거나 리뉴얼되고 있는 대규모 복합 쇼핑 공간은 그와 같은 실험들을 시도하고 있다. 해운대구의 센텀시티 역시 '신세계 센텀시티'를 중심으로 하여 수년 안에 해운대 연안의 스카이라인을 바꿔놓을 뿐만 아니라 항구 도시 부산의 이미지까지 바꿔놓고 있다. 인근의 마린시티는 물론 롯데가 주력하고 있는 옛 부산시청 부지의 롯데타운 또한 이 압도적인 행렬의 강력한 경쟁자다. 송도 국제 도시 같은 경향 각지의 신개발 부지와 청량리, 영등포, 부천 같은 부도심권 재개발 역시 이러한 방식으로 급격히 리뉴얼되고 있다.

그리하여 오랜 역사와 문화를 간직해온 해당 지역의 장소성은 말끔하게 사라지고 그 위에 자본과 지방 정부와 소비의 욕망이 뒤엉킨 초대형 초고층의 물신이 들어서고 있다. 그 욕망의 물신은, 너무나 압도적이어서, 화장실이니 시계니 창문이니 하는 근대적 공간 요소들을 신경쓰지 않는다. 오히려 적극적으로 배치하고 활짝 열어버린다.

하나의 거대한 공간 안에 현대 도시의 일상이 모조리 배치되어 있기 때문에 그 거대한 욕망의 신전으로 사람들은 끊임없이 모여들고 있으니, 이성욱이 1997년에 "백화점은 우리 앞에 새롭게 건조되고 새로운 경험 공간을 계속 제공한다. 그 공간 생산의 궁극이 전 국민을 '소비하는 인간'으로 재조직하는 데에 맞추어져" 있다는 진단은, 끔찍하게도, 매우 정교하게 실현되고 있는 것이다. 이제, 적어도 주말에, 현대 도시의 인간은, 그 공간의 '바깥'에서 살아가는 게 불가능해져버렸다.

카지노,
폐광지의 불야성

해발 1,200미터 이상의 옛 운탄길 저 아래로 강원랜드의 스키장이 있고 골프장이 있고 카지노가 있다. 또 그 아래에, 사북과 고한의 가장 밑자리에, 전당포와 찜질방과 유흥주점이 난립해 있다. 카지노와 골프와 스키로 인해 외지인들은 급속히 밀려 들어왔다가 피로에 지친 표정으로 빠져나간다. 그것을 사북과 고한은 초점 잃은 눈으로 바라본다.

오후 3시, 영월에서 사북 사이 • • •

거짓말처럼 눈이 내리기 시작했다. 그것도 정확히 경기도와 강원도를 구분하는 영동고속도로 섬강교를 지나면서부터 눈발이 차창을 두들기기 시작했다. 마치 '강원도에 오신 것을 환영합니다' 라고 인사를 하듯이.

섬강교의 우안, 강원도 권역에 속하는 산비탈에는 "예스 평창, 2018 동계 올림픽!"이라는 거대한 입간판이 서 있다. 두 차례의 좌절, 그럼에도 다시 강원도는 2018년 동계 올림픽 유치에 나섰고 2011년 남아공의 더반에서는 '평창!' 이라는 도시 이름이 울려퍼져, 그야말로 강원도는 '예스 평창!' 을 드높이며 다각도의 로드맵을 실천 중이다. 그 긴 시간 동안 저 섬강교 산비탈에 기립해 있는 입간판은 제 몫을 다하기 위해 찬바람을 오랫동안 맞아야 했다.

눈은, 그리고 또 거짓말처럼, 영동고속도로를 버리고 중앙고속도로에 올라 남하하는 차량을 향해 더욱 기승을 부리기 시작했다. 선행하는 차량들의 후미는 안전 거리를 요구하는 비상등의 점멸로 반짝거렸고, 그에 맞춰 서서히 기나긴 행렬이 주춤거리기 시작했다. 눈발은, 제천에서 중앙고속도로를 벗어나 영월로, 또 거기서 최종 목적지인 사북으로 힘겹게 지향하는 행로 앞으로 아득하게 펼쳐졌다. 와이퍼가 빽빽 소리를 지르면서 차창을 연신 닦아냈음에도 강원도의 눈은 방문자의 앞길을 가로막았다.

그러다가 문득, 사북이 나타났다. 사실은 이런 셈이다. 강원도의 남부지역 도로 사정은 어느덧 사통팔달의 교통망을 가진 이 나라에서도 손에 꼽힐 만큼 열악하다. 제천을 시작점으로 하여 영월과 정선의 여러 마을을 거쳐 태백으로 하여 동해로 빠져나가는 이 38번 산악 도로는 해발 1,000미터 이상의 험준한 산령 사이의 깊은 골짜기에 형성된 것으로, 과거 탄광산업이 활황이었을 때에도 일직선의 행로가 여의치 않았다.

그 후 이 일대의 여러 곳이 폐광되고 그에 따라 정든 마을을 떠나 서울이며 부산 같은 큰 도시의 변두리 시민으로 사람들이 빠져나간 뒤에는 더욱이 도로 확충에 대한 민간의 요구가 드물었는데, 21세기 이후 전국 교통망의 일반적 확충 정책에 더하여 이 일대의 관광산업이 활기를 띠면서 강이며 골짜기를 감아도는 곡선의 옛 도로 대신 일직선의 신설 도로 공사가 착착 진행되어, 2009년 가을에는 최악의 난공사를 마치고 영월에서 사북을 거쳐 태백으로 넘어가는 국도가 순조롭게 개통을 본 것이다.

좀 더 정확히 말하자면 38번 국도 문곡에서 사북 사이가 4차선으로 확장 개통된 것이다. 국토해양부는 2015년까지 태백-동해 간 25.4킬로미터도 준공할 계획을 갖고 있다. 이 공사가 완료되면 충북 제천에서 동해의 바다까지 4차선의 교통망이 확보되는 것이다.

국토부가 38번 국도에 깊은 관심을 쏟게 된 직접적인 원인은 강원 남부권 폐광지역의 활성화와 고원 관광자원 개발 촉진에 있다. 충북 제천에서

강원 남부의 험준한 산악지형을 뚫고 진행되는 도로 확장 공사. (2008. 1. 강원도 증산 부근)

강원 태백에 이르는 동서 4차로 확장은 이 지역의 오랜 숙원사업이었다. 지난 2006년 12월에 제천과 영월 사이 그리고 사북과 태백 사이가 완공되었는데 그사이, 즉 영월에서 사북에 이르는 34.6킬로미터가 최종적으로 마무리된 것이다. 전체적으로 보건대, 비교적 짧은 거리의 국도 확장 공사가 지난 2000년 12월에 착수하여 정확히 10년에 걸쳐 마무리된 셈인데, 이 기나긴 시간과의 싸움은 강원 남부 일대의 험준한 산령과 그 속에서의 삶이 얼마나 고된 것인가를 집약하여 보여주고 있다.

잠시 38번 국도를 벗어나 골짜기마다 들어서 있는 작은 마을들 사이로 들어가본다. 오직 옛 함백광업소의 석탄과 태백선을 잇기 위해 조성되었던 함백선 옛길을 따라 예미에서 함백까지 올라가본다. 폐광은 자연스레 철길의 폐선으로 이어지고 그것은 또 작은 기차역들의 폐업으로 연결되는데, 손바닥만 한 함백역 또한 모든 열차가 무정차 통과하는 쓸쓸한 역사가 되고 말았다. 하지만 이 작은 역사는 우리 철도사에 있어, 그리고 강원도의 역사에 있어 작지만 의미 있는 과정을 거쳤다. 지난 2006년 10월 말에 정선군 측이 지역 주민과 상의 없이 역사를 철거하였다가 가까스로 회복된 일이 그것이다. 철거 이후, 해당 지역 주민을 중심으로 함백역 복원 추진위원회가 결성되었고 다양한 방식의 모금과 지원으로 마침내 2008년 6월 9일에 기공식을 갖게 되었다. 이후에는 함백역을 포함한 이 일대가 국가기록원으로부터 '기록사랑마을 1호'로 선정되면서 함백역은 이 지역의 역사와 삶과 추억을 담은 소중한 공간으

강원도는 눈의 나라이며 눈 아래에 사람들이 그 산세와 기상의 명령에 따라 소박하면서도 의연한 삶을 일구어왔다. (2008. 1. 강원도 정선 화암마을)

로 변모한 것이다.

다시 차를 돌려, 사북으로 향하다 보면 민둥산역이라는 낯선 역이 나타난다. 옛 이름은 증산역인데, 이 지역의 주산인 민둥산이 대처의 산행객들에게 널리 알려져 있고 또 가을의 억새풀을 보기 위하여 꽤 많은 사람들이 찾기 때문에 2011년 9월에 예전의 이름 대신 민둥산역으로 개명을 한 것이다.

이처럼 지금 강원 남부의 여러 마을은 탄광이라는 오랜 숙명을 한편으로는 되새기면서도 또 한편으로는 그로부터 벗어나기 위하여 확장을 하거나 개명을 하거나 증개축을 하면서 필사적인 몸부림을 치고 있는 중이다.

이름이 바뀐 민둥산역에 서서 한참이나 증산마을 내려다보다가 다시 38번 '신작로'를 타고 사북으로 향한다.

강원 남부의 대부분 철로는 직선화를 위하여 산허리를 관통하며 지나간다. 마을은 그 아래에 있다. 사진 속 인근의 증산역은 2009년 9월 민둥산역으로 개칭되었다. (2008. 1. 강원도 증산)

오후 4시 30분, 사북 • • •

사북에 이르는 길은 끝없이 이어지는 고산준령의 허리를 일직선화한 국도를 따라 줄기차게 달리다가 갑자기 나타난 램프를 따라 국도의 아랫마을로 급히 내려가는 형세가 된다. 이 일대의 수많은 마을지형이 이와 흡사하다.

함백, 증산, 고한, 태백 등 이 강원 남부의 마을들은 골짜기 아래에 형성되어 있고 그 위로 하늘을 여러 조각으로 구분해버리는 고산이 첩첩하며 그 중간에 탄광을 주목적지로 삼는 태백선이며 함백선 같은 철로가 오랜 세월 동안 산허리를 가로질러 달렸으되, 이제는 4차선으로 확장된 38번 국도가 그 반대편 산허리를 관통하며 내달리고 있다. 앞에서 잠깐 언급한 함백역이나 민둥산역도 모두 마을을 내려다보는 산허리에 위치해 있다. 이는 사북이나 고한의 기차역 또한 마찬가지다.

4차선으로 확장된 '신작로'를 따라 터널을 통과하고 가파르게 오르막을 오르고 일렬횡대의 준령 사이로 질주하다 보면 갑자기 램프가 나타나는데, 그리하여 사북은 산 아래로 펼쳐지는 것이다. 12월 초 눈발은 더욱 거세졌고, 차는 제동거리를 한참이나 어기며 미끄러졌고, 간신히 들머리의 신호등에 멈춰 섰을 때, 사북은 오래전 필름 속의 이미지가 아니라 이 산간 오지에 기이한 형체로 들어선 숙박업소와 노래방, 전당포, 음식점 등의 간판들이 서로 어깨싸움을 하며 난립해 있는 형상을 먼저 보여준다. 탄광산업의 요충이었다는 기록이나 한때 폐광지로 스산했다는 뉴스들은 이미 화려한 네온사인의 점멸과 함께 사북의 과거로 사라진 뒤였다.

사북은, 언제나 조금은 들떠 있다는 인상을 준다. 주말이면 차량이 밀려들고 저녁이면 사람들이 분주하게 왕래했으며 그 위로 네온사인 불빛이

탄광지역으로 유명했던 사북읍은 강원랜드 카지노에 의하여 수많은 전당포, 찜질방, 노래방 등이 성업하는 마을로 변했다. (2009. 12. 강원도 사북)

사북의 로터리를 중심으로 도로와 골목의 끝까지 명멸한다. 인구 1만 명도 채 안 되는 이 작은 마을에 최신식 주차타워를 신설하려는 계획을 세울 만큼 이곳은 외지인이 몰고 오는 차량들로 북새통을 이룬다. 게다가 강원랜드 카지노에서 돈을 잃은 사람들이 사북의 전당사나 사채업자들에게 차를 맡기고 푼돈을 얻어 쓰는 바람에 그렇게 저당이 잡힌 차량들이 비좁은 공용주차장에 먼지를 뒤집어쓰고 몇 달씩 방치되어 있기도 하다.

12월 초의 주말은 더욱 그 들뜬 분위기가 바이러스처럼 확산되어 있었다. 겨울 레저의 꽃인 스키가 본격 시즌을 맞이하는 바람에 어느 곳에서나 과장된 웃음과 언성을 터트리는 젊은이들의 울긋불긋한 아웃도어 복장이 사북의 거리를 메우고 있었다. 떠들썩하면서도 어딘가 스산해 보이는 사북의 거리 위로 눈이 내렸으나 이내 질척대는 거리의 진창에 처박혀 흔적 없이 사라졌다.

백색의 계엄령 • • •

폭설! 온난화의 이상 기후로 눈 내리는 겨울에도 따뜻한 날씨 탓에 아스팔트는 금세 진창이 되고 말겠지만, 그럼에도 하늘에서 폭포수처럼 쏟아져 내리는 눈은 그런 시궁창 같은 소멸의 훗날을 당장은 생각나지 않게 한다.

자연이 거룩한 것은, 거대한 국면에서 우리 인간의 삶이 유지될 수 있도록 거의 무한대로 영양을 공급해주는 데 있지만, 더러는 이런 장관을 몸소 보여줌으로써 우리가 얼마나 작은 존재인지를 다시금 성찰하게 해준다는 점이다.

한국의 역 중에서 가장 높은 곳에 자리한 추전역이 폭설로 뒤덮여 있다. (2008. 1. 강원도 추전역)

어디 눈뿐인가. 봄에는 꽃이 만발한다. 흐드러진 벚꽃을 스무 번이나 서른 번쯤 보고 나면, 그것을 본 사람들은 모두 벚꽃처럼 이 세상을 떠나게 될지 모르지만 그 순간에 그런 생각은 전혀 들지 않는다. 때로 자연은 이 작은 지구를 뒤흔들어버린다. 천둥이 치고 폭풍우가 몰려온다. 거무스름한 벌판을 강타하는 저 강렬한 번개는 이 지구의 삶이 그리 녹록지 않다는 것을 경고하는 듯하다. 순간 무지개가 떴는가? 때로는 밤하늘의 별도 이따금 빛이 난다. 이 광막한 우주에 우리만 홀로 외로이 살아가는 것은 아닌 것이다.

그리고 눈이 내린다. 폭설이다. 세상의 모든 사물을 온통 하얗게 만들어버린다. 1년 중에 이런 장관이 또 어디 있을까.

아파트 단지마다 꼬마아이들이 난생처음 맛보는 경관인 듯 즐겁게 뛰어다닌다. 눈싸움을 하자고 조른다. 눈사람을 만들어달라고 조른다. 주차장의 차량들, 그 보닛과 유리창에 막대기로 낙서를 한다. 그 풍경 속에서 아이들을 생략한다면 쓸쓸한 강설(降雪)에 지나지 않겠지만, 그들이 있음으로 하여 풍경은 온전히 제 모습을 찾게 되고, 더불어 어른들까지 나서서 눈싸움을 하고 눈사람을 만든다.

'실로 몇 년 만이냐?' 이런 느낌이 가슴속에서 치밀어 오르는 것을 제어할 수 없는 상태가 된다. 생각해보라. 멀쩡한 어른이 야밤에 동네 공원이며 놀이터에서 뛰어다니는 게 '정상적'으로 보일 수 있는 순간이 있다면, 오직 그것은 눈이 내릴 때뿐이다. 눈이 내리지 않는데, 어른들이 털장갑 끼고 이리저리 뛰어다닌다면 그것은 그로테스크한 장면일 뿐. 이 거룩한 자연의 은총에 화답하여 어른 아이 할 것 없이 인류의 저 유년기로 돌아가는 풍경을 향하여 시인 최승호는 〈눈사람 만들기〉라는 시를 썼다.

그것은 공놀이 같은 것이다. 게임이라기보다는 유희에 가깝다. 눈사람 만들기에는 눈이라는 질료가 사용된다. 부서지기 쉽고 만들고 나면 대단한 것도 아닌 눈사람. 아이들의 경지는 천연스럽다. 어쩌면 눈사람보다 눈사람 만들기를 더 사랑하는 것은 아닐까. 완성된 눈사람은 천의무봉(天衣無縫)이다. 꿰맨 자국이 없다.

모자는 눈사람의 품격을 높이는 경우에만 씌워야지 그렇지 않으면 눈사람이 망가진다. 초야 말고 어둠 속에서도 눈사람을 밝히는 멋진 모자다. 빛의 모자, 녹으며 눈사람과 함께 사라지는 모자.

최승호는 저 가난한 시절에 춘천교대를 마치고 1977년부터 5년 동안 탄광촌인 강원도 정선의 작은 마을에서 초등학교 교사로 지냈다. 그때 사북사태가 있었고 광주항쟁이 있었다. 그 충격의 사건들을 앞뒤로 하여 이 나라의 사정은 지극히 어두웠다.

강원도 태백시와 정선군 사이에 화암마을이 있다. 태백과 정선을 오지라고 한다면, 그 오지 중에서도 오지가 화암마을이다. 거대한 산악들이 서로 어깨를 맞부딪치며 겨우 한 뼘 공간들을 여투어놓았는데, 그 골짜기에 사람들이 스며들어가 살았다. 오래전에는 화전을 했고 약초를 캤으며 탄광지대였다가 이제는 그마저도 조용해졌다. 이 화암마을에 인간의 손이 가 닿을 수 없는 경이로움이 있어서 황동규, 이외수 같은 사람들이 더러 찾았다. 황동규의 여러 기행시 중에서도 상당히 경쾌한 둔주곡이라고 부를 수 있는 〈몰운대행〉에는 이런 묘사가 있다.

가파른 언덕을 왈칵 오르자

해발 1280m의 만항재.

태백시 영월군 정선군이 서로 머리 맞
댄 곳.

자글자글대는 엔진을 끄고 차를 내려
내려다보면

소나무와 전나무의 물결
가문비나무의 물결
사이사이로 비포장도로의 순살결.
저 날것,
도는 군침!

정선에서 화암약수로 가는 길가에 갑자기 나타난 마릴린 먼로 조형물. (2008. 1. 강원도 정선 화암마을)

물론 이 시는 20여 년 전에 쓰였기 때문에, 오늘의 교통 사정에서는 이와 같은 외경을 얻기가 힘들다. 하늘까지 닿을 듯한 고갯길의 무릎 아래로 십수 개의 터널이 개통되어 이제 영월, 태백, 정선, 평창을 오가는 일이 옛일처럼 '참된 여행'이 되기는 어렵다. 그렇기는 해도 '몰운대'는 여전하다.

화암마을은 군소 도시의 외곽으로 비켜나 있어서 그 '화암 8경'의 으뜸이 되는 몰운대는 이 세속 도시에서는 느낄 수 없는 소슬한 아름다움을 보여준다. 한 가지 주의할 게 있다. 화암마을에서 몰운대로 운전해 가면서는 정말로 '안전 운전'을 도모해야 한다. 하늘로 치솟은 괴암절벽들, 마침 눈이라도 내리면 이 지상의 것이 아닌 풍경이 펼쳐지기 때문에 정말로 조심스럽게 운전해야 한다. 그렇게 하여 몰운대에 가면, 황동규 시인의

"꽃가루 하나가 강물 위에 떨어지는 소리가 엿보이는 그런 고요한 절벽"이 어떤 곳인지를 알게 된다. 시인은 "그 끝에서 저녁이 깊어가는 것도 잊고 앉아 있었습니다"라고 노래한다.

폭설! 이 산하의 여러 곳에 이 대자연의 위로를 받을 만한 곳이 많지만 그 으뜸인 곳이 정선의 화암마을이다. 광막한 벌판을 가득 채우는 눈들의 향연! 모든 것을 지워버리는 백색의 축제! 눈은 막막해지고 가슴은 먹먹해진다. 오래전에, 이 작은 마을의 초등학교에 재직하면서 시인 최승호는 광막한 벌판으로 하강하는 눈을 〈대설주의보〉라는 시로 노래했다.

> 해일처럼 굽이치는 백색의 산들,
> 제설차 한 대 올 리 없는
> 깊은 백색의 골짜기를 메우며
> 굵은 눈발은 휘몰아치고,
> 쬐그마한 숯덩이만 한 게 짧은 날개를 파닥이며…
> 굴뚝새가 눈보라 속으로 날아간다.
>
> 길 잃은 등산객들 있을 듯
> 외딴 두메마을 길 끊어놓을 듯
> 은하수가 펑펑 쏟아져 날아오듯 덤벼드는 눈,
> 다투어 몰려오는 힘찬 눈보라의 군단,
> 눈보라가 내리는 백색 계엄령

시인 황동규와 최승호는 강원 남부의 오지에 내리는 눈과 그것을 운명처럼 받아들이는 마을에 대하여 애틋한 시를 남겼다. (2008. 1. 강원도 정선 몰운대 부근)

오후 6시, 강원랜드 카지노 • • •

그곳에, 이제는 카지노가 있다. 스키장이 있고 썰매장이 있고 그 많은 인파를 수용하기 위한 숙박업소들이 줄지어 있지만, 무엇보다 카지노가 있다. 정선, 하면 이젠 카지노부터 생각나는 시절이 된 것이다.

정확히 표현하자면, 강원랜드는 법인명이고 2007년 6월에 '하이원리조트' 라는 브랜드를 론칭하여 지금은 이를 보다 널리 알리는 데 주력하고

이제 폐광지역이 된 강원 남부의 오지 한복판에 사행성 사업의 총아 강원랜드 카지노가 들어섰고 이곳에 하루 평균 8,000명 이상이 저마다의 크고 작은 사연과 헛된 꿈을 안고 찾아온다. (2009. 12. 강원도 정선 강원랜드 카지노)

있다. 아마도 카지노 때문일 것이다. 강원랜드는 곧 국내 유일의 내국인 카지노의 대명사인 셈이고, 이 시설에 대한 사회적 편견이나 일부 부정적인 사건들 때문에 강원랜드 대신 하이원리조트를 론칭하여 복합 레저 타운의 면모를 부각시키고자 하는 노력이 엿보이는 작명이다. 기존의 카지노 시설에 더하여 스키장을 비롯한 다양한 레저문화 시설의 확충으로 '리조트'라는 이름에 걸맞은 사업 운영이 가능해진 현실적인 이유도 이를 뒷받침한다.

이 카지노는 폐광지역 발전과 국가경쟁력 강화를 위해 정부와 강원도가 주도한 범국가적 사업 '탄광지역개발 촉진지구 개발계획'의 일환으로 조성된 것이다. 그 시작은 1994년 '지역균형개발 및 지방중소기업육성에 관한 법률' 의 제정 · 공포 이후이며, 이에 준거하여 1995년 12월 '폐광지역개발지원에 관한 특별법' (이하 폐특법)이 제정 · 공포되어 내국인 출입 카지노 건설에 대한 법적 근거가 마련되었다. 이에 따라 법인이 설립된 것은 1998년 6월이고 이듬해에 스몰카지노호텔을 착공하여 2000년 10월 개장하였다.

이 과정에서 도저히 생략할 수 없는 강력한 사실 가운데 하나는 이러한 법적 근거 확보와 실제적인 공사의 진행에 있어 이 지역 주민들의 필사적인 사투가 있었다는 점이다. 90년대 이후 이 일대의 삶은 황량하고 피폐한 상황뿐이었다. '폐특법' 만이 유일한 탈출구였고 이 법적 근거의 확보를 위해 지역 주민들은 목숨을 걸고 싸웠다. 대개의 모든 싸움이 그렇듯이 그 속에는 수많은 이해가 상충되었고 중앙정부, 지방정부, 각 지역 기관과 단체들 그리고 삶의 처지가 조금씩 다른 주민들 사이에 숱한 갈등과 반목이 있었으며, 그 여진은 사북과 고한 일대에 지금도 아득하게 번져 있는 상황이다.

그렇기는 해도 카지노라는 산업 형태는 그 외의 다른 대안을 찾아보기 어려울 만큼 절박한 것이었다. 이 산업에 대하여 '공인된 도박' 이라는 오랜 관념이 있고 또 이를 극복하기 위하여 '건전한 게임' 이라는 설정으로 도덕의 균형을 맞추려는 노력도 있었거니와 중요한 것은 해당 지역 주민들에게 있어 이 같은 개념의 긴장은 오히려 나른한 말의 유희일 뿐, 그 선입관이나 이미지에 있어 카지노보다 더 꺼려지는 방사능폐기물처리장까지 유치하고자 했던, 그 생존의 열망뿐이었다.

이후 강원랜드는 2003년 4월에는 메인호텔, 카지노, 테마파크를 공식 개관하여 멀티 리조트 시설로 변신을 꾀하였고, 2005년 골프장, 2006년 겨울 하이원스키장 및 콘도 개장으로 이제는 카지노 대신 '복합 리조트'

외부 관광객의 유입에 따라 실제로는 매일 개장 운영하면서 2, 7일에는 재래시장을 여는 정선 오일장의 한 풍경. (2008. 1. 강원도 정선)

의 가능성을 더 확산해가고 있다.

1998년에 입사하여 10여 년 세월을 아낌없이 이 검은 땅의 변화와 함께 한 강원랜드 홍보팀의 박은희 대리는 "수많은 부작용과 일부의 편견에도 불구하고 카지노가 이 지역의 발전에 일정하게 기여한 것은 틀림없는 사실"이라고 말한다. 그녀가 이곳을 평생직장으로 삼아 일을 시작했던 90년대 말, 그 당시 사북의 풍경은 밤마다 황량한 바람이 몰아치는 쓸쓸한 곳이었다. 곧 허물어질 것만 같은 사택과 방치된 기계들과 주인 잃은 신발들이 널려 있는 곳이었으나 지금은 상전벽해, 정확히 그 용어가 들어맞는 변화가 일어난 것이다.

카지노를 중핵으로 하는 이곳의 관광레저산업은 지난 10년간에 걸쳐 무려 3조 5,000억 원의 경제 효과를 창출했다. 지난 2000년에서 2009년 8월까지를 기준하여 강원랜드의 중앙재정 기여액은 관광기금 6,765억 원에 국세 1조 1,470억 원이며 지방재정 기여액은 폐광기금 5,302억 원, 지방세 1,322억 원으로 모두 2조 4,859억 원에 이른다. 관광기금은 카지노 매출액의 10퍼센트, 폐광기금은 법인세 차감 전 순이익의 20퍼센트를 각각 납부한다.

박은희 대리는 기본적으로 강원랜드의 세부 사업 지침은 '지역경제 활성화' 라는 개념으로 이뤄진다고 말한다. 구체적인 실례로 호텔 식자재 지역업체 우선 의무구매 1,591억 원, 보안 · 청소 · 시설 관리 등의 업무에 대한 강원남부주민(주) 등 23개 지역업체 아웃소싱 금액 3,345억 원, 건설공사 지역업체 발주 3,070억 원, 사회공헌사업비 331억 원 등이 그것이다. 고용 창출에 있어서도 직접 고용 3,068명 가운데 50퍼센트 가까운 1,494명이 태백 · 삼척 · 영월 · 정선지역 출신이다. 청소 · 경비보안 등 협력업체 직원 1,070명의 95퍼센트(1,016명) 역시 이 일대에서 성장한 주민들이다. 채용 과정에서 폐광지역 출신 지원자에게는 가산점을 주는 효과 때문이다. 이로써 멀리 대처로 나가지 않고 지역에 정착하는 생활 패턴이 늘어났다고 한다.

오후 11시, 카지노 객장 • • •

깊은 밤, 카지노 객장. 이 공간의 10년 세월과 그 사이의 경제 유발 효과 혹은 이 일대 주민들의 삶의 변화와 상관없이, 어쨌든 깊은 밤 카지노 객장에 미만한 공기는 '무표정한 긴장', 바로 그것이다. 라스베이거스를 무대로 하는 할리우드 영화에서 흔히 볼 수 있는 떠들썩한 공기의 울림이란 아직 이 내국인 카지노에서는 찾아보기 어렵다. 겨울의 주말, 스키장을 목적지로 하여 찾아 나선 가족이나 일행들이 밤의 여흥으로 카지노에 들르는 경우가 많아지긴 했지만, 그래도 여전히 이 강원 남부의 산간 오지에 들어선 카지노에 흐르는 공기는 무겁게 내리눌린 갑갑함을 주조로 하고 있다.

특히 따로 설치되어 있는 흡연실의 공기는, 단순히 담배 연기 때문이라고 말할 수 없는 무거운 침묵이 흐른다. 삼삼오오 여흥 삼아 들른 여행객들조차 이 흡연실 안에 들어서면 압도적인 공기에 짓눌려 잠시 대화를 멈춘다. 사람들은 담배를 피우면서 유리창 너머의 게임기와 테이블과 딜러와 그 주변에 몰려든 사람들을 바라본다. 아마도 잠시 유리창 밖의 누군가는 답답함을 못 견뎌하는 자기 몸의 간절한 호소를 받아들여 이 흡연실 안으로 들어오게 될 것이다.

"레저라고 한다면야 충분히 하룻저녁 즐길 수 있는 것이지요. 5만 원 들고 들어와서 서너 시간쯤 했나. 이 정도면 선방했다고들 하네요." 김명호(가명, 47세) 씨의 말이다. 그는 가족과 스키장을 찾았다가 저녁을 먹고 잠시 카지노에 들렀다. 아이들은 야간 스키를 탔고 아내는 콘도에 머물면서 휴식을 취하기로 했으므로, 원래부터 온몸으로 힘을 써야 하는 레포츠에 큰 관심이 없었던 김명호 씨는 셔틀버스를 타고 카지노에 들러본 것이었다.

"다 자기 맘 하기 아니겠어요? 요즘에는 친구들하고 당구 한 게임 치고 맥주 한 잔 마셔도 5만 원이 금세 나가는데, 저녁 한나절 이 정도 즐겼으면 된 거죠. 그 5만 원을 '본전'이다, 이렇게 생각하면 아마 저도 5만 원 더 넣을 거고, 그것 때문에 10만 원 넣고, 그러다 보면 기하급수적으로 늘어날 겁니다. 여긴 보니까 24시간 영업하는 은행도 있던데, 그렇게 5만

카지노에는 일확천금과 레저라는 양 측면이 있지만 그 자리에 앉는 순간 레저는 한가로운 얘기가 될 뿐이다. (강원랜드 자료사진)

원이 10만 원 되고 그게 또 100만 원 되면 그 순간부터는 도박이 되겠죠. 이젠 올라가서 자야죠." 김명호 씨는 담배 한 모금을 깊게 들이마신 후 흡연실을 나갔다.

그가 열어놓은 문으로 두 사람이 무표정한 얼굴로 들어왔고 그 틈으로 나는 객장으로 나가보았다. 960대의 다양한 슬롯머신이 객장의 주위를 채우고 있고 그 사이로 테이블 게임이 설치되어 있다. 테이블마다 딜러와 고객의 게임이 펼쳐지고 많은 사람들은 저마다의 어깨 틈으로 테이블 위의 신경전을 관전한다. 영화에서나 보는 수다와 미소와 환호는 아직 강원랜드의 몫이 아니다. 모두들 무표정한 눈으로 테이블을 응시한다.

전문 딜러의 노련한 솜씨에 의해 쉼 없이 펼쳐졌다가 사라지는 테이블 위의 신기루는 충혈된 눈과 탄식과 담배 연기를 파생한다. (강원랜드 자료사진)

테이블영업팀의 이새롬 주임은 만 7년차 딜러다. 그녀는 고교 시절부터 카지노 딜러의 꿈을 꾸었고, 그래서 강원관광대학 카지노학과를 졸업하자마자 강원랜드에서 일을 하였다. 그녀는 객장 안에서 수많은 인간의 다양한 욕망을 매일같이 만난다. 사내 딜링경진대회에서 룰렛 부문 최우수상을 수상할 정도로 실력파인 이 주임은 카지노에 대한 '사회적 편견'이 예전보다는 많이 개선되었다고 말한다. 딜러 초기에는 게임의 규칙을 충분히 숙지하지 않은 일부 고객들의 과도한 요구나 언성 때문에 어려움을 많이 겪었으나, 요즘은 게임을 즐기려는 고객들로 말미암아 그와 같은 신경전은 많이 줄었다는 것이다.

강원랜드 고객지원팀의 김성진 주임은 "도박의 속성이 분명히 있지만 건전한 레저문화로 정착시키기 위해 다양한 노력을 강구하고 있다"고 말한다. 국내외의 여러 카지노 시설에는 이른바 '3무'라고 하여 거울, 시계, 유리창이 설치되어 있지 않은데, 유일하게 강원랜드 객장 안에는 이 세 가지가 어느 방향에서나 선명하게 보이도록 설치되어 있다고 그는 가리킨다. 물론 그것으로 도박의 속성을 무시할 수 없는 이 욕망의 대리전이 한순간에 게임으로 전화되지는 않을 것이다. 하지만 자신의 얼굴을 응시할 수 있는 거울이나 시공간의 혼란을 미연에 방지하고자 하는 시계와 유리창이 설치되어 있다는 것은 하나의 상징적인 기능을 한다.

박인희 대리에 따르면 "도박중독 예방 및 피해자 상담 치료 목적으로 2001년 9월 25일부터 한국도박중독센터를 개설하여 운영하고 있고, 2003년 10월에는 폐광지역의 저소득 소외계층에 대한 지원사업과 자활의지를 갖도록 프로그램을 개발하는 복지재단을 창단"하는 등 다각적인 노력을 기울이고 있다. 김성진 주임도 "머지않아 이 시설이 사회적으로 크고 작은 문제를 일으키는 공간이 아니라 조금은 긴장된 마음으로 즐기는 레저로 정착될 것"이라고 강조한다.

이 같은 기대는 비단 강원랜드만의 노력으로 성취되는 것이 아니라 이 사회의 문화, 곧 욕망의 배설과 관리라는 측면에서 조절되는 문제일 것이다. 오늘의 우리 사회는 합리성에 대한 기대가 점점 추락하고 있다. 예측 가능한 삶의 행로와 질서는 종종 비합리적 요소에 의하여 굴절된다. 지금 누군가 도박의 유혹에 빠져 있다면 이는 기본적으로 그 당사자의 처신과 상황에 따른 것이지만, 그 수가 날로 증가하고 그 형태 또한 본인의 의지만으로 해결할 수 없는 양태로 번져간다면 이는 개인의 욕망이 사회의 큰 틀에서 제대로 이뤄지거나 조절되지 못한 결과로 볼 수 있다.

더욱이 강원랜드의 더 많은 자구 노력도 병행되어야 하는 상황이다. 지난 2000년 개장 이후 금품수수와 폭행, 회사기금 횡령 등으로 징계를 받거나 사법 처리된 경우가 끊이지 않았고 특히 환전팀의 여직원이 무려 80억 원을 횡령하는 사건까지 발생하기도 했다. 그녀가 9개월 남짓한 기간 동안 거의 매일 100만 원권 수표 뭉치를 횡령할 수 있었다는 것은 당사자의 용의주도함 때문이기도 하지만 기본적으로 강원랜드의 허술한 장치가 기능을 한 셈이다.

물론 일부 직원의 고약한 행동 때문에 카지노 도박장이라는 강원랜드의 기존 이미지가 쇄신되지 못하는 것은 다소 억울한 측면이 있겠으나 어쨌든 그와 같은 사건이 카지노 안에서 벌어진 것은 틀림없는 일이다. 횡령 사건 외에도 게임 부정, 영업 매뉴얼 위반, 배임수재, 경력 위변조 등과 같은 내부적인 사안에 더하여 거액을 탕진한 카지노 이용자들의 잇따른 손해배상청구 소송이 점차 늘고 있는 점, 더욱이 그 소송에서 강원랜드가 패소하는 경우가 늘고 있다는 점 등은 현재 강원랜드가 이를 악물고 개선해야 할 운명 같은 것이다. 공기업이라는 법적 속성에 더하여 카지노라는 특수성이 결합된 강원랜드이므로 다른 어느 조직이나 기업보다 도덕성 회복이 급선무다.

새벽 2시, 고한역 • • •

흡연실의 답답한 공기와 객장의 시끄러운 기계음을 피하여 폭설이 내린 호텔 정문을 나서자 택시가 서너 대쯤 보였다. 시원한 바람을 쐬고 나서 숙소로 올라갈 예정이었지만 내 앞으로 스르르 다가온 택시는 마치 자석처럼 나를 끌어당겼다. 나는 갑자기 새로운 용무라도 생긴 듯 고한역으로 가자고 했다. "숙소를 그쪽으루 잡으셨어요? 역 앞에 그냥 내리드리면 되나. 운 좀 있었어요?" 택시 기사는 심야에 검은 점퍼 차림으로 역에 데려

폐광으로 고사될 뻔했던 사북과 고한은 강원랜드 카지노에 의하여 온갖 유흥 시설이 들어선 작은 불야성이 되었다. (2009. 12. 강원도 고한)

다 달라는 나를 여지없이 카지노 고객으로 판단한 듯했다.

"아뇨. 뭐 돈 따려고 하나요. 한번 노는 거죠." 들은 풍월로 대답을 하고 나서 차창 밖을 보았다. 폭설은 그쳤지만 내리막길은 오히려 얇게 얼어붙었으므로 기사는 조심스럽게 브레이크를 조절했다.

고한역 아래에 택시는 섰고, 나는 택시의 후미등이 사라지고 나서야 고한역으로 올라갔다. 깊은 밤, 여객 기차는 왕래할 일이 없고 거무튀튀한 화물 열차만이 눈발을 헤치며 지나갈 뿐이지만, 그 작은 역사 안에 후줄근한 행색의 중년 남자들이 추위를 피하고 있었다. 역사 안의 휴게실에서는 텔레비전 소리가 왕왕거리고 있었고 대여섯 줄의 벤치에는 한눈에도 이 깊은 밤의 추위를 안온한 방에서 피할 수 있는 형편이 못 되는 사람들이 몸을 웅크린 채로 누워 있었다.

이 비좁고 허름한 공간 속에 일시적으로 모인 다섯 명의 남자가 모두 카지노에서 빈털터리가 되어 오갈 데 없어진 사람이라고 단정지을 수는 없을 것이다. 하지만 다른 이를 대신하여 베팅을 하고 몇 푼을 얻어 연명하는 '카지노 앵벌이'나 그마저도 신통치 않아서 거리를 배회하게 된 '카지노 노숙자'가 사북과 고한의 중요한 지역 문제가 되고 있음은 틀림없는 일이다. 이들이 하나같이 '개인적 처신의 부주의'로 그와 같이 신세를 망쳤다고 한다면 우리는 정말 너무나 야박한 사회에서 살고 있는 것이다. '폐특법'에 따라 카지노 시설을 유치할 때부터 이와 같은 일은 예정된 바였고 지난 10여 년의 카지노 역사에서 늘 이 문제가 근본적

깊은 밤의 고한역은 쌈짓돈까지 잃어 오갈 데 없는 사람들의 휴식처가 되기도 한다. (2009. 12. 강원도 고한)

으로 치유되지 못했기 때문에 지자체와 강원랜드의 보다 근원적인 처방과 대책이 제시되지 않으면 안 되는 것이다.

나는 역사 한구석의 자판기로 걸어갔다. 지폐를 넣고 커피 한 잔 버튼을 눌렀다. 종이컵에 쪼르르 커피 흐르는 소리가 들리는 사이에 누군가 내 옆으로 다가왔다. 그 역시 커피 한 잔을 마실 작정이었다. 하지만 자신의 주머니에서 뭔가를 꺼내려는 시도는 하지 않았다. 나는 그의 양해를 얻어 거스름 버튼 대신 한 잔을 더 뽑았다. 우리는 아무 말도 하지 않고 비좁은 역사에서 서로 네댓 걸음 떨어진 채 미지근한 커피를 마셨다. 성에가 낀 역사의 바깥으로 줄지어 늘어선 숙박업소의 네온사인이 명멸했다.

사북과 고한의 큰 거리에는 전당포와 노래방이 있고 골목 안쪽으로는 허름한 술집과 숙박 시설이 있다. (2009. 12. 강원도 고한)

오전 11시, 옛 동원탄좌 • • •

당신이 만약 스키가 되었든 카지노가 되었든 그 어떤 욕망과 일탈을 위하여 사북에 당도했다면, 어색한 치장을 한 굴다리를 통과하게 되는데 그 길로 곧장 스키장이나 카지노로 가지 말고 잠시 들렀다 갈 곳이 한군데 있다. 바로 옛 동원탄좌 사북광업소 부지다.

강원랜드가 위치해 있는 곳은 옛 동원탄좌 사북광업소 일대가 되는데 그 일대가 이 지역의 역사와 문화를 저장하는 새 공간으로 거듭나고 있다. 여름이면 '사북 석탄문화제'가 열리기도 한다. 지난 2004년 11월에 폐광된 이 지역의 옛 생활 모습과 광부들의 노동 현장과 장비를 최대한 보존하고 복원하는 문화제이다. 문화제 기간 중에

2004년 11월 폐광된 사북의 동원탄좌는 한국 석탄산업 및 그 노동자의 한이 서려 있는 의미 있는 공간이다. (2009. 12. 강원도 사북)

는 '광차(인차)'를 직접 타고 2.2킬로미터의 지하 갱도를 둘러보는 체험 프로그램까지 진행된다. 이는 강원랜드와 한국메세나협회가 기틀을 마련하고 공공미술가 네트워크인 '공공문화예술 A21'이 마련한 '지역 공동체형 공공미술사업'의 일환이다. 이처럼 사양길에 들어선 탄광지역의 역사와 자연을 새로운 삶의 터전으로 삼고자 하는 노력이 일고 있거니와 이미 영국의 뉴캐슬, 일본의 후쿠시마현 이와키시 등이 탄광의 지형지물을 이용하여 첨단 예술이나 온천 관광지로 탈바꿈시킨 사례가 있다. 아마도 그 대표적인 경우는 스페인 북부 빌바오의 구겐하임미술관일 것이다. 이 퇴락한 도시에 연간 100만 명의 관광객이 몰리고 있는 현황인데, 이에 자극을 받아 최근 프랑스는 무려 1억 5,000만 유로를 투입하여 북부 폐광 도시 랑스에 루브르미술관 분관 건립 계획을 발

이 거대한 기계와 함께 처자식을 위하여 막장 속으로 들어갔던 광부들은 병을 앓거나 쓸쓸히 마을을 떠났고, 이제 그 자리에 카지노와 스키장이 들어섰다. (2009. 12. 강원도 사북)

표하기도 했다.

그와 같은 규모나 기획은 아니지만 현재 강원 남부의 탄광지역 역시 황량한 폐광지대 위의 문화와 관광의 새 가지를 접목하는 데 집중하고 있다. 사북과 고한지역에서는 예술가들이 자발적으로 장기간에 걸쳐 상주하면서도 주민과 더불어 문화적 삶을 도모하는 '창작 레지던스'를 벌이고 있으며 정선군 또한 내년부터 33억 원을 들여 함백광업소 일대의 탄광촌을 관광자원으로 회복시키는 계획을 수립하고 있다. 태백시 역시 황연동 태안광업소 한보탄광 부지에 허브공원 조성을 추진하고 있다.

강원랜드 초입에 있는 옛 동원탄좌 사북광업소 부지에 들어서면 이제는 더 이상 효용이 없어진 탄광의 잔재들이 더 많은 애착과 관심을 기다리며 겨울의 찬바람을 견디고 있다. 여름 한철 우르르 몰려왔던 발길은 뜸해졌지만 이따금 옛 추억을 되새기는 가족이나 연인들이 가볍게 소요하면서 사진을 찍거나 광업 일에 소용되는 화차며 기계들을 만져본다.

막장이라고 했던가. 전 생애를 던져 깊은 갱도 속으로 들어가 가족의 생계를 책임져야 했던 고된 일들이 이제는 재생하고 복원해야 할 관광의 한 자원이 되고 있는 것은 매우 권장할 일이면서도 아직까지는 어색하다. 나날의 극심한 고통은 물론 때로는 목숨까지 걸어야 했던 광부들의 탄차에 올라타고 호들갑스럽게 관광 사진이나 찍는 일도 매우 거북한 일이 아닐 수 없다.

2018 평창 동계 올림픽 • • •

이래저래 강원도를 생각할 때마다 가슴이 먹먹해진다. 서푼어치 감상일까, 그럴 수도 있겠다. 이 일대의 산과 강에 대하여 한가로운 여행자의 시선 이상의 그 무엇을 내가 특별히 갖고 있다고 말하기는 어렵다. 그렇기는 해도 몇 가지 기억이 명치끝에 걸려 있다. 나의 초등학교 시절, 방학이 되면 어김없이 강원도로 갔다. 철마다 백사장에서 뛰어놀고 스키타러 나다녔냐고? 그렇지는 않다. 방학 때마다 고모네 집에 놀러갔고 그곳은 함백이었다. 검은 산, 검은 물, 검은 얼굴의 사람들이 살던 탄광지대가 내 유년의 그늘이었다. 화물 열차의 둔중한 소리를 피하여 시커먼 터널을 황급히 빠져나온 일이나 홍수에 떠내려가는 집과 돼지와 쓰레기들, 그리고 일을 마친 광부들의 허연 눈동자(온몸과 얼굴이 검었기 때문에 유난히 눈동자만 도드라져 보였다)가 지금도 뚜렷하다.

일컬어 상전벽해라고 했던가. 폐광 이후, 변하긴 변했다. 그런데 늘어난 것은 명멸하는 네온사인들이다. 카지노의 불야성인 강원랜드를 주축으로 하여 그 밑으로 전당포와 찜질방과 동강 좌우의 중소 레저 시설들이 기립해 있다. 폐광지역의 쓰러져가는 사택들이 애틋한 옛 기억을 단번에 환기시켜준다.

강원랜드 관계자는 '지역 활성화' 사업의 일환으로 이 지역 출신 젊은이들에게 우선적으로 일자리를 제공한다고 했다. 권장할 만한 일이다. 그러나 그들이 하는 일이란 대체로 강원랜드 안팎에 소요되는 일용 잡일이다. 그것은 그것 자체로 소중한 일이지만 광부의 아이들은 카지노나 스키장이나 골프장의 부대시설에 관련하여 살아가는 셈이니, 어쩌면 여태 그들은 대를 이어 탄광지대의 힘겹고 고독한 삶을 벗어나지 못하고 있는 것이다.

평창!

2011년 7월 7일, 국제올림픽위원회(IOC) 자크 로케 위원장이 강원도

폐광지대 위에 들어선 스키장은 큰 소리 치며 눈놀이를 즐기기가 조심스러운 곳이기도 하다. (2009. 12. 강원도 사북 하이원스키장)

의 이 평화롭고 아름다운 지명을 외쳤을 때, 기쁘지 않은 사람은 없었을 것이다. 그 점, 솔직히 고백한다. 그러나 동시에 심란해졌던 사실이다. 한동안 평창 올림픽 개최 소식은 이 나라의 모든 미디어를 지배하였고 온갖 장밋빛 청사진이 요란하게 한반도를 뒤흔들었으되, 조금이라도 생각이 있는 사람이라면 그것이 그리 만만한 일은 아님을 잘 알 것이다.

올림픽 같은 대규모 스포츠대회가 반드시 황금알을 낳는 거위인가 하면 결코 그렇지 않다. 하계 올림픽을 치른 몬트리올과 바르셀로나는 도산 위기까지 갔고 당장 작년에 동계 올림픽을 치른 밴쿠버도 최소 50억 달러

경기도와 강원도 경계지역인 섬강 야산에 설치된 평창 동계 올림픽 유치 기원 입간판. (2008. 1. 강원도 원주시 부론면 섬강교 부근)

이상의 적자를 낳았다. 동계 올림픽의 특성상 환경 파괴는 불을 보듯 뻔하다. 산을 깎아 경기 시설을 만들어야 하는 것은 물론 도로, 숙박, 부대시설까지 만들어야 한다. 이와 관련하여 서로 견해를 달리하는 다양한 자료와 근거가 투명하게 공개되고 논의되는 자리가 반드시 필요하다.

그런데 내가 더 중요하게 생각하는 것은 실질적으로 강원도의 삶이 나아질 것인가 하는 점이다. 특히 평창과 그 주변의 정선, 태백의 젊은이들에게 진정으로 새롭고 값진 미래가 열릴 것인가, 나는 심각하게 우려한다. 가난한 광부의 아들딸들이 카지노나 스키장의 일용잡급으로 일하고

정선 일대에는 강원 남부의 고된 삶을 힘들게 지켜온 사람들의 온기가 아직 남아 있다. (2008. 1. 강원도 정선)

또 그들의 동생이나 조카들이 동계 올림픽 시설의 용역으로 연명하는 것은 상상하고 싶지 않은 풍경이다.

강원도민들은 왜 동계 올림픽을 열망했는가. 동계 스포츠 활성화와 저변 확대를 위해? 그런 점도 있을 것이다. 그러나 욕망의 본질은 '지역 발전'이었고 안타깝게도 현재의 흐름이 지속될 경우 그 '발전'이란 평창 일대의 땅을 70퍼센트 넘게 소유했다는 외지인과 토건 세력과 '국위선양' 운운하며 중앙무대에서 영향력을 확대하려는 사람들의 '발전'이 될 뿐이다.

이제 중요한 것은 '현실'이 된 평창 올림픽의 준비 과정에 강원도민의 열망이 제대로, 아름답게, 가치와 실질이 동시에 관철되는 과정이다. 노르웨이 릴레함메르(동계)나 호주의 시드니(하계)는 대규모 스포츠대회를 어떻게 친환경적으로 낭비 없이 치를 수 있는가를 보여줬다.

어쩌면 평창은 20세기적 개발 바람에 뒤처졌기 때문에 환경과 생태라는 21세기적 가치를 지녔는지도 모른다. 이 귀한 가치를 20세기의 불도저로 깎아버려서는 안 된다. 앞으로 구성될 조직위원회에 강원도의 적극적인 참여가 필요한 까닭이 여기에 있다. 올림픽은 한 달 이내에 끝나지만 강원도민들은 대를 이어 그 일대에서 살아가야 한다. 난개발을 억제하고 도민의 실질적인 이해와 21세기적 삶의 가치가 최대한 수용될 수 있도록 해야 하는 까닭이 여기에 있다. 이것은 지역 이기주의가 아니다. 다른 의견을 가졌다고 해서 "국민도 아니다"(민동석 외교부 차관)라고 하거나 '국위선양' 운운하며 지역민의 간절하고도 아름다운 견해를 외면해서는 안 된다. 올림픽이라고 했던가. 그렇기는 해도 우선은 강원도의 산하를 깎고 뭉개버리는 일이 아니고 무엇이란 말인가.

삶은 지속되어야 하고 이 일대의 지형지물로 더 나은 미래를 모색해야

일확천금과 겨울 레저의 욕망이 들끓는 정선 일대에는 여전히 과거의 고단했던 삶의 흔적이 남아 있다. (2009. 12. 강원도 사북)

한다. 백운산이며 함백산 일대의 '운탄길(運炭路)', 그러니까 석탄을 운반했던 길이 무려 80여 킬로미터나 되는데, 아마도 그 고행의 길 역시 오늘날의 '걷기 열풍'과 맞물리면서 새로운 나들이의 한 코스로 변할 것이다. 화절령에서 만항재로 이어지는 해발 1,200미터 이상의 운탄길 역시 그런 관점에서 주목될 것인데, 그 길 아래로 강원랜드의 스키장이 있고 카지노와 골프장이 있다. 또 그 아래에는 여전히 이 지역 삶의 가장 밑자리에 놓여 있는 사북과 고한의 삶이 버티고 있다. 비록 지금은 카지노를 근거로 하고 스키와 골프를 내세워 급하게 몰려왔다가 사라지는 관광객들을 바라보고 있지만 사북과 고한, 이 검은 땅이 문화예술의 각별한 지원을 바탕으로 하여 새로운 삶이 영글어가야 한다.

지금은 전당포와 모텔과 노래방으로 뒤덮인 사북과 고한이지만 문화와 복지 시설이 늘어나고 교육 환경이 개선되며 예술가들이 거처하고 잠시 고향을 벗어났던 사람들이 귀향하는, 빈터 위에 새 집 들어서고 아이 울음소리가 들려오는 마을로 거듭날 것이다. 그런 상상을 하면서, 나는 제천으로 뻗어 있는 38번 국도에 올랐다. 눈은, 밤새 그쳐 있었다.

테마파크,
웰컴 투 원더랜드

신성과 자연성은 물론 인성마저 점점 회복할 수 없는 상태로 전락하고 있는 거대한 소비 욕망의 시대에 이 산하 곳곳은 테마파크로 급변하고 있다. 다양한 '어트랙션' 은 짜릿한 쾌감을 분만하고 바다를 모사한 유사 바다는 '안전' 하며 쾌적하다. 낱낱의 시설들은 정교하게 연계되어 최고 수준의 소비를 자극한다. 유도 분만된 쾌락을 위하여 사람들은 지갑을 연다.

구름 사이로 달이 빠져나오자 반짝, 개천이 드러났다. 살얼음이 낀 개천은 달빛을 받아 무슨 시체처럼 차갑게 반짝거리며 아래쪽 미루나무 숲으로 사행(蛇行)의 긴 꼬리를 감추고 있었다. 바로 그 미루나무 숲 언저리로부터 한 사내가 개천 둑에 모습을 나타내었다. 사내는 등에 누군가를 업고 있었는데, 외투로 보자기를 씌워서 멀리서 보면 흡사 곱사등 같은 모습이었다. 사내는 그런 모습으로 깊게 눌러쓴 벙거지 속의 눈빛을 세워 사방을 휘둘러보며 천천히 개천을 따라 거슬러 올라왔다. 개천의 양켠으로는 추수가 끝난 논밭들이 을씨년스럽게 버려져 있었는데, 개천의 위쪽에서 복풍이 몰릴 때마다 어디선가 마른 수수깡 소리가 들릴 때마다 사내는 흠칫 놀라서 걸음을 멈추곤 했다. 개천을 가로지른 신작로의 다리를 넘어서자 사내는 벙거지를 벗고 이마의 땀을 훔쳤다. 사내는 무심결에 달을 쳐다보았다. 부족하지도 넘치지도 않는 만월이 구름 사이를 빠르게 움직이고 있었다.

송기원의 아름답고 슬픈 단편 「월행(月行)」의 앞부분이다. 제목 그대로 이 짧은 소설에 달이 흐르고 달의 행로를 따라 사람이 밤길을 걸어간다. “부족하지도 넘치지도 않는 만월”이 속 깊은 사연을 지닌 사내를 비춘다.

그런데 문득, 다른 생각을 해본다. 이 작품의 깊은 의도와 달리, 그 문장의 표면을 가만히 소리내어 읽어보면 참으로 아득한 옛 시절의 밤 풍경이라는 생각이 든다. 이제는 “구름 사이로 달이 빠져나오자 반짝, 개천이 드러났다”고 말할 만한, 그런 집합적 경험조차 멸종돼가고 있지 않은가.

물론 우리 마음속에는 아직도 버리지 못한, 자연과 육친성을 맺었던 때에 대한 원형질의 기억이 남아 있기는 하다. 설이나 추석 때 「월행」에 그려진 세계를 떠올려보는 것이다. 명절 때마다 텔레비전은 귀향객의 풍경을 담고 있는데 그 화면들은 실재(the fact)

심심풀이 풍선 터트리기 놀이처럼 테마파크는 이 헛헛한 대도시의 일상을 심각하게 무의미한 것으로 만들기도 한다. (2008. 10. 인천 월미도)

이기는 하지만 사실성(reality)은 결핍되어 있다. 그 화면들은 신기루이며 환영이다. 대부분의 도시민들은 아파트나 연립주택 빌라에 모여 앉아 귀성 풍경이 담긴 텔레비전 이미지를 바라본다. 비록 그 화면이 시대적인 사실성은 결여했더라도 누구에게나 마음속에 그 같은 이미지가 내장되어 있기 때문이다. 그 순간, 우리의 마음은 잠시 이 번다한 세속 도시를 떠날 수 있을 것이다. 실제로 고향 찾아 내려가는 행렬은 물론이고 도심 한복판에서 밤하늘에 높이 뜬 교교한 만월을 우러러보기라도 했을 것이다.

하지만 전답 팔아 밤 열차 타고 상경했던 산업화 세대마저 노령이 되고, 차츰 이 세상을 떠나가는 일이 확연해지면서 이제 우리 시대는 자연과의 육친적인 인연을 완전히 상실하는 국면으로 접어들고 있는 것이다.

오늘의 40대 부부들이 아이들과 함께 나누는 일상의 한나절을 생각해 보자. 그들은 거대한 쇼핑센터에 가서 카트를 밀고 다닌다. 아이들은 카트에 올라타거나 그것도 심심하면 3,000원쯤 내고 입장할 수 있는 화공물질의 놀이방에 들어간다.

다시, 바깥으로 나오면 역시 매끈하게 단장된 인공의 호수와 산책로와 나무들 사이를 다닌다. 그나마 위로가 되는 공간이지만 그것이 '스스로 그러한' 자연이 아니라 인위로 꾸며놓은 것이라는 점에서 심미적 한계는 어쩔 수 없이 존재한다. '가든'이라는 이름의 큰 음식점에 가는 것이 그날의 마지막 행로인데 여기서도 아이들은 칸막이가 되어 있는 놀이방으로 들어간다. 이 아이들이 커서 어릴 적의 추억을 이야기할 때 모두 '마트 놀이방'이나 '감자탕집 놀이방'을 떠올리지 않을까.

자연과의 육친성이 단절된다는 것은 우리가 점점 더 인공 도시의 공포 속에 사로잡힌다는 것. 이 거대한 인공 도시는 계약에 의한 이차적인 인간관계가 주종을 이루게 된다. 어른들이 생계를 위하여 아침마다 지하철

오늘날 대도시의 아이들은 겨우 몇 십 분을 놀기 위해 유료 놀이방을 이용해야 한다. (2004. 10. 경기도 고양시 일산)

이나 버스에 지친 몸을 실어야 하는 것도 그러하거니와, 마음껏 뛰놀아야 할 꼬마아이들도 그러한 터전을 상실해 이제는 거대한 쇼핑센터나 음식점 구석에 마련된 '놀이방'에 가서야 겨우 뜀뛰기를 해볼 수 있다.

롤랑 바르트는 『현대의 신화』에서 과거의 나무 소재 장난감과 공산품인 플라스틱 장난감을 비교한다. 그에 따르면 플라스틱이라는 소재는 "촉감의 즐거움이나 부드러움, 인간적 특성"이 사라진 물질이다. 그 대신 나무는 "단단함과 부드러움, 만질 때 느껴지는 자연스러운 온기로 인해 매우 이상적인 소재"다. 중요한 것은 나무 소재가 완전히 사라지고 지구 전역에서 거대하게 플라스틱 장난감이 소비되고 있는데, 이는 단지 아이들의 놀이문화만이 아니라 세계와의 관계나 실존의 구조까지 뒤바꾼다. 그는 말한다.

> 이것은 친숙하고 시적인 재질로, 아이가 나무, 탁자, 마루와 계속적인 접촉 속에 있게 해준다. 나무는 다치게 하지도 않고 고장이 나지도 않는다. 나무는 부서지는 것이 아니라 마모되므로 오랫동안 지속될 수 있어, 아이와 함께 살면서 사물과 손의 관계를 조금씩 변형시킬 수 있다. …… 앞으로 장난감은 재질이나 색상에 있어서 화학적이다. 장난감의 재료 자체가 즐거움이 아닌 사용의 전신 감각으로 안내한다. 이런 장난감들은 매우 빨리 죽고, 일단 죽으면 아이에게는 어떠한 사후의 삶도 없다.

플라스틱, 놀이터 그리고 테마파크 • • •

그런데, 더욱 중요한 것은, 롤랑 바르트가 "사후의 삶은 없다"고 진단한 이 글이 1950년대 중엽에 쓰였다는 점이다. 그로부터 반세기가 흘렀다. 세상은 완벽하게 플라스틱 공화국이 되어 그 어떤 친연성이나 사후의 삶도 보장받지 못하는 인공의 가설무대로 변했다.

이런 소식을 들어보자. 지난 2004년 7월 《한겨레》 신문에 게재된 소식이다. 당시 성남시는 분당구 정자 3동 산 밑 주택단지의 주차난을 해결한다면서 80억 원의 예산을 들여 어린이 놀이터와 노인정을 헐어 주차장 설치를 추진한 바 있다. 이에 주민들은 주차난 해결에 도움도 주지 못할 뿐만 아니라 오히려 주거환경만 망치게 된다고 반발하였다.

사정은 이러하다. 원래 계획과 달리 시에서 해당 지역의 주택 관련 조항을 느슨하게 바꿈으로써 유치원 터에 교회가 들어서고 주차장 터에 대형 음식점이 허가를 받게 되어 극심한 주차난이 더욱 악화되고 만 것이다. 이 동네 바로 곁에는 대형 할인점, 전자제품 양판점, 고등학교, 대형 교회 등이 있어 도무지 주차난을 해결할 방도가 없는 마당인데, 성남시는 하나 밖에 없는 놀이터를 주차장으로 바꿔 사용하겠다고 결정한 것이다.

그럴 만한 현실적 이유가 있었겠지만, 어쨌거나 놀이터는 무용한 것이고 주차장은 절박한 것이 된 상황을 주목해보자. 이곳의 사정만이 아니다. 최근 몇 해 사이에 서울과 수도권 각지에서는 놀이터를 주차장으로 바꿔 사용하려는 용도변경 시도가 꽤 많이 있었다.

이유인즉, 놀이터는 기껏해야 영유아 혹은 열 살 전후의 아이들이 대낮에 '일시적'으로 쓸 뿐이고, 더러 그 공간이

"지구는 거대하게 회전하는 쇼핑몰"이라는 프랑스 철학자 필리프 솔레르스의 경구를 빌리건대, 오늘날 지구는 거대하게 회전하는 테마파크로 변모하고 있다. (2005. 10. 경기도 용인 에버랜드)

야간에는 우범지대가 되는 수도 있거니와, 무엇보다 극심한 주차난을 해결할 방도가 그 너른 터를 반듯하게 밀어버리는 수밖에 없는 지경이 된 것이다. 수원시 구운동, 광명시 하안동, 용인시 풍덕천동, 군포시 금정동 등에서 이 같은 일이 있었거니와 필시 그것을 그리 검토하지 않으면 안 되는 사정이 있었겠지만, 안타까운 일이다. 그나마 아파트 단지는 아이들 뛰놀고 노인들 해바라기를 할 만큼의 공간이 허락되지만 연립주택이 말 그대로 연립하여 있는 구시가지에서는 놀이터라는 개념 자체를 상정하기가 어렵다.

학교를 파하고 나면 곧장 학원으로 떠밀려가야 하는 현실 때문에 아이들이 놀이터에서 놀지 않는 그로테스크한 풍경도 점점 익숙한 일이 되고 있지만, 그렇다고 해서 그 공간을 없애거나

대도시의 크고 작은 음식점마다 한구석에 작은 놀이방을 설치해놓고 있다. 아이들은 그 플라스틱 공간 안에서 뛰어논다. (2004. 11. 경기도 고양시 일산)

줄여서 주차장으로 쓰는 것이 효율적 결정이 되는 풍경 또한 역시 그로테스크하다. 이제 아이들은 감자탕집의 간이놀이방이나 백화점의 3,000원짜리 놀이방이나 아니면 근사하게 꾸며놓은 테마파크에 가서나 놀 수밖에 없는, 그런 공화국이 되고 마는 것인가.

웰컴 투 테마파크 •••

그리하여 우리는 테마파크로 간다. 달이 비추던 세계, 달빛 때문에 제 그림자 길게 논두렁 위로 일렁거리던 세계, 어머니 손잡고 외갓집 가던 고갯마루의 세계, 너른 마당에 솥단지 걸쳐놓던 세계, 집 마당이나 뒤란이나 언덕이나 논두렁이나 가는 곳마다 '놀이방'이었던 자연과 육친의 관계를 맺었던 세계. 바로 그 세계와의 단절에 의해 우리는 도시를 벗어나서도 야생의 자연이 아니라 인공의 테마파크를 향해 질주한다.

테마파크(theme park)는 특정 주제를 정하고 주제에 걸맞은 오락시설과 건축, 조경 등을 인위로 연출해놓은 공원을 말한다. 놀이동산이나 놀이공원이 다 같은 뜻으로 쓰인다. 테마파크는 인위로서 무위를 구현하려는 욕망의 공간이다. 주차장, 매표소, 입구, 쇼핑가, 놀이 시설, 동물원 등이 줄지어 있는 테마파크는 대단히 정교하게 짜인 동선과 공간 구조물을 통하여 '자연 혹은 그것을 모사한' 체험을 즐기도록 해준다.

실제의 자연은 때로 위험하고 불결하다. 더욱이 실제의 자연과 접촉할 기회를 잃어버린 대도시의 일상 때문에 우리는 인위로 자연을 구성한 테마파크에 가서 야생의 동물이나 폭포수, 정글이나 물놀이를 하는 것이다. 최근 몇 년 사이 전국 곳곳에 들어선 '물놀이 테마파크'는 인공의 백사장과 파도가 매우 안전하고 깨끗한 상태로 제공된다.

'별' 은 어디에 있는가. 자연의 밤하늘보다 테마파크의 천장을 올려다보면, 거기에 인공의 별이 찬란하게 떠 있다. (2003. 11. 서울 잠실 롯데월드)

그곳에서도 해가 지고 별과 달이 뜨는가. 잠실 롯데월드에 가보라. 저녁 시간이 되면, 잠시 고개를 들어 천장을 보면, 검은 밤하늘(사실은 천장)에 수많은 별들(사실은 조명)이 반짝거린다. 인공 낙원이 따로 없다.

각 지역의 유서 깊은 역사나 다채로운 문화가 온통 대단위 테마파크로 재정비되고, 〈대장금〉이니 〈왕건〉이니 하는 텔레비전 인기 사극의 촬영 현장 테마공원이 우후죽순 생겨나는 세태 역시 자연 대신 인위가 주석을 차지하는 국면을 보여준다.

물론 그곳의 한나절도 소중한 일상이다. 대중매체가 마음 깊은 곳을 침범해버렸고 마땅히 갈 만한 곳도 점점 줄고 있는 이 한반도의 일상 문화 여건에서 각 고을마다 들어서는 테마파크가 어쩌면 한 시대의 유력한 준거가 되는 것은 거역할 수 없는 일이다.

월미도의 스산한 바람 • • •

어릴 적 보았던 교과서에 민태원의 「청춘예찬」이라는 글이 있었다. 이 글을 쓰기 위하여 잠시 자료를 살펴보았더니 지금도 이 글은 중학교 교과서에 실려 있다. 글쎄, 아무래도 '교과서'이기 때문에 이런 글을 수록할 수 있겠지만, 인생이란 교과서 밖에서 너무나 많은 것을 깨닫게 된다는 방외

테마파크는 '놀이하는 인간'의 원초적 욕망을 자극한다. (2008. 10. 인천 월미도)

의 진리로 보건대, 이 글에 대한 내 오랜 기억과 감상은 아무래도 적적하며 아마도 지금 이 글을 밑줄 치고 외울 바로 그 '청춘'들에게도 별다른 감흥은 없지 않을까 싶다. 아무리 뛰어난 명문도 교과서에 등재되는 순간 암기의 대상이 되기 쉬운 데다, 민태원의 「청춘예찬」은 너무나 고색창연하기 때문이다. 그 첫머리는 이렇다.

> 청춘! 이는 듣기만 하여도 가슴이 설레는 말이다. 청춘! 너의 두 손을 가슴에 대고, 물방아 같은 심장의 고동(鼓動)을 들어보라. 청춘의 피는 끓는다. 끓는 피에 뛰노는 심장은 거선(巨船)의 기관(汽罐)과 같이 힘있다. 이것이다. 인류의 역사를 꾸며 내려온 동력(動力)은 바로 이것이다. 이성(理性)은 투명(透明)하되 얼음과 같으며, 지혜(智慧)는 날카로우나 갑 속에 든 칼이다.

누군들 부정하랴. 청춘이 '인류 역사의 동력'인지는 아직 모르겠으나, 그 '끓는 피'가 아니라면 인간은 정녕 쓸쓸한 존재일 것이다. 그러나 이 글은, 대도시의 거리와 골목을 제법 오래 헤매 다닌 지금에 이르러 다시 읽어보건대, 작위적인 미문이 거슬리는 것은 둘째 치더라도 언제나 그 당대의 청춘이 참을 수 없는 갈증과 격렬한 방황의 열정에 사로잡히기 쉬운 세대임을 감안하면 그야말로 속이 텅 빈 '예찬'이 아닐 수 없다. 다음 부분이 특히 그렇다.

> 보라, 청춘을! 그들의 몸이 얼마나 튼튼하며, 그들의 피부가 얼마나 생생하며, 그들의 눈에 무엇이 타오르고 있는가? 우리 눈이 그것을 보는 때에, 우리 귀는 생의 찬미를 듣는다. 그것은 웅대한 관현악이며, 미묘한 교향악이다.

회전 놀이기구가 돌고, 시간이 돌고, 하룻저녁의 감각까지 빙빙 돈다. (2008. 10. 인천 월미도)

뼈끝에 스며들어가는 열락(悅樂)의 소리다.

타고난 학급 반장이 아니고서야 이런 글을 읽고 가슴이 벅차오를 청춘은, 글쎄, 그리 많지 않을 듯하다. 최근 청소년이 주인공인 소설 『완득이』가 널리 사랑받는다. 우울한 소설이다. 주인공 완득이는 가난한 집 아이다. 공부도 못한다. 싸움만 잘한다. 열일곱 살이다. 그에게 선생 '똥주'가 나타난다. 처음엔 원수지간이었다가 차츰 서로를 애틋하게 사랑하고 존중하는 사이가 된다. 온몸 속에 뜻 모를 반항과 몸부림의 에너지를 갖고 있으면서도 그것을 달리 표출할 방법이 없었던 완득이는 '똥주' 선생을

몸을 가누기도 어려울 만큼 급회전하는 놀이 시설 '디스코 팡팡' 안에서 직원들이 능란하게 공중제비를 돌고 있다. (2008. 10. 인천 월미도)

통해 킥복싱을 배우고, 그래서 간신히 큰 세상으로 한 걸음씩 성장해나간다.

우울한 공기가 가득 번져 있는 소설 『완득이』가 널리 사랑받는 것은 민태원처럼 미문으로 그 나이를 '예찬'하기보다는 그들의 삶의 조건, 처지, 그들이 사랑하고 헤어지고 다시 누군가를 만나서 어두컴컴한 세상으로 조심스럽게 나가는 관계를, 지금 우리 사회의 수많은 '청춘'들이 갈망하기 때문이다.

월미도에 가보라. 해안을 따라 횟집이 줄지어 있고, 싸구려 네온사인들이 번쩍번쩍거리면서 한 치 건너편 영종도, 실미도, 무의도 왕래하는 연락선이 다가오는데, 그 선착장 바로 뒤에 놀이 시설들이 마치 지하철의 7인석 의자에 여덟 명이 억지로 앉듯 비좁은 공터를 가득 메우고 있다. 그곳은 에버랜드나 롯데월드가 아니다. 월미도에 흐르는 공기는 에버랜드의 맑고 상쾌한 공기가 아니다. 월미도를 휩쓸고 지나가는 바람은 롯데월드의 투명하게 정제된 바람이 아니다.

주말의 한때를 소일하기 위하여 가볍게 나들이한 가족들도 있지만, 월미도의 낮과 밤을 가득 채우는 것은 싸구려 음식 냄새와 조잡한 오락기의 소음과 꽤나 짜릿하다고 소문난 바이킹 같은 놀이 시설들, 그 요란하게 치장한 사물들 사이에서 수많은 '완득이'의 들떠 있으면서도 조금은 불안해 보이는 시선들이다.

확실히 그 시선은 여름철의 캐리비안베이나 겨울철의 비발디파크에서 볼 수 있는 강렬한 '청춘'의 눈빛들이 아니다. 두리번거리기도 하고 초점 없이 한군데 눈을 던지기도 하고, 자신을 바라볼 것만 같은 많은 시선들을 맞받아치려고 일부러 힐끗거리는 시선들이다. 그 때문에 우리는 정녕 월미도를 사랑하지 않을 수가 없는 것이다.

인천 태생으로 젊은 날의 이유 모를 멀미를 미묘한 시어로 쓴 김중식의 〈식당에 딸린 방 한 칸〉의 뒷부분은 항구 도시 인천의 어떤 불안을 보여준다.

> 큰 도로로 나가면 철로가 있고 내가 사랑하는 기차가
> 있다 가끔씩 그 철로의 끝에서 다른 끝까지 처연하게
> 걸어다니는데 철로의 양끝은 흙 속에서 묻혀 있다 길의
> 무덤을 나는 사랑한다 항구에서 창고까지만 이어진
> 짧은 길의 운명을 나는 사랑하며 화물 트럭과 맞부딪치면

비루한 현실을 벗어나 순식간에 수직으로 상승하는 놀이기구. 그러나 몇 초도 지나지 않아 기구는 현실로 추락한다. 그것이 테마파크다. (2008. 10. 인천 월미도)

여자처럼 드러눕는 기관차를 나는 사랑하는 것이며
뛰는 사람보다 더디게 걷는 기차를 나는 사랑한다
나를 닮아 있거나 내가 닮아 있는 힘 약한 사물을 나는
사랑한다 철로의 무덤 너머엔 사랑하는 西海가 있고
더 멀리 가면 中國이 있고 더더 멀리 가면 印度와
유럽과 태평양과 속초가 있어 더 더 더 멀리 가면
우리 집으로 돌아오게 된다 세상의 끝에 있는 집
내가 무수히 떠났으되 결국은 돌아오게 된, 눈물겨운.

"동해 일출을 보며 웃는 사람보다 서해 낙조 앞에서 우는 사람을 좋아한다"고 말한 김중식의 시에 짙게 깔려 있는 연무(煙霧)는 꼭 월미도를 가득 채우는 불안하고 아슬아슬한 시선들과 많이 닮아 있다. 소설 『완득이』의 열일곱 살 난 주인공들 말이다.

물론 그들에게 주어진 그들의 시간도 계속 흐를 것이다. 미성년이 성년이 되고, 군에 가거나 경리 일을 보거나 간신히 대학을 나와서 직장을 잡거나 결혼을 하기도 할 것이다. 그리하여 꽤 오랜 시간이 흘러야 그들의 눈도 초점을 찾고 물끄러미 자신에게 주어졌던 지나간 시간들을 되돌아보게 될 것이다. 송찬호 시인은 시 〈기타〉에서 꼭 그러한 열일곱 살 기억을 되새긴다. 그렇게 기억을 되새김질할 수 있는 나이가 되면, 주말에 애들 손잡고 월미도에 가서 회 한 접시라도 먹게 될 것이고, 아마 그때도 새로운 열일곱 살들은 바지주머니에 손을 꽂은 채 우두커니 서 있을 것이다.

비둘기집 같은 다락방에서 기타를
부숴버리고 뛰쳐나간 게 열일곱 살,

인천 월미도는 가난한 사람들의 진솔하면서도 남루한 휴가문화의 '진맛'으로 말미암아 의미 있는 공간이다. (2008. 9. 인천 월미도)

그해가 다 가기도 전이었을 것이다

그리고 많은 시간이 흘러가버렸다

많은 날들을 방황하다 내가 조금이나마

삶을 이해하고 끌어안게 된 건 그만큼 훗날의 일이다.

여기 들어오는 너희는 온갖 절망을 버릴지어다 • • •

중세의 시인 단테는 서른세 살 되던 해의 성(聖)금요일 전날 밤, 갑자기

길을 잃고 숲 속을 헤맨다. 그렇게 고통스러운 하룻밤을 보낸 뒤 마침내 아침 해가 비치는 언덕 위로 오르려 했으나 이번에는 세 마리의 야수가 길을 가로막는다. 삶과 죽음의 갈림길에 선 단테. 이때 고대 로마의 시인 베르길리우스가 나타나 단테를 구해준다. 단테는 베르길리우스를 따라 지옥으로 간다. 중세 문학의 백미로 꼽히는 『신곡』의 도입 부분이다. 마침내 지옥으로 들어가는 단테. 그 문 위에는 어두운 빛깔로 무시무시한 말이 적혀 있다.

> 여기 들어오는 너희는 온갖 희망을 버릴지어다.

단테는 두려움에 사로잡힌 채 위대한 시인 베르길리우스를 향해 간신히 입을 연다. "스승이여, 저 뜻이 제겐 무섭습니다." 로마의 시인 베르길리우스, '만토바의 다정한 영혼'으로 불리는 현자(賢者)는 단테에게 위로와 격려의 말을 건넨다.

> 여기선 온갖 의심을 버려야 하고 온갖 주저함은 죽어 마땅하도다.

자, 캐리비안베이로 떠나보자. 온갖 의심과 주저함을 버리고 경부고속도로 하행선을 타고 질주해보자. 용인시 포곡읍 골짜기 안에 '지옥'이 아니라 '낙원'이 있다. 캐리비안베이는 홈페이지에 스스로를 '365일 즐거운 물의 나라'라고 표현한다. '온 가족이 함께 즐기는'이라든지 '알고 즐기면 더 재미난' 같은 수식어가 홈페이지 구석구석을 장식한다. 이 '즐거운 나라'의 모국인 에버랜드도 '365일 꿈과 모험이 가득한 축제의 나라'로 스스로를 표현한다.

특이하면서도 조잡하게 구성된 마성톨게이트는 영동고속도로라는 현실에서 에버랜드라는 판타지 세계로 향하는 출입문 역할을 맡는다. (2009. 7. 경기도 용인 마성톨게이트)

일종의 관습적인 광고문구이지만, 만일 정색을 하고 이 문구를 곧이곧대로 받아들인다면 용인시 포곡읍의 한 골짜기는 대립과 투쟁과 살벌한 생존 경쟁이 엄연한 이 한반도에서 유일무이한 지상 낙원이다. '꿈과 모험이 365일 가득한 온 가족의 즐거운 나라', 바로 캐리비안베이이다.

캐리비안베이로 향하는 첫 번째 관문, 영동고속도로 마성톨게이트는 '온 가족의 즐거운 나라'로 향하는 문답게 테마파크의 조형성을 보여준다. 톨게이트의 공식 이름인 '마성'이라는 글씨가 투박한 서체로 찍혀 있고 그 위로 수십 년 동안 한반도의 대표적인 테마파크로 군림해온 에버랜드의 총천연색 로고(더욱이 전환사채 문제로 텔레비전 9시 뉴스에서도 자주 보았던)가 당당하게 세워져 있다. 휴가철 곳곳의 인산인해와 땡볕 아래에 꼬리를 문 고속도로 위의 자동차 행렬을 빠져나온 여행객으로서는 이 인상 깊은 톨게이트 조형물이 마치 저 중세의 시인이 기록했던 음울한 문장을 가볍게 패러디한 듯싶다.

> 여기 들어오는 너희는 온갖 절망을 버릴지어다.

이 마성톨게이트를 빠져나가는 거의 모든 차량은 흡사 정치적 신념을 방불케 할 정도로 이와 같은 믿음을 갖고 있다. 세상잡사 모든 번잡한 약속과 스트레스와 두려움과 절망을, 잠시나마 말끔게 잊어버린 채 '365일 즐거운 물의 나라'로 망명을 떠나는 것이

테마파크의 세부 디테일은 전형적인 '오리엔탈리즘'으로 구성되어 있다. (2009. 7. 경기도 용인 캐리비안베이)

다. 이 물의 나라로 들어가기 위해서는 '온갖 의심과 온갖 주저함' 을 버려야 한다.

문제는 비용! 적지 않은 돈이 들어간다. 그러나 이 역시 '숫자의 마력' 속에 갇혀버린다. 이 나라에 입국하는 데는 적지 않은 비용이 들지만, 그 누구도 현찰을 꺼내서 입국 수속을 밟지는 않는다. 다양한 종류의 카드와 할인 방법과 쿠폰이 현찰을 대신한다. 사실 이 나라는 현실의 모든 것을 '대신' 한 '유사 현실' 이다. 저 중앙아메리카의 카리브해가 용인시 골짜기에 있을 리 만무하건만, 어쨌거나 신국(神國)의 명칭은 캐리비안베이다.

현실의 바다에 가기 위해서는 이곳에서도 차량으로 서너 시간을 더 달려가야 하지만 이 신국 안에는 '유사 바다' 가 조성되어 있고 심지어 적절한 크기의 백사장도 설치되어 있다. 현찰을 대신하는 수많은 카드와 쿠폰과 할인 방법은 결국 한 달 후 날카로운 부

에버랜드는 '디즈니랜드' 의 한국판 모사물의 한계를 여전히 벗어나지 못하고 있다. (2005. 10. 경기도 용인 에버랜드)

메랑이 되어 돌아오건만, 입국 과정에서 그것을 심각하게 고려하는 사람은 별로 없다. 어제의 현실과 곧 다가올 미래의 현실만 잠시 잊어버린다면, 그러니까 '온갖 의심과 온갖 주저함' 을 버리기만 하면, 캐리비안베이는 짜릿한 쾌락의 성소로 변한다.

"색다르고 다양한, 젊고 세련된, 그런 공간이 바로 캐리비안베이"라고 삼성에버랜드 홍보팀의 관계자는 내게 말한다. 입사 5년차인 그는, 이 '인공 낙원' 에 입사하기 전에는 해마다 여름이면 캐리비안베이를 찾은 마니아였다. 지금은 이 공간이 '직장' 이 된 관계로 예전처럼 맘껏 즐길 수만은 없는 처지이지만, 그때나 지금이나 캐리비안베이라는 단어를 떠올릴 때면 '젊고 세련된' 이라는 단어가 먼저 떠오른다고 한다. 가족 단위로 이용하는 사람이 많은 워터파크이지만 초기에 형성한 '젊고 세련된' 이미지가 여전히 유지되고 있고, 아이들 손을 잡고 온 부모들 역시 '젊고 세련된' 이미지를 일부러 선택한 경우가 많다는 설명이다.

최초의 테마파크는 디즈니랜드 • • •

캐리비안베이는 1996년 개장했다. 해적들이 출몰하던 17~18세기 카리브해라는 테마를 다양하게 변주한 물놀이 시설이 정교하게 배치되어 있는 국내 최초의 워터파크다. 연면적 3,000평(9,918제곱미터)에 약 6,600톤의 물을 담고 있다. 이곳의 유수풀은 550미터에 달하는 것으로 세계에서 가장 길다. 강원도 홍천에 오션월드가 등장해 이 나라의 워터파크를 양분하게 되었지만 그래도 '최초' 와 '최대' 의 프리미엄은 캐리비안베이가 갖고 있다. 그 두 가지 사실이 '최고' 를 입증하는 것이냐 하면, 이는 이용자의 주관적 기호와 인상에 따라 달리 평가될 수 있으므로 잠시 배제할 수밖

디즈니식 '키치 감각'으로 구성된 롯데월드에서 이용객들이 '인증샷'을 남기고 있다. (2003. 11. 서울 잠실 롯데월드)

에 없는데, 어쨌거나 캐리비안베이가 테마파크 역사에 커다란 분기점이 되었을 뿐만 아니라 이 나라 휴양레저문화에 획기적인 전환점이 된 것만은 부정할 수 없다.

고전적 의미의 테마파크는 민속, 자연, 과학기술, 환상 등 다양한 분야에서 이용객에게 감각적 쾌락을 극대화해주는 위락 시설을 말한다. 잘 알려져 있다시피 최초의 테마파크는 1955년 만화영화 제작자 월트 디즈니가 로스앤젤레스 교외 애너하임에 만든 디즈니랜드다. 그 시작은 만화영화 속 캐릭터를 활용한 차원의 나들이 공원이었으나 곧 '모험의 나라', '동화의 나라', '미래의 나라' 등을 구축하면서 디즈니랜드는 그 자체로 독립적 테마파크로 발전했다.

이를 바탕으로 월트디즈니사는 1971년 플로리다주 올랜도에 LA 디즈니랜드의 100배가 넘는 월트디즈니월드를 개설해 위락레저문화를 선도했고 이를 일본 지바현, 프랑스 마른느라발레 등으로 확장해 가히 '파크 아메리카나'를 완성했다. 디즈니를 비롯해 세계 곳곳의 테마파크는 민속, 건축, 우주, 역사, 만화, 산업, 식물, 유적, 전래 민담 등을 활용해 구성되고 있다.

캐리비안베이는 정확하게 계산된 '복잡성' 으로 인하여 실제 면적보다 더 현란하고 드넓다는 인식을 준다. 현실의 물리적 공간 감각을 상실하게 할 만큼 '복잡성' 을 가미함으로써 '어딘가' 에 더 즐거운 것이 숨어 있을 것이라는 기대를 심어주는 방식이다. (2009. 8. 경기도 용인 캐리비안베이)

삼성에버랜드 전략기획팀의 김희진 씨가 《한국관광정책》(2002년 2호 통권 제13호)에 발표한 '세계 테마파크 산업 동향' 에 따르면 21세기 들어 세계 테마파크산업의 두드러진 특징은 '대형 테마파크 체인의 약진' 과 '복합형 리조트 단지 개발' 로 나타났다. 김씨가 이 글을 쓸 당시인 2002년 현재 디즈니 계열의 경우 11개의 테마파크에서 연간 9,470만 명, 38개 체인의 식스플래그스는 5,120만 명, 5개 파크를 보유한 유니버설 계열은 3,120만 명을 각각 유치했는데 이는 이 대형 체인들이 단일 테마파크에 비해 일관된 디자인, 다양한 마케팅, 막대한 투자재원 조달 등에서 앞섰기 때문이다. 또한 대형 테마파크는 기존의 시설 기반에 복수의 차별화된 테마파크를 개발하고 여기에 숙박, 쇼핑, 식사, 엔터테인먼트 등을 결합해 이용자의 체재 기간 확장형으로 발전해왔다.

김희진 씨에 따르면 국내 테마파크업계는 1980년대 후반부터 시장 규모가 확대되었으며 1997년의 IMF 외환위기로 신규 개장 및 이용자 수가 일시적으로 감소했으나 곧 중소 도시에까지 다양한 종류의 테마파크가 들어서는 활황세를 지금까지 유지하고 있다. 1976년 가족 단위 나들이공원 개념인 '용인 자연농원'으로 시작한 이 공간은 1996년 '에버랜드'라는 브랜드로 거듭났고 바로 그해에 캐리비안베이까지 개장해 국내 테마파크산업을 선도해왔다.

국내 최초의 워터파크 • • •

그러니까 캐리비안베이는 수십 년의 역사와 노하우를 가진 테마파크의 이란성 쌍생아로 '물놀이' 하나만으로 감각의 쾌락을 극대화하는 '어트랙션(attraction)'의 집합처가 되었다. '끌어당김'이라는 뜻을 지닌 어트랙션은 적어도 테마파크 관계자들에게는 이용자의 마음 깊숙한 곳까지 뒤흔들어 놓는 매혹적인 놀이 시설이라는 뜻으로 쓰이는데, 캐리비안베이 같은 테마파크, 즉 워터파크는 '물'이라는 기본적인 소재 자체가 강렬한 어트랙션이 되는 강점을 지니고 있다. 캐리비안베이는 개장 10주년이 되던 2006년에 워터파크 사상 최초로 누적 입장객 1,000만 명을 돌파했고 2007년에는 미국 테마엔터테인먼트협회와 테마파크 컨설팅업체 ERA가 공동으로 조사한 '세계의 워터파크 순위' 3위로 선정되었다.

개장 초기에는 워터파크 개념이 생소해서 이용자들이 설레면서도 조심

'파도 풀'은 실제의 바닷가 파도보다 더 스릴 넘치고 안전하며 실제하는 바다의 찝찔한 기운도 없는, 말갛게 정제된 물놀이 시설이다. (2009. 8. 경기도 용인 캐리비안베이)

스럽게 즐겼지만 10여 년의 역사가 흐른 이제는 좀 더 과감하면서도 짜릿한 즐거움을 제공하는 쪽으로 구성하고 있다. 장년층 이용자에게 캐리비안베이는 가족들 짐을 지키면서 물끄러미 앉아 있어야 하는 측면도 없지 않다. 휴가철 극성수기 때면 이 공간에는 2만 명 이상이 운집하기 때문에 맘 놓고 쉴 만한 시설과 공간이 부족하기 쉽고, 그럴 때 장년층 이용자는 상당한 시간을 가족들 짐과 공간을 지키는 '마크맨'이 되는 것이다. 홍천의 오션월드가 후발업체의 특장을 최대한 살려 찜질방, 목욕장, 스파, 쾌적한 샤워 시설 등의 '한국형' 스타일을 구비한 경쟁상대로 떠오르면서 캐리비안베이도 애초의 '액션 워터파크' 개념만을 고집할 수 없는 상황이 되었다.

카리브해의 거대한 모사품 • • •

캐리비안베이의 모든 시설이 수미일관하게 지향하는 바는 '리얼보다 더 리얼한' 가상세계의 구현이다. 홍보팀 관계자는 내게 말한다. "만약 바닷가로 떠났다고 상상해보자. 여러모로 불편한 게 많다. 파도는 찝찔한 소금기를 남기고 백사장에는 쓰레기도 많다. 고성방가 풍조도 여전하다. 샤워 시설도 마땅치 않고 간식을 먹기도 불편하다. 그렇지만 캐리비안베이는 이 모든 불편함이나 불쾌감이 상대적으로 적다."

그의 말처럼 캐리비안베이는 카리브해를 흉내낸 일종의 거대한 '모사품'이지만 이 모사품은 적어도 시설 그 자체의 측면에서 오히려 실제보다 더 쾌적하고 편리하다. 게다가 다양하면서도 안전한 '어트랙션'까지 제공한다. 실제의 바다는 익사의 위험이 있지만 이곳에서는 그럴 가능성이 희박하다. 실제의 바다는 찝찔하고 샤워기에서는 졸졸 물이 새는 정도이지만 이곳의 시설들은 바다를 단순히 복제한 차원을 넘어선다.

이를 극명하게 보여주는 것이 '베이 코인'이다. 요즘이야 마그네틱선이 부착된 팔찌를 이용한 결제 방식을 동네 찜질방에서도 볼 수 있지만 1996년 처음 개장했을 당시, 이용자들은 베이 코인이라는 획기적인 결제 방식에서부터 '충격'을 먹었다.

이전에는 어떠했는가. 동네 수영장, 해변, 계곡 등지에서 가장 신경 쓰이는 물건은 정말 사소하게도 '지갑'이었다. 아닌 게 아니라, 그것은 결코 사소한 문제가 아니다. 어디로 여행을 떠나더라도 반드시 지갑을 챙겨야 하는데 수영복 차림에 지갑이 든 가방을 소중히 간수해야 하는 일은 여

곳곳에 설치된 안내 지도는 이용객들의 기대 수준을 극대화하기 위해 실제 보다 좀 더 복잡하게 그려져 있다. (2009. 8. 경기도 용인 캐리비안베이)

간 조심스럽고도 불편한 일이 아니었다. 그랬는데 캐리비안베이가 그 걱정을 일거에 해결하였다. 이용자들은 일종의 후불 결제 장치인 베이 코인을 손목에 차고 맘껏 놀 수 있었다. 지갑이며 손가방 같은 일상 소품을 비일상의 레저 공간에서도 악착같이 건사해야 했던 과거와 작별하는 순간이었다. 레저용품을 빌리거나 음료수를 마시거나 간식을 사 먹을 때마다 손목에 착용한 베이 코인을 기계에 가볍게 대기만 하면, 모든 것이 해결되는 쾌락의 일관 관리 시스템!

신성과 자연성이 거세된 인공의 바다 • • •

베이 코인으로 시작한 캐리비안베이의 시설물 이용은 상상 가능한 모든 물놀이의 집중적인 제공으로 압축된다. 파라솔 아래 한가로이 앉아 쉬는 것, 시원한 계류에 발을 담그는 것, 완만히 흐르는 강물에 몸을 맡기는 것, 산산이 부서지는 파도에 몸을 던지는 것 등 모든 물놀이가 캐리비안베이에 집약되어 있을 뿐만 아니라 그 '어트랙션' 시설들은 '집중 제공'이라는 방식으로 관철된다. 서너 가지 요소가 뒤엉켜 혼재하는 것이 아니라 하나하나의 시설들이 정교하게 연계되어 있으되 각각 독립적으로 설비되어 최고 수준의 쾌락을 집중적으로 선사하는 것이다.

이에 대하여 문화평론가 정준영은 '캐리비안베이, 일상으로부터의 탈출'에서 캐리비안베이의 조성 원리를 '효율성'이라는 키워드로 풀이해 쓴 바 있다.

> 효율성이란 하나의 감각을 순수한 형태로, 집중적으로 자극함으로써 가능해지는 만족의 극대화를 의미한다. 파도타기를 원한다면 우리는 파도타기를

가능하게 하는 최적의 조건에서 집중적으로, 또 선탠을 원한다면 역시 선탠을 할 수 있는 최적의 조건에서 집중적으로 선탠을 할 수 있는 것이다. 거추장스러운 다른 여건의 방해를 받지 않을 수 있다는 점에서 우리의 만족은 극대화될 수 있다.

오래전, 인간이 미처 자연의 원리를 다 깨닫지 못해 천하만물의 생동에 신의 섭리가 어김없이 임재했다고 믿던 때에, 그 무렵의 삶은 신성이 인간의 일상까지 굽어보는 것이었다. 오늘날에는 이와 같은 신성이 말갛게 소멸되었다. 종교생활 여부와 상관없이 오늘날의 자연 변화는 물리적인 탐사의 세계에 불과한 것이 되었다.

그럼에도 우리는 여행을 떠난다. 여름 휴가철의 일사불란한 도시 탈출은 우리가 잿빛의 콘크리트 안에서만 살 수는 없는 자연의 한 존재임을 스스로 증명하고자 하는 악착같은 행렬이다. 광막한 바다 앞에서, 담녹색 계곡 사이에서, 험준한 산령 위에서 우리는 거룩한 신성까지는 아니더라도 적어도 자연성의 따스한 위로를 받고자 하는 것이다.

물론 우리는 저 18세기의 바이마르 재상처럼 훌쩍 이탈리아로 떠나 한 시대를 뒤바꾸게 될 여행서를 집필할 정도는 되지 못한다. 19세기의 영국 학자처럼 해양 측량선을 타고 생태의 기원을 탐사할 만한 위인도 되지 못하며, 20세기의 어느 인류학자처럼 현대의 시공간으로부터 멀리 떨어져 그 나름의 문명을 일구어 살아가는 사람들을 만날 재간도 없다.

그렇다 하더라도, 2박 3일의 피서든 한나절의 운행이든 적어도 아이들과 함께 떠나는 여정이라고 한다면 반드시 자연성의 회복이라는 명제 하나쯤은 생각하고 떠나게 마련이다. 강화도의 시인 함민복이 갯벌에 대해 "부드러움 속엔 집들이 참 많기도 하지"라고 썼을 때, 우리는 그와 같은

수도권 근교의 간이 놀이 시설에는 밤늦도록 열정이 시들지 않는 청춘들이 내뿜은 은밀한 기운으로 충만하다. (2011. 6. 강원도 춘천시 강촌리)

자연성의 회복을 삶의 중요한 화두로 여기는 것이다.

하지만 동시에 우리는 이 한반도 곳곳에 속속 들어서는 대규모 테마파크를 찾아 나선다. 테마파크는 스스로를 현실의 불편과 불쾌를 잊게 해주는 '꿈과 낭만과 즐거움'으로 가득한 공간이라고 소개한다. 여름이면 캐리비안베이나 오션월드 같은 워터파크는 짜릿한 '어트랙션'으로 말 그대로 우리를 '끌어당긴다'.

신성(神性)은 물론이요 자연성(自然性)마저 더 이상 회복할 수 없는 단계에 봉착한 이 거대한 소비와 욕망의 시대에 이 산하 곳곳의 테마파크는, 일부러 비싼 값을 치르더라도 현실의 고통이나 대립을 일시적으로나

놀이기구는 역설적으로 세속의 엄숙함을 강조하는 현대의 거대한 모뉴먼트다. (2008. 10. 인천 월미도)

마 잊어버리고자 하는 '인공 낙원'을 자임한다.

그렇기 때문에, 영동고속도로 마성톨게이트의 과장된 장식과 조형은, 거꾸로 세워진 현대의 '지옥문'처럼 보이기도 한다. "여기선 온갖 의심을 버려야 하고 온갖 주저함은 죽어 마땅하도다." 그렇다면? 이제, 거대한 일관 관리 시스템으로 들어가 비용을 지급할 차례다.

경기장,
그 많은 '개인'들의 용광로

경기장은, 6만여 명이 강제 동원되어 일사분란하게 '애국심'의 구호를 외치는 연병장이 아니다. 저마다 아름다운 꿈을 꾸는 6만 개의 열렬한 사랑의 행렬이다. 그렇지 않다면, 저 거대한 콘크리트 구조물은 얼마나 삭막하겠는가. 경기장은 개인의 열정과 공동체의 열망이 수렴되고 확산되는 새로운 도시와 시민들의 합창 무대다.

그때, 나는 너무 쓸쓸했다. 오랫동안 거리를 헤맸다. 누구처럼 '시대와의 불화' 라고 과장할 수는 없지만, 그래도 내겐 내 몫의 사법적이며 동시에 심리적인, 사법적으로는 결코 갚고 싶지 않지만 마음으로는 늘 명치끝에 돌덩이 하나 얹혀 있는, 그런 부채가 있었다. 사건으로 서로가 연락이 닿지 않는 일이 생겼고 몇 명의 선배들이 부평경찰서를 거쳐 인천지검으로, 또 한두 명은 안기부로 이송되는 과정에서, 나는 죄의식을 느끼며 간신히 지냈다. 그때, 동대문 쪽으로 나갔다가 그곳의 운동장으로 무작정 들어갔다. 포박된 시간의 틈이 간절했고, 또 꽤나 쓸쓸했던 탓도 있었다. 스물다섯 살 때였던가.

거기, 축구가 있었다. 박종환 감독의 일화였고 부슬부슬, 비는 오갈 데 없는 부랑자, 실업자로 이뤄진 남루한 '서포터스' 를 적시고 있었다. 그들 뒤편에 앉아 컵라면을 얻어먹으며 나는 축구를 봤다. 그렇게 한 세기를 넘겼다. 결혼을 하면서 최저의 생활 조건이 복구되자 나는 서둘러 동네 운동장에 나갔다. 거칠고 메마른 맨땅에서 하루 종일 '뽈' 을 차는 아이들

오프사이드를 유심히 살피는 부심처럼, 경기장에서는 모든 신경이 긴장되고 그렇게 충일된 감각들은 한 방향으로 직진한다. (2006. 6. 독일 뮌헨)

을 거기서 만났다. 축구 말고는 달리 할 줄 아는 게 없는, 앞길이 막막한 아이들. 그러나 아이들은 황량한 운동장에서 축구를 할 때만큼은 늘 살아 있었다. 벌써 그 녀석들이 인문대로, 체대로, 경영대로, 또 한두 명은 군대나 중국으로 저마다 먹고살 길을 찾아 떠났다. 그렇게 새로운 세기에 들어서도 나는 축구를 보았고, '뽈' 을 찼고, 때로 그것에 대하여 글을 쓰기도 했다. 축구장은, 내게 그 무슨 마음의 망명지니 유배의 처소니 하는 겉멋부림의 장소는 아니지만, 적어도 피정의 공간이 되기는 했다.

그리고 2002년의 월드컵이 있었다. 그 이후, 4년마다 닥쳐오는 이 무지막지한 이벤트로 인하여 내게 월드컵은, 그리고 축구는, 늘 상반된 감정을 불러일으킨다. 설레고 흥분되는 마음을 어찌 거부할 수 있겠는가? 저 먼 대륙에서 벌어진 경기를 새벽녘까지 보고 나서 재방송까지 보느라 두 눈이 충혈되던 때도 있었으니, 이제 그 선수들을 눈앞에서 실감한다는 생각만으로도 황홀하다. 동시에 월드컵은 쓰라린 열패감과 분노, 가슴속 깊은 멍울을 쥐어뜯고 싶은 감정을 자극한다. 솔직히 고백하자면 나는 충동을 못 이겨 거친 소리를 내지른 적도 있었다. 흙먼지 속에서 공을 차던 동네 아이들은 무슨 까닭으로 성질이 났는지 아예 싸움을 벌이기도 했다. 우격다짐과 말싸움은 동네 축구의 일상.

어디 그뿐인가? 1994년 미국 월드컵에서 뛰었던 콜롬비아의 에스코바르 선수처럼 광기와 도박으로 얼룩진 열혈남의 총격으로 사망한 일도 있다. 방글라데시에서는 월드컵 중계 문제로 교도소 폭동이 일어났으며 스페인의 프로리그는 언제나 전쟁 직전의 광기가 넘쳐난다.

오해 없기를! 나는 경기장 폭력을 두둔하려는 게 아니다. 내 딸이 축구 구경을 갔다가 공포에 휩싸이는 걸 나는 원치 않는다. 영원히 마르지 않을 것 같은 축구의, 월드컵의 에너지가 무엇인가를 생각해보자는 것이다. 단순하고 격렬한 움직임 속에서 '문명화와 현대성에 의해 거세된 원시적 에너지'를 회복하려는 현대인의 욕망. 이것이 축구의, 월드컵의 1차 에너지다.

망각의 운명으로 사라져버린 동대문운동장 • • •

2008년 4월 동대문운동장에 갔다. 이미 그 전해인 2007년 12월 18일에 동대문운동장 야구장의 철거가 시작되어 드넓은 규모의 절반이 공사판으

동대문운동장은 저 20세기 중엽, 저개발과 독재 시기에 그나마 시민들이 한숨 돌릴 수 있는 소중한 공간이었다. (2008. 4. 옛 동대문운동장)

로 변한 다음이었는데, 그해 봄에는 축구장 철거가 예정되어 있었다. 운동장 기능이 없어진 후 이 운동장을 부분적으로 주차장으로 쓰거나 풍물시장으로 활용하고 있었기 때문에 얼마든지 자유롭게 드나들면서 내 불완전한 기억을 보충하기 위해 사진도 찍고 기록도 할 수 있었지만, 그만 차일피일하다가 시간을 다 놓친 다음이었다. 무슨 얘기인가 하면, 철거 공사 및 그것을 준비하기 위하여 출입을 완전 차단했기 때문이다.

운동장 내에서 장사를 하던 풍물시장 상인들도 모두 이전한 다음이었고, 그래서 운동장은 경비용역 회사에 의해 완벽하게 차단되어 있었다.

철거되기 직전의 동대문운동장 축구장.
(2008. 4. 옛 동대문운동장)

경비실, 안내소, 현장사무소 등 어느 곳에서도 나의 간절한 부탁, "몇 컷만 찍고 나올 테니 제발 좀……"이라는 애원을 들어주지 않았다. 이 역사적인, 그야말로 현대사의 생생한 공간을 밀어 없애고 디자인 무슨 파크를 지어올리려는 바로 그 서울시에 가서 공문을 받아오라는 것이었는데, 나는 그 말을 따르고 싶은 마음이 추호도 없었다.

나는 다른 방식으로 접근하려 했다. 그것은 몰래 담을 한번 넘어보는 것이었다. 그런데 어떻게? 어디로 어떻게 접근하여 저 높다란 운동장 펜스를 넘는단 말인가? 그렇게 걱정하면서 운동장을 두어 바퀴 돌았고, 반드시 넘었다고는 할 수는 없으나 안 넘었다고 말할 수도 없는 어떤 미묘한 경계지점까지는 들어갔지만, 그래도 그 이상은 인간의 능력을 넘어서는, 암벽 등반에서 말하는 오버행(역경사)의 코스가 있어서, 들어갈 때와 마찬가지의 수고로움을 들여 다시 돌아나오지 않을 수 없었다. 약간의 찰과상은 내 기억에 남은 훈장이었지만, 그러나 어디 자랑할 일은 결코 아님을 말해둔다.

다 실패하고 난 뒤 나는 운동장 맞은편의 쇼핑몰로 가서 밥을 먹기로 했다. '밥 먹는 일'을 그 어떤 노동보다 고역스럽게 여기는 나는 대도시 곳곳의 대형 쇼핑몰에 있는 '푸드코트'야말로 최고의 식당이라고 여기는데, 맞은편의 쇼핑몰에 들어가면 푸드코트가 있을 것이라고 짐작하고 이동한 것이었다.

푸드코트에 들어섰을 때, 무심히 창가에 앉아 창밖을 보았을 때, 그곳에 동대문운동장이 펼쳐져 있었다. 완전히 철거되어 맨땅을 드러내고 있는 야구장. 그리고 이제는 그 누구도 찾지 않는, 포크레인만이 작업 중인 축구장. 나는 물끄러미 동대문운동장을 내려다보았다.

나는 초등학교 때 저 운동장에서 '세계육상대회' 400미터를 본 적 있다. 외국 선수들끼리 우승을 다투는 릴레이였지만, 나와 내 형과 사촌동생들은 미친 듯이 박수를 쳤다. 나는 중학교 때 저 운동장에서 '고교축구'를 보았다. 그리고 부산 대우로얄즈, 안양 LG치타스, 옛 천안 일화를 보았으며, 아, 무엇보다도 옛 '박스컵'이 개명된 1995년의 코리아컵대회에서 황선홍이 우아한 곡선을 그리며 공간을 창조해나가는 숨 가쁜 순간들을 보았다.

동대문운동장은 일제가 성곽을 허물고 훗날 히로히토 일왕이 되는 '동궁(東宮)'의 결혼을 기념하고 아울러 식민문화 통치의 일환으로 근대적 체육 시설로 삼고자 1926년 3월에 건립한 시설이다. 1984년에 잠실종합

동대문운동장이 철거된 자리에 '디자인플라자&파크'가 들어설 예정이다. 지하철 역명 또한 동대문역사문화공원역으로 바뀌었다. (2008. 4. 옛 동대문운동장역)

운동장이 건립되고 2002 월드컵을 앞두고 최신의 경기장들이 속속 들어서는 바람에 철거에 들어가게 된 것이다.

야구장은 2008년 4월 10일에 철거가 완료되었고 축구장까지 포함하여 그해 6월에 완전히 사라졌다. 하지만 축구장의 북측 조명탑 2개는 현 위치에 보존하고 동쪽의 성화대는 이라크 출신의 건축 디자이너 자하 하디드의 설계에 따라 새로 조성될 공원 내 부지로 이전할 계획이라고 한다. 이 자리에 '동대문 디자인플라자&파크'가 완공될 예정이다.

66806. 우선 이 숫자를 기억하기로 하자. 6만 6,806명. 충북 영동군, 강원 고성군, 전북 부안군의 인구보다 많은 숫자다. 줄여서 6만여 명으로 쓰건대, 다름 아닌 서울 월드컵경기장의 좌석 수다.

6만여 명. 적지 않은 숫자다. 아니, 엄청난 숫자다. 6만여 명이 어떤 일로 인하여 일시적으로 한자리에 모였다가 흩어진다는 것은 대단한 '스펙터클'이다. 더욱이 그 일이 자신의 정치적 관점이나 경제적 이익이 아니라 오로지 일순간의 강렬한 열정을 보기 위해 교통 혼잡과 주차 전쟁을 무릅쓰고 스스로 돈을 지출하고 바쁜 시간을 쪼개어 모이는 것이라면, 이것은 하나의 사건이다. 그런 사건이 지난

운동장에서는 일시적이나마 모든 '금지가 금지'된다. 한국 축구 대표팀을 응원하는 붉은악마 회원들. (2006. 10. 서울 월드컵경기장)

2002년 한일월드컵을 전후로 하여 지금까지 10년 가까이 쉬지 않고 벌어지고 있다.

현대적 삶은 규율과 반복이다. 규율은 유무형의 총합이다. 그 속에 법적인 구속도 있고 민간의 풍습도 있다. 그 어느 것이든 한 개인이 그것을 거역하면 곧 구조의 보복이 엄습한다. 현행의 법 체계를 부정하는 정치범이나 풍속사범이나 일정한 제재를 받지 않을 수 없게 되어 있다. 율법이 일일이 간섭하지 아니하는 민간의 풍습에도 무형의 가시울타리가 처져 있다. 무력한 개인은 그 울타리를 좀처럼 벗어나지 아니한다. 술기운에 취하여 야밤에 신호등을 무시하고 횡단보도를 가로지르거나 더러 뇨기를 참지 못하여 어두운 골목의 전신주 아래 방뇨를 하는 정도가 허락될 뿐인데, 그 순간에도 미력한 개인의 등에는 누가 볼까 두려운 기미가 얹혀 있다. 율법과 풍습의 제재 속에서 현대의 작은 인간은 살아간다.

그리고 반복이 있다. 어제 다르고 오늘 다른 삶이란, 오늘날에 있어 실로 위험천만한 길이다. 일신우일신은 고사하고 하루가 백날같이 여일한 것이 어쩌면 축복이리라. 반복의 삶, 그 바깥은 위험하다. 테두리 바깥으로 뛰쳐나가거나 밀려나가는 것은 이 사회가 보장하지 않는 방식의 삶으로 내던져지는 것이다. 자의로 선택하든 타의로 밀려나든, 반복의 삶 바깥은 전혀 안전이 보장되지 않는다.

반복의 삶을 승인하게 되면 무엇보다 안전이 주어진다. 개인과 그 가족의 안전은 철두철미한 반복으로 얻어진다. 아침 7시 20분 신도림 환승통로 혹은 8시 35분 서울시청 앞 지하통로를 기억해보라. 엄청난 인파가 어제와 전혀 다를 바 없는 오늘의 삶을 반복하기 위하여 앞 사람의 등줄기에 배인 땀 냄새를 맡으러 걷고 또 걷는다. 비루해 보이긴 하여도, 실로 엄숙한 생존의 행렬이다.

규율과 반복. 다만 이것뿐인가. 단 한 번 살고 나면 어쩌면 그것으로 그만일 뿐인 우리의 현대적 삶이 오직 이 명령에 의해 운행되는 것이라면, 이는 '죽은 삶' 이라는 형용모순이 현실성을 얻는 기이한 상태가 되고 마는 것 아닌가.

물론 우리는 나날이 일상의 대안을 찾는다. 사랑을 하고 여행을 하고 예술을 찾는다. 이 세 가지는 모두 일상의 관습적 틀을 벗어나게 하는 묘약들이다. 사랑은, 타인의 정신과 육체를 통하여 나를 다시 확인하는 존엄한 일이다. 사랑이 없는 연대기란 존재하지 않는다. 유년의 사랑이나 노년의 사랑 또한 청년의 사랑과 진배없는 엄숙한 일이다. 다만 이 사랑은 지극히 사적인 영역의 내밀한 삼투 과정이다.

그리고 여행이 있다. 모듈화된 이 도시를 벗어나는 기막힌 드라이브! 여행! 거대한 자연은 나약한 개인을 너그러이 감싸준다. 동해의 일출이나 서해의 일몰 또는 오대산 비경 속의 깊은 숲으로 들어가는 순간, 작은 '나' 는 큰 '나' 의 품속에 잠이 들 것만 같다. 그러나 아쉽게도 여행은 낮은 숨소리의 적묵이며 여전히 사적인 운행이다.

마지막으로 예술이 있다. 예술은, 규율과 반복에 얽매이면 곧바로 사망선고를 받게 되는 예술가에 의하여, 현대의 작은 개인에게 언제나 예기치 않은 충동과 활활 불타오르는 에너지를 제공한다. 그러나, 역시 그렇기는 해도, 예술을 감상한다는 것은 한 명의 개인이 세상의 소음과 차단된 미술관 속을 거닐거나 컴컴한 공간 안에 들어가 말없이 스크린을 응시하는 행위로 요약된다. 요컨대 사랑, 여행, 예술 이 세 가지는 우리를 규율과 반복으로부터 일시적으로나마 구출해내는 아름다운 묘약임에 틀림없으나 대단히 은밀하고 사적이며 나지막한 행위가 된다.

이것만으로는 부족한 시대에 우리는 살고 있는 것이다. 좀 더 강력한

2006년 월드컵의 조별 리그 폴란드전에서 승리하자 기쁨을 주체하지 못하는 독일 팬들. 스포츠의 어떤 특정한 순간은 에로티시즘과 닮아 있다. (2006. 6. 독일 도르트문트)

것, 좀 더 드넓게 펼쳐진 것, 좀 더 많은 사람들이 함께 울고 웃는 것, 좀 더 스케일이 장쾌한 것! 그것을 향하여 현대의 개인은 얼마든지 시간과 비용을 지출할 용의가 있다.

다만, 대전제가 있다. 그 강력하고 장쾌한 것이 결코 개인을 억압하거나 또 하나의 충용스런 신민으로 추락시켜서는 안 되는 것이다. 그리하여 개인적 열정으로 그것을 지향하였으되 그 거대함 속에 수많은 개인이 모여 있고, 그래서 저마다의 사연으로 모였으되 결코 집단의 과잉된 열병으로 추락하지 않는 곳을 열렬히 희망한다. 과연 그곳이 어디겠는가. 6만 6,806명이 강요된 명령이 아니라 자발의 문화적 제의로 운집할 수 있는

경기장의 열정은 필수적으로 국가주의와 애국주의를 동반한다. (2006. 5. 서울 월드컵경기장)

곳, 바로 서울 월드컵경기장이다.

방패연, 돛배 그리고 소반 • • •

하늘공원에 올라 서울 월드컵경기장을 내려다본다. 한때 이 일대가 쓰레기 산이었고 그 쓰레기더미를 뒤지며 살아가던 상암동의 낡은 거리와 판잣집들 그리고 더 이상 갈 곳 없는 곳에 이른 사람들을 위하여 들어오던, 정릉과 상암동을 왕복하던 5번 시내버스 대진운수의 종점 위치를 이젠 더 이상 상상조차 할 수 없어졌다는 사실, 곧 상전벽해의 엄연한 증거 위에서 경기장을 내려다본다.

거대한 스케일의 경기장이다. 현대 도시에서 이만한 스케일의 공간을 구축한다는 것은 그 사회의 내면적 합의가 전제되지 않고서는 불가능한 일이다. 2002년 한일월드컵을 앞두고 지어진 이 경기장 역시 1997년의 IMF 사태로 폐기될 운명이었으나 대한축구협회의 실행력과 당시 정부의 결단에 의하여 또 하나의 '상전벽해'를 이뤘다.

이 경기장을 설계한 건축가 류춘수는 방패연과 전통 소반 그리고 황포 돛대의 이미지를 설계의 기본 개념으로 활용했다. 물론 이 셋은 그 자체로는 상호 연관성이 희박하다. '한국의 전통문화'라는 큰 범주에 묶이기는 하지만 과거의 전통적인 일상에서 연과 소반과 돛대가 한자리에 겹쳐질 이유는 딱히 없다. 그러나 하나의 건축물을 구성하는 요소로서 이 세 가지는 적절한 공간감을 형성하고 있다.

하늘공원에서 내려다보았을 때, 우선 장려한 것은 경기장의 지붕, 곧 방패연과 황포 돛대가 어울리는 광경이다. 6만여 명이 운집하였다가 빠져나가는 매머드 건축물임에도 연과 돛배의 형상은 금방이라도 떠오를 듯한 운동감을 내재하고 있다. 아틀라스 같은 거인이 있어 슬며시 밀어내면 한강으로 미끄러져 내려갈 듯한 경이로운 가벼움이 느껴진다. 거대하지만 압도적이지는 않는, 공기의 울림을 살며시 안고 있는 볼륨감은 경기장의 안팎을 둔중한 산업화의 물질적 압력이 아니라 21세기의 창의와 열정을 언제든지 담아낼 수 있을 듯, 유연하다.

지난 2003년 세계 최고 권위의 영국 축구 전문지 《월드사커》가 이 경기장을 '가장 아름다운 세계 10대 경기장'의 하나로 선정한 까닭 역시 보는 이를 질색하게 하는 무시무시한 힘의 과시가 아니라 유연하고 상쾌한 기운을 너그러이 품고 있는 경이로운 여유 때문이다.

서울 월드컵경기장은 보는 이를 압도하는 장대한 크기나 압도적인 높이가 아니라 넉넉한 그릇의 형상을 닮았다. (2009. 7. 서울 월드컵경기장)

류춘수는, 처음에 경기장을 상상할 때 원형 관람석을 몇 번이고 고려했었다고 한다. 그러다가 파리행 비행기 안에서 우연히 방패연 사진을 보게 되었고, 그야말로 등줄기에 전율이 흐르는 착상의 터닝포인트가 되어, 가운데가 여유 있게 뚫어져 있는 방패연의 공간화를 추진하게 되었다. 기존의 설계안은 모조리 휴지통으로 던져졌다.

전통의 소반은 경기장 안팎의 콘크리트 구조와 주요 기능을 담당하는 영역들 그리고 6만여 명을 수용하는 관중석의 밑그림이다. 전통의 소반은, 그것이 일상적으로 쓰이던 때에는 제철과일이나 약식이나 조촐한 술대접의 용도였으나 이제 그 기능은 사라졌으되 우리 모두의 내면에 뿌리내려 있는 그 이미지만큼은 경기장의 안팎을 두루 감싸는 형상이 되어

6만여 명의 열정을 담아내는 상징이 되었다.

그리하여 이 경기장은 외딴곳에 정박된 둔중한 배가 아니라 서울 서북부의 랜드마크가 되었으며 비단 상징적인 랜드마크가 아니라 상암지역의 중심축을 이루고 있다. 그 자체로 복합 문화 공간의 기능까지 훌륭하게 치르고 있는 이 경기장은 인근의 상암 DMC를 쌍두마차로 하여 서울 서북부 부도심의 중핵이 되었다. 강변북로, 올림픽대로, 자유로, 북부간선도로, 지하철 6호선, 경의선, 신공항철도, 성산대교 등이 모두 월드컵경기장을 지향한다.

물론 그 공사 과정은 지극히 '한국적' 이었다. 월간《신동아》는, 월드컵 개최 3년을 앞둔 시점에서 서울을 비롯한 전국 10개 도시의 10개 신축 경기장의 공사 현황을 보도했는데, 그 당시 기사의 핵심 키워드는 '패스트 트랙' 이었다. 서울시를 포함해 대부분의 도시들이 공사 기간을 단축하기 위해 패스트 트랙(fast track: 설계 · 시공 병행) 방식을 채택하였던 것이다. 토목 공사 설계도가 나오면 곧바로 시공에 들어가는 것을 패스트 트랙이라고 한다. 대규모 공사의 경우 더러 설계 오류나 시행착오 혹은 특별한 사유에 의해 설계 및 시공의 변경이 이뤄질 수도 있는데, 서울을 비롯한 대부분의 신축 경기장은 그러한 여유 자체가 허락되지 않았다. 게다가 한국에서 대규모 건축물의 '패스트 트랙' 시행은 유례가 없는 일이었다. 그럼에도 결국 일은 '패스트' 하게 완료되었다.

비평적 관점에서 월드컵경기장의 시공 과정을 검토했던 건축가 함인선은 경기장 완공 이후《문화일보》2002년 3월 5일자 기고문에서 "경기장의 지붕은 건축가의 창의력, 시공자의 기술력, 그 나라의 부품 산업 능력 등 모든 것을 말해준다"고 전제하면서 "관중석을 담는 기단은 소반처럼 팔각형으로 되어 있는데 통상 타원형인 여타 축구장과 형태적인 차별성을

우아한 곡선과 경쾌한 직선이 교차하는 서울 월드컵경기장. (2009. 7. 서울 월드컵경기장)

가질뿐더러 직선화된 부품화가 훨씬 용이하여 공기와 비용을 상당히 절약시켰다"고 평가했다. 그의 평가를 마저 들어보자.

> 지붕 역시 직사각형인 방패연의 모서리를 따서 팔각형으로 만들어 기단과 형태적 일치를 이룬다. 더욱이 위로 도톰한 팔각형이기에 밑에서 보면, 기와 무게로 자연스레 처진 한옥의 추녀선을 연상시킨다. 고도의 기술력을 요하는 공법이지만 배의 돛대가 그렇듯이 훨씬 경쾌하며 경제적인 방식이다.

방패연과 돛배와 소반으로 시작된 이 경기장의 '전통 이미지 효과'는 그 내부로까지 실속 있게 이어진다. 단순히 외관만 과거의 문화적 원형을 덧씌워놓은 게 아니라 일반인의 눈에는 잘 보이지 않는 안전 시설이나 보행 시설까지도 전통의 점과 선이 콘크리트의 면들을 여유 있게 채우고 있었다.

서측 주출입구의 귀빈석 로비는 한눈에도 대청마루의 응용이라는 것을 느끼게 해준다. 국내산 대리석을 유연하게 깔아놓은 로비의 짙은 빛깔과 대청마루식 안치는 저 안동의 병산서원이나 지리산 화엄사의 각황전 마루를 떠올리게 한다. 그 마루 위로 성벽이 응용된 묽은색의 벽이 흐르고 맨 위의 천장으로 서까래가 탄력 있게 가로지른다.

"검이불루 화이불치", 『삼국사기』에 나오는 말이다. '검소하지만 누추해 보이지 않고 화려하지만 사치스럽지 않다(儉而不陋 華而不侈)'는 뜻이다. 백제 온조왕 15년에 새 궁실을 지으면서 채택한 당시의 건축 이념인데, 그 이후로 이 한반도의 많은 건물은 특별한 목적이 아닌 한, 이 '검이불루 화이불치'를 지켜왔다.

특히 검박한 일상을 고결한 윤리적 기준으로까지 추존해온 조선의 유학 세계관에서 이 개념은 단순한 건축 포장이 아니라 사람과 공간의 관계 맺음을 통칭하는 이념으로까지 승격되었다. 도성의 궁뿐만 아니라 앞서 언급한 병산서원이나 각황전을 비롯하여 전주의 객사, 담양의 소쇄원 같은 각종 건축 양식은 물론 구한말에 지어진 익산 나바위선당(화산천주교회), 강화도 온수리 성공회성당, 당진 공세리성당 등에 이르기까지 이 한반도의 오랜 생각이 되어왔다.

경기장은 이 헛헛한 거대 도시에서 수만 명이 저마다의 감정과 취향을 일순간에 비폭력적으로 분출할 수 있는 거의 유일한 공간이다. (2007. 6. 서울 월드컵경기장)

이 경기장 안팎에서도 '검이불루 화이불치'를 쉽게 찾아볼 수 있는데 서측 주출입구에서 경기장으로 이어지는 귀빈 전용 통로의 대청마루와 서까래가 그렇고 귀빈 스탠드와 관람석도 마찬가지 개념이 적용되어 있다. 극빈객에 대한 정중한 대접과 신변의 안전을 위하여 따로 진출입 동선과 간이 휴게실이 마련되어 있는 정도이지 결코 '귀빈'이라는 말에 상응하는 호사스런 치장은 찾아보기 어렵다. 귀빈 스탠드 역시 좀 더 '정중하고 안전'한 정도이지 과장된 그 무엇은 눈에 띄지 않는다. 귀빈 안전을 위한 방탄유리 역시 무릎 정도 높이인데, 이는 신축 당시에 재임했던 김대중 전 대통령이 '지나치게 높은 방탄유리는 권위주의의 일면' 이라는 견해를 밝혀 현재처럼 무릎 높이로 낮춰 만들었다고 한다.

6만여 석의 관중석 스탠드는 '무채색의 행렬' 이다. 국내외의 여러 경기장에서 좌석에 형형색색의 색깔을 입혔지만, 이 경기장은 오직 콘크리트의 무채색에 가까운 좌석으로 세팅되어 있다. 무채색은, 얼핏 보면 특별한 개성이 없고 둔탁해 보이지만 차분하고 음전하다. 사실 엄청난 규모의 경기장에 온갖 색까지 입히면 크기만 과장되어 위압적으로 느껴질 뿐만 아니라 부분적으로는 천박하게 여겨지기 쉽다. 하지만 이 경기장은 과감히 무채색으로 통일하였고 지붕재로 쓰인 테프론 막이나 스탠드 그리고 경기장 안팎의 사인보드까지도 자신을 좀처럼 드러내지 않는 음전한 색을 유지하고 있다. '검이불루 화이불치' 의 한 단면이다.

설계 과정의 한 에피소드로, 당시 설계팀은 기본 설계안을 제출하면서 이 경기장의 이름을 '우리세움(Wooriseum)' 으로 부르자고 제안한 일이 있다. '우리' 가 직접 세운다는 의지의 표현이자 로마의 콜로세움이 갖는 역사적 경연장의 상징성까지 고려한 작명이다. 물론 채택되지는 않았지만, 이 경기장이 IMF 이후의 사회심리적 상태와 아시아 최초의 월드컵이라는 대규모 행사에 응하는 자긍심의 표현으로 여길 만한 일인데, 그러한 신념이 실제적으로 '우리세움' 으로 불리지는 않게 되었다 할지라도 경기장 안팎의 크고 작은 디테일에 유연하게 적용되었음을 기억해둘 필요가 있다.

물론 21세기 글로벌 시대에 세계 곳곳의 대규모 공사 현장에서 확인되는 뚜렷한 흐름은 '개별 지역의 특수한 문화적 전통' 을 지나치게 현실화하는 것을 꺼려한다는 점이다. 단적인 사례가 지난 2008년 베이징 올림픽 당시 주경기장이었던 '버드 네스트' 다.

2006년 독일월드컵 당시 도르트문트광장에 마련된 '팬페스트'에 입장하지 못한 폴란드와 독일 팬들이 현장 분위기를 느끼기 위해 악착같이 건물 벽에 달라붙었다. (2006. 6. 독일 도르트문트)

세계 최고의 클럽 맨체스터 유나이티드의 방한 경기 당시 경기장 광장에
설치된 팬 부스에 몰려든 국내 팬들. (2009. 7. 서울 월드컵경기장)

2006년 독일월드컵 개막 경기가 열렸던 뮌헨의 축구 전용 경기장 '알리안츠 아레나'를 설계하기도 한 스위스 건축회사 '헤르조그 & 드 므롱'이 설계한 이 베이징의 새 둥지, 버드 네스트는 가로 297미터, 세로 320미터로 9만 1,000명의 관중을 수용할 수 있는 중국 최대 규모의 경기장이다. 강철을 엮어 만들어 거대한 새 둥지 형상이 되어 새 둥지, 즉 '버드 네스트'라는 별칭을 얻게 된 이 건물에서, 그러나 '중국 문화'를 직접적으로 추출해내기는 어렵다.

경기장 증개축의 모범이 된 맨체스터 유나이티드의 '올드 트래포드'나 아스널의 '에미레이츠 스타디움' 그리고 잉글랜드 축구의 상징인 뉴웜블리 스타디움 등에서도 특별하게 '영국성'이 확인되지 않는다. 오늘날 대규모 건축물이나 도시 공간 조성은(두바이, 송도, 청라 등이 보여주듯이) 지역성보다 세계성을 염두에 둔 개념을 선택한다. 그에 반하여 10여 년 전의 서울 월드컵경기장은 '전통의 재해석'이라는 한국 건축계의 오랜 화두를 마지막으로 실천해낸 셈인데, 일단 그 성취가 적지 않았음을 기억할 필요가 있는 것이다.

21세기형 복합 문화 공간 • • •

오늘날 경기장은 '경기 진행' 그 자체의 목적에만 사용되는 것이 아니라 그 이외의 문화적 기능까지 훌륭하게 만족시켜야 하는 공간이어야 한다. 서울 월드컵경기장은 설계 및 신축 당시에는 매우 낙후되었던 서울 강북의 서북부지역을 활성화시켜야 한다는 사회적 목적을 안고 출발한 공간이다. 생태공원, 영화관, 쇼핑몰, 생활스포츠 시설 등이 '축구'라는 단 하나의 경기 종목으로부터 능률적으로 파생되어 상호 연관성을 이뤄야 하는 공간이다.

이 대목은 일정하게는 설계자의 책임 바깥의 일이 된다. 물론 대규모 하드웨어가 어떻게 쓰여야 하는가에 대해서까지 설계자는 충분히 고려하여 작업한다. 주차, 출입, 대피, 편의 등의 세부 요건의 결합에 의하여 경기장이라는 전체가 구성된다. 그러나 일단 그 상상이 현실이 되고 거대한 경기장과 그 부속 기능들이 완료되고 나면 그다음은, '사람의 일'이 된다. 사람이 발상하고 결정하고 실행하는 문화적 소프트웨어와 콘텐츠의 영역으로 넘어간다.

서울 월드컵경기장은 대규모 경기장 신축이나 증개축 이후의 효율적인 운영에 있어 모범으로 꼽힌다. 그 무렵에 동시에 지어진 대규모 경기장이 다목적 운영은커녕 원만한 축구 경기 진행이라는 점에서도 기본 점수 이하에 머물고 있는 반면에 서울 월드컵경기장은 조기 흑자 전환 및 다층적 수익 창출이라는 선례를 남겼다.

이는 지하철에서 올라오면 곧바로 광장 및 출입구로 이어지는 놀라운 접근성과 '수도'의 부도심권에 신축했다는 이점 그리고 대표팀 주요 경기 유치 및 프로 구단 서울FC의 연고지 이전 같은 기본적인 요소가 충족되었기 때문인데, 더 중요한 '관전 포인트'는 이 경기장의 부대 수익 시설을 일정한 기준에 의하여 선정하고 간판의 색과 크기 같은 작은 부분에 이르기까지 확실한 지침을 세워 운영함으로써 경기장 전체의 깔끔한 이미지를 유지하고 있다는 점도 주목할 만하다.

최근 유럽 축구 산업계의 집중적인 관심은 스페인 발렌시아의 신축 경기장에 쏠려 있다. 스페인 라 리가의 전통 명문 발렌시아는 재정 압박 때문에 간판스타들을 방출하거나 임대하는 등 위기를 겪고 있는데, 그럼에도 완공을 앞둔 신축 경기장 '누에보 메스타야'의 현장은 긴박하게 돌아

오늘날의 스포츠 스타는 고대 신화에서 볼 수 있는 영웅들의 현대적 재림이다. 독일월드컵 당시 쾰른 중앙역에 그려진 천장화. (2006. 6. 독일 쾰른 중앙역)

가고 있다. 구단 재정 위기의 원인이 된 신축 경기장이지만 하루라도 빨리 완공하여 정상적으로 운영하는 것이 총 4억 5,000만 유로(약 8,300억 원)에 달하는 구단의 재정 위기를 풀어나가는 유일한 길이기 때문이다. 기존 구장인 메스타야의 부지를 담보로 거금을 빌려 짓기 시작한 누에보 메스타야. 그러나 미국발 서브프라임 모기지로 비롯된 세계 경제 위기의 후폭풍에 따라 메스타야 부지의 감정가도 추락했고 운용할 만한 현금과 자산도 부족한 형편이 된 발렌시아 구단은, 경기장 신축으로 발생한 위기를 신축 경기장의 완공으로 탈출해보고자 하는 사상 최대의 작전을 감행하고 있는 중이다.

이처럼 '무모한 도전'이 되기 쉬운 경기장 신축(혹은 증개축)은 현재 유럽 축구 산업계의 필사적인 목표가 되고 있다. 유럽 각국의 축구장은 대체로 지난 1980년대에 지어진 '올드 모델'이다. 긴 타원형의 관중석 아래에 푸른 잔디, 보도석과 귀빈석, 로커룸과 간이매점 그리고 협소한 주차장이 전부다.

그러나 도심 외곽의 허허벌판에 신도시 건설과 맞물려 공사하는 일종의 '국책사업'이라면 모를까, 일개 구단이 도심지 안의 한정된 영역에 신축이나 증개축을 용이하게 하기란 쉽지 않은 일이다. 그렇기는 해도 모두들 축구라는 고전적인 '상품'에 더하여 영화와 쇼핑과 레저가 복합적으로 연출되는 21세기형 대규모 스포츠타운을 상상한다. 극장의 팝콘처럼, 이 부대시설들이 축구 그 자체보다 훨씬 더 짭짤한 수익을 올리게 해줄 뿐만 아니라, 역시 극장이 그러하듯이, 이러한 시설의 완비 여부에 따라 경기장 입장료를 더 인상할 요인까지 발생하는 것이다.

그 대표적인 사례가 독일 바덴뷔르템베르크주의 TSG 1899 호펜하임 구단이다. 이 구단은 단 6,350명을 수용할 수 있던 기존의 디트마르 홉 스타디움 대신 3만여 명 수용 규모의 카를벤츠 스타디움을 각고의 노력 끝에 성취해냈는데, 이 경기장은 구단의 수익이나 성적에 결정적인 기여를 했을 뿐만 아니라 지역 경제에도 긍정적 영향을 미쳤다. 1990년 월드컵 개최를 계기로 지난 80년대 후반에 대체로 신축된 이탈리아 세리에 A의 각 지역 구단들(팔레르모, 피오렌티나, 라치오 등)도 구장 신축에 앞장서고 있다.

신축 구장의 방법으로 널리 쓰이는 것이 구장 명칭권 판매다. 미국 프로 스포츠에서는 흔한 일이다. 1993년 미국 메이저리그 콜로라도 로키스 홈구장 이름이 맥주회사 쿠어스에 10년 계약으로 1,500만 달러에 팔렸는데, 지금도 이 야구장은 '쿠어스 필드' 라고 불린다. 샌프란시스코 자이언츠 홈구장의 이름도 통신회사에 5,000만 달러에 팔려 '팩벨 파크' 라 불린다. CNN 회장의 이름을 딴 '터너 필드' 처럼 기부자의 이름으로 된 구장도 많다. 잉글랜드 명문 아스널의 신축 경기장 명칭 역시 중동 항공사를 스폰서로 하여 '에미레이츠 스타디움' 으로 불린다.

그리고 뮌헨의 스타디움이 있다. 2006년 독일월드컵의 개막 경기가 열린 뮌헨의 신축 경기장 명칭은 '알리안츠 아레나'. 독일의 세계적인 보험회사 알리안츠가 4,200억 원의 공사비를 투입했다. 그 대가로 알리안츠는 자사 로고를 15년 동안 내걸 수 있게 되었다.

그해 6월, 쾰른에서 네덜란드와 아르헨티나가 빛나는 명성에 걸맞지 않은 무득점의 무기력한 공방전을 펼치고 있을 때, 같은 시각 나는 뮌헨에 있었다. 이미 조별리그 탈락이 확정된 세르비아-몬테네그로와 코트디부아르의 마지막 경기를 위하여 뮌헨을 향했던 것이다.

이국의 낯선 도시에 들어서자 약간의 혼란은 당연지사. 링반데룽? 황순원이 같은 제목의 단편에서 어느 등산객의 심리를 그린 것처럼 계속 그 자리를 맴도는 듯한 혼란에 빠져서 서울로 치면 내부순환로쯤 되는 곳을 계속 맴돌다가 갑자기 터널이 나왔다. 터널을 한참 달리던 중에 가장 처음 나타나는 램프로 빠져야겠다고 결심한 후 정말로 그렇게 결행했는데, 아! 저 멀리 알리안츠 아레나가 보였다. 거대한 우주비행 물체가 불시착한 것처럼 기이하면서도 장엄하게 보였다. 그야말로 현대 건축의 개가!

다이아몬드 쿠션 모양의 반투명 플라스틱 유닛 2,700개가 감싸고 있는 알리안츠 아레나는 모던 시대의 압도적인 위용이나 마천루의 기상과는 전혀 다른 질감으로 경이로우면서도 기이한 장관을 연출하고 있었으며 전 세계에서 몰려든 팬들은 쏟아지는 비를 맞으면서 이 현대의 성전으로 향

현대 건축 공법과 디자인 미학이 최고 수준에서 만나 완성된 뮌헨 알리
안츠 아레나. (2006. 6. 독일 뮌헨)

하는 순례의 길을 진지하게 걸어가고 있었다.

런던의 테이트 모던 갤러리로 유명한 스위스 건축회사 헤르촉 & 드 뫼롱이 설계한 이 경기장은 주위의 모든 사물을 빨아들일 만큼 거대한 몸체를 지녔으면서도 그 질량감은 이제 막 새로운 항해를 위해 이륙 준비를 마친 첨단 비행물체처럼 가볍게만 느껴진다. 스티븐 스필버그의 영화 〈미지와의 조우〉의 한 장면처럼 관중은 지루하고 고달픈 일상으로부터 벗어나 신비롭게까지 느껴지는 아름다운 경기장으로 이동한다. 지하철과 경기장 사이에 주차장이 마련돼 있어 관중이 입장하고 퇴장하는 모습조차 하나의 거대한 드라마로 자연스럽게 연출돼 이를 경기장의 상단에서 내려다보면 가히 축구라는 종교를 위해 순례를 떠나온 수많은 신도들의 즐거운 행렬처럼 보인다.

마치 성지순례를 떠나온 듯 비 내리는 경기장으로 걸어가는 세르비아-헤르체고비나 팬들. (2006. 6. 독일 뮌헨)

그 경기장 안에서, 모든 것은 종교의식처럼 치러졌다. 선수들은 한 골을 위하여 필사적으로 달렸고 팬들은 쉬지 않고 함성을 질렀으며 오직 심판만이 유일하게 이성을 잃지 않고 그라운드에 집중하였다.

어디 그뿐인가. 기술의 진보가 반드시 인간을 행복하게 하는 것은 아니며 특히 군부 독재자들의 유희감이었던 축구와 월드컵이 거대한 기업과 미디어에 의해 장악된 것이 오늘의 현실이기는 하지만, 이 경기장 안팎에서 관중들은 이미 '현실화' 된 그런 상황 속에서 매우 안전하게, 그리고 상당히 쾌적하게 서너 시간의 잊을 수 없는 드라마를 함께한다. 대부분의 기술은 관중들이 눈치챌 수 없는 공간으로 물러서 있다. 안전을 위해 약간의 짐 검사를 받는 것을 빼놓고 관중이 이 미려한 비행물체에 들어와 서너 시간을 보내는 동안 그 어

선수들은 일합을 겨루고 공은 비명을 지르고 지구의 자전축은 잠시나마 뒤틀린다. 친선 경기 와중에 서울FC 수비수를 제압하고 있는 맨체스터 유나이티드의 웨인 루니 선수. (2009. 7. 서울 월드컵 경기장)

떤 시스템의 강요와 기술에 의한 제약을 느끼기가 어렵다.

물론 그 대가로 관중들은 쉴 새 없이 방영되는 광고를 봐야 하고 십시일반으로 거대한 '성금'을 모으기 위해 음료수와 과자를 사먹기는 하지만 그럼에도 기술과 시스템이 전면에 노출돼 오로지 그라운드만 응시하다가 물러서야 했던 지난날의 경험과는 비교할 수 없을 만큼 명쾌하다. 그리고 무엇보다 안전하다. 그날, 경기장을 빠져나오는 차 안에서 나는 다시 경기장을 돌아보았다. 갑자기 쏟아진 비 때문에 경기장은 차창에 묻은 빗방울에 의해 더욱 경이로운 비행물체로 변해 있었다.

창의와 열정의 공간 • • •

그리고, 경기가 펼쳐진다. 이 점이 중요하다. 이 경기장은 한편으로 '복합 문화 공간'이지만, 그러나 무엇보다 축구장이다. 한겨울에도 푸르스름한 빛을 내는 축구 전용 양잔디인 켄터키 블루그래스가 알맞게 생육하고 있는 축구 전용 경기장이다. 22명이 차고 달리는 것을 보기 위하여 6만여 명이 자발적으로 시간을 내고 돈을 들여 찾아오는 창의와 열정의 공간이다.

2009년 6월 10일 수요일 오후 8시. 이 경기장에서는 2010년 남아공월드컵 최종예선 대한민국 대 사우디아라비아의 경기가 열렸다. 경기 결과는 0 대 0으로 무승부였으나, 이미 월드컵 직행을 결정지은 한국팀이 일부의 예측과 달리 베스트 일레븐을 풀가동하며 치른 막상막하의 경기였고 더욱이 이 경기의 무승부로 북한팀의 본선 진출에 햇살이 비치는 '가외의 효과'까지 거둔 중요한 일전이었다.

이 경기를 위하여 수많은 사람들이 보이지 않는 곳에서 수고를 했다.

경기장에서의 인연과 추억을 영원의 시간으로 간직하려는 시민들. (2004.
9. 서울 월드컵경기장)

한 편의 경기가 완성되기 위하여 코치진과 선수 그리고 심판과 감독관이면 충분하지만, 그러나 언제든지 6만여 명이 운집할 수도 있음을 예상하여(실제로 당일 관중 수는 3만 2,566명) 수많은 행사 요원들이 움직인다.

국내에서 열리는 대표팀의 각종 A매치의 현황을 총괄하는 대한축구협회 경기국의 이해두 부장은 '한 편의 드라마, 그리고 총연출'을 맡는다. 그의 손에 쥐어져 있는 당일 경기의 운영표에는 2시 정각에 모든 행사 요원이 모여 점검 회의를 갖는 것을 시작으로 4시의 사전 리허설과 경기 시작 15분 전의 공식 세리머니, 그리고 실제 경기 진행 및 하프타임과 경기 종료 후의 세밀한 운영 사항이 꼼꼼하게 기록되어 있다.

이 표를 왼손에 틀어쥔 이해두 부장은 연신 오른손에 들고 있는 무전기로 송수신을 거듭하며 경기 진행을 위한 모든 사항을 점검했다. 본부석 현황 진행과 선수 안전은 물론 전광판의 글씨체와 색깔까지 그의 무전 송수신은 쉬지 않았다.

경기 운영 경력 20년의 이해두 부장은 "지난 2002년 남북 친선 통일축구대회가 가장 인상에 남는다. 남북 간의 미묘한 긴장 속에서도 축구 하나로 잠시나마 일체감을 갖는 중요한 경기였다. 하지만 그 벅찬 감동의 순간에도 선수 안전, 관중 안전, 귀빈 안전에 만전을 다해야 했고 그래서 더욱더 인상 깊은 경기였다"고 회고한다.

실제적인 경기 이외의 모든 안전 사항을 담당하는 TRI 인터내셔널 박미나 씨(명지대 청소년지도학과 재학 중)는 진행 및 안전 담당 2년차의 실력파. '보이지 않는 그림자 진행'이 이 분야의 대원칙인데 박미나 씨는 시종 깔끔하면서도 신중한 진행 실력을 선보였다.

경기장은 도서관이나 사찰이 아니다. 누구라도 맘껏 제 기운을 펼쳐보고 싶은 공간이다. 선수나 관중은 물론이고 귀빈이나 기자들 모두 눈에

보이는 통제를 꺼려하게 되는 공간이다. 맘껏 소리치고 싶은 곳이며 박지성 같은 대스타에게 조금이라도 더 질문을 던지고 싶은 곳이다. 그 때문에 박미나 씨 같은 현장 요원의 깔끔하면서도 슬기로운 진행이 필요하다. 관중에게는 더없이 친절하면서도 합리적인 조치를 해야 하고 축구 관계자나 기자들에게는 정중하면서도 단호한 권유가 필요하다.

박미나 씨는 지난 4월 1일, 김치우의 골로 한국이 북한에 1 대 0으로 승리를 거둔 날을 기억한다. 그날, 패배한 북한팀의 분위기는 극도로 가라앉은 상태였다. 북한의 김정훈 감독은 경기 후 기자회견에서 질의응답을 거절하고 짧은 코멘트만 남긴 채 일어섰다.

믹스트존에서 예정된 북한 선수들에 대한 인터뷰도 취소된 긴장의 순간에 박미나 씨가 가장 신경써야 했던 것은,

경기가 끝난 뒤에도 경기는 끝나지 않는다. 남아공월드컵 최종 예선 북한전을 마치고 믹스트존에서 기자회견을 갖는 한국 대표팀. 박지성 선수의 말 한마디라도 놓치지 않으려는 어느 기자의 눈매가 예사롭지 않다. (2009. 4. 서울 월드컵경기장)

북한 선수단의 동선 확보와 이 무거운 행렬을 향해 기어코 질문을 던지는 다수의 기자들을 통제하는 것이었다. "그 예민한 순간에도 냉정함을 잃지 않고 침착하게 임하려고 했던 것"을 박미나 씨는 기억한다.

고백하자면, 나 역시 묵묵부답으로 빠져나가는 북한 선수단 측에 한 발이라도 더 바짝 붙으려 했던 사람 중의 하나다. 사전에 허가된 사진기자 외에는 카메라 셔터를 누를 수도 없는 상황이었고, 그래서 그날 상황에서, 박미나 씨의 정중한 제지를 받았던 기억도 있다. 아무튼 그런 조치들에 의하여 한 편의 경기가 완성되는 것이다.

꿈의 구장, 꿈의 향연 • • •

그리고 또 기억해야 할 사람들이 있다. 경기장의 볼보이들이다. 만약 볼보이가 없다면 선수들은 90분 동안 공을 줍다가 지쳐버릴 것이다. 위대한 축구스타 중에는 볼보이 출신이 많다. 거의 모든 나라에서(물론 우리나라 역시) 해당 지역의 어린 소년에게 볼보이 역을 맡겨 경기를 도우며 뛰어난 경기를 관전토록 해준다.

안정환은 남서울중학교 재학 때 동대문운동장에서 볼보이를 했고, '날쌘돌이' 서정원도 효창운동장에서 볼보이를 하며 선수의 꿈을 키웠다. 데이비드 베컴(잉글랜드), 크리스티아누 호날두(포르투갈), 웨인 루니(잉글랜드) 등도 어린 시절 볼보이를 보면서 미래의 그라운드를 상상했다. 지네딘 지단 역시 '유로 1984'(당시 명칭은 유럽축구선수권대회) 때 볼보이로 대스타 미셸 플라티니를 가까이서 지켜보았다.

서울 월드컵경기장에서 벌어지는 대표팀 경기의 볼보이는 은평구 구산중학교의 축구부 어린이들이 맡는다. 경기 직전 세리머니 때 페어플레이

선수들은 필드 안에서 자신들의 경기를 치르고 팬들은 스탠드에서 그들만의 향연을 펼친다. 저마다 독특한 취향을 살린 유니폼을 입은 롯데 자이언츠 팬들. 우측 하단의 여성팬이 입은 롯데 유니폼에는 "주기뿔라"라고 새겨져 있다. (2011. 6. 인천 문학야구장)

깃발과 양국 국기를 들고 나오는 역할도 한다. 축구 명문 수원대 출신으로 구산중학교 축구부 코치를 맡고 있는 박현일 씨는 "어린아이들이 볼보이를 함으로써 높은 수준의 축구를 바로 곁에서 배울 수 있을 뿐만 아니라 미래의 자기 모습을 상상하게 된다"고 말한다. 그야말로 '꿈의 구장'인 것이다.

그렇게 수많은 사람들이 이 경기장에서 꿈을 꾼다. 코치와 선수, 축구 관계자와 귀빈, 진행 요원과 볼보이들. 그리고 수만 명 관중들이 저마다의 꿈을 꾼다. 조리사 자격증을 취득하고 남미로 취업하게 되는 '붉은악

이 아이도 언젠가 경기장으로 달려가서 자기 시대의 고뇌와 사랑과 기쁨과 좌절을 열렬히 터트릴 것이다. (2007. 6. 경기도 고양시)

마' 백상현 씨 역시 이 경기장에서 창의와 상상의 꿈을 꾼다. 사우디아라비아와의 경기가 열리던 날 백상현 씨는 '서울 강남 붉은악마' 소속으로 북측 스탠드 맨 앞 열에 서서 90분 내내 응원용 북을 두드렸다.

경기가 소강상태에 빠졌을 때는 '대~한민국!'을 유도하는 박자로 두들겼고 우리팀 선수가 흥분했을 때는 적절한 템포로 두들겼다. 상대팀의 공격을 차단하여 얻어낸 속공 찬스 때에는 북이 산산조각이 날 만큼 강렬히 연타했다. 그 연타는 선수를 향한 열렬한 성원일 뿐만 아니라 그 자신의 아름다운 미래를 향한 격려의 난타였다. "경기장에 올 때마다, 북측 스탠드에서 응원 준비를 할 때마다, 이윽고 휘슬이 울려 경기가 시작될 때마다 나 자신이 살아 있음을 느낀다"고 백상현 씨는 말한다.

경기장은 그런 곳이다. 6만여 명이 강제 동원되어 일사분란하게 수행 지침을 따라 구호를 외치고 돌아가는 연병장이 결코 아니다. 6만여 명이 운집했지만, 그 숫자는 저마다 아름다운 꿈을 꾸는 6만 개의 열렬한 사랑의 행렬인 것이다. 현대 사회의 거대한 메트로폴리스에 이 아름다운 열정의 용광로가 없다고 상상해보자. 그 얼마나 삭막한 콘크리트 더미이겠는가. 경기장은 세계에 대한 사랑과 열정을 회복하려는 현대인의 합창 무대인 것이다.

박물관,
유한한 삶과 영속의 시간

박물관은 디즈니랜드가 아니며 시간이 정박된 유물의 무덤도 아니다. 더욱이 '국립중앙' 박물관이라는 거대한 공간은, 육중한 물리적 공간으로서가 아니라 그 안에 수집 연구 전시된 실질의 성찰적 재현에 의하여 초월과 영속의 순간을 빚어내야 한다.

저기, 시간을 품은 거대한 공간이 있다. 공간이 거대한 까닭은 그 공간이 품은 오랜 시간의 유물들이 신생의 석조 공간보다 훨씬 더 장려하기 때문일 것이다. 공간 속에 정박해 있는 오랜 역사의 흔적들은, 전체는 물론이려니와 낱낱의 일개 원소만으로도 거대한 공간의 질량보다 무겁고 돈후한 것들이다. 저 기원전 5세기 이전의 '비파형 동검', 그 청동기 유물 하나만으로도 얼마든지 신생의 육중한 공간을 제압할 수 있다. 그런데 그와 같은 역사의 유물이 무려 16만 점에 달한다. 저 육중한 공간은 바로 이 한반도의 창세 이후 역사를 온전히 담아내기 위해 존재하고 있는 것이다. 그리하여 공간은 단순히 거대한 것만이 아니라 심각하고 과묵한 인상으로 서 있다. 서울시 용산구 서빙고로 135번지. 국립중앙박물관이 바로 그곳이다.

드넓은 연못을 지나 견고한 성벽처럼 우람하게 서 있는 박물관으로 다가가면 서관과 동관 사이, 천장은 있되 기둥과 벽은 없는 시원하게 뚫린 공간을 마주하게 된다. 두 개의 건물을 잇는 지점이자 동시에 박물관의

한국 박물관 개관 100주년을 기념하는 조형물. (2009. 11. 서울 용산)

전경과 후경을 구분하는 거대한 석조 프레임 앞에 서게 되면 누구라도 이 거대한 사각의 프레임이 제공하는 남산을 먼저 '관람' 하게 된다. 그리고 계단을 마저 올라가면 남산과 박물관 사이 거대한 미군기지를 또한 내려다보게 된다. 그리고 다시 전시관을 향하여 몸을 돌리면 이번에는 거대한 프레임 속으로 서빙고동 일대의 아파트 단지가 들어온다.

전경의 아파트 단지와 후경의 미군기지. 그 사이에 박물관이 서 있는 셈인데, 이 박물관의 거대한 프레임은 오늘날의 국립중앙박물관이 어떠한 역사를 거쳐 이 지형 위에 형성되게 되었는지를 생각하게 만든다.

용산, 경제와 군사의 요충지 • • •

근세 이전에 용산은, 도성과 한강 사이에 드넓게 펼쳐져 있는 공간이었다. 숭례문 바깥이긴 했지만 한강 이북이었으므로 도성 안의 살림이나 그 밖의 밀접한 일들, 그러나 도성 안에서 치르기에는 너무 번잡하거나 자칫 위험할 수도 있는 사안이 숭례문 밖 용산에서 이뤄졌던 것이다. 한강과 그 지류들을 바탕으로 한 활발한 상공업과 군사기지 기능이 그것이다.

지금은 복개되어 차량이 내달리고 아시아 최대라는 전자상가까지 포진해 있는 청파로와 원효로 일대는 조선 시대에 만천(蔓川) 혹은 '만초천(蔓草川)'으로 불린, 한성부 경제생활의 근거지였다. 도성 안에 청계천이 있었고 도성 밖에 만천이 있었다. 무악재에서 발원한 만천은 바닥이 깊었다. 저 멀리 강화만에서 비롯되는 밀물의 영향까지 받아 한강 수위가 높아지면 작은 배들이 만천을 따라 거슬러 올라와 오늘의 중림동과 서소문 일대까지 농수산의 집산과 도소매 장터를 이뤘다.

용산은 조선 시대에 전국의 조운선(화물선의 일종)이 몰려드는 포구였으며 조선 중기 양란 이후 저 멀리 충주 남한강에서 제물포와 강화도까지 이어지는 한강유역권을 확보하여 상업을 주도했던 경강상인의 본거지가 되었다. 물길을 따라 사람길이 생기는 법. 『춘향전』에 그런 내용이 나온다. 암행어사가 된 이도령이 남원으로 내려가는 대목. 판소리가 늘 그렇듯이 이도령은 한달음에 남원까지 직행하는 게 아니라 사설을 늘어놓으며 원행을 떠난다.

> 청파역졸 분부하고, 숭례문 밖 내달아서 칠패팔패 이문동, 도제골, 쪽다리 지나 청파 배다리, 돌모루, 밥전거리, 모래톱 지나 동자기 바삐 건너……

그러니까 암행어사가 된 이도령은 지금의 도성 밖 첫머리에 있는 역원에서 말을 하나 타고 숭례문을 돌아 지금의 염천교를 지나 복개되기 전의 만천을 따라 삼각지를 거쳐 한강변의 모래톱을 지나 동자기 나루터, 곧 동작 나루터로 가고 있는 것이다.

구한말까지만 해도 이 청파로와 원효로가 용산의 중심이었다. '용산' 이라는 지명도 지금의 원효로 4가와 마포로 사이에 나지막이 솟아 있는 산봉우리를 뜻한다. 고종 때 편찬된 것으로 추정되는 인문지리서 '동국여지비고' 에는 "도성의 서산인 인왕산이 서쪽으로 뻗어나가 추모현(追慕峴. 무악재)이 되고, 다시 한 산줄기가 남쪽으로 약현(藥峴)과 만리현(萬里峴, 만리재)이 되어 용산(龍山)에 이른다"고 쓰여 있다. 그 고개와 언덕 아래로 물이 흘러 만천이

거대 도시의 도심권 재개발이 어떻게 돌진적으로 관철되는가를 잘 보여주는 용산구청 정문의 안내판. 철거민에 대하여 매우 공격적인 좌측의 안내판은 무리한 철거와 강제 진압 작전에 의한 '용산 참사' 직후에 우측의 천박한 조감도로 변경되었다. (2009. 1. 서울 용산)

었고 만천의 양옆으로 도성 밖의 첫 번째 경제생활 터전이 형성되었다.

조선 시대의 용산은 우선 이 일대를 가리켰다. 1884년 10월(고종 21년) 외국인의 거주와 통상을 허용하는 개시장(開市場)으로 지정된 이후 용산은 원효로를 중심으로 프랑스, 중국, 일본, 미국 등에서 몰려온 사람들로 말미암아 이질적인 경제, 종교, 문화가 수렴되고 확산되는 거점이 되었다.

구한말 이후 용산은 대체로 서울역에서 남영역을 거쳐 노량진으로 뻗어가는 철로의 왼편을 가리키게 된다. 청일전쟁과 러일전쟁을 일으킨 일본군의 여단사령부가 용산 둔지산 일대에 주둔지를 정하면서 '신용산(新龍山)'이라는 이름을 붙여 사용했고 식민 통치 때는 아예 조선군사령부까지 설치하였다. 해방 이후에는 미8군사령부와 우리의 육군본부 그리고 6·25전쟁으로 인하여 유엔군사령부까지 들어서게 되면서 용산의 절반

해방 이후 우리나라는 옛 조선총독부 건물을 중앙청과 국립중앙박물관으로 활용해왔다. (국립중앙박물관 자료사진)

은 오랜 세월 동안 군사기지의 거무튀튀한 무게를 갖게 되었다.

남산의 동쪽에서 정남향으로 뻗어내려온 산줄기가 하얏트리젠시호텔과 아르헨티나 대사관 등이 있는 야트막한 봉우리를 지나 이태원 고개에서 갈라진다. 한 갈래는 오산중고교 쪽으로 흘러내려가 한강에 이르러 단애를 형성하고 다른 한 갈래는 반포로를 따라 이촌동 쪽으로 부드럽게 펼쳐진다. 이 서쪽 갈래가 둔지산이다. 둔지산 아랫자락의 드넓은 평지가 임진란 때의 일본군을 시작으로 구한말의 일군과 청군, 그리고 해방 이후 미군과 우리 한국군의 주요 본부가 설치되었던 곳이다. 한때 일본군이 진주했던 곳이라 하여 둔지산을 '왜둔산'이라고 부르기도 하며 왜군 병영 시설의 잔영으로 아직까지 '남영동(南營洞)'이라는 말이 남아 있기도 하다.

한 나라의 '중앙' 박물관이라면 도심 한복판의 흔들림 없는 랜드마크인 경우가 많다. 자연스러운 역사의 과정에서 대체로 '중앙' 박물관은 수도 한복판, 곧 지리적으로도 '중앙'에 자리잡는 경우가 대부분이다.

그러나 재개관 5주년이 되는 우리의 국립중앙박물관은 지리적으로 수도의 한복판에서 조금 아래쪽으로 밀려 내려왔을 뿐만 아니라 이 용산 일대의 복잡한 도로와 시설과 역사로 인하여 접근성이 떨어진다.

김천권 인하대 행정학 교수는 '박물관과 도시개발'(《한국지역개발학회지》, 제23권, 2011년)에서 우리의 주요 박물관과 장소 근접성에 대해 이야기한다. 그에 따르면, 박물관은 해당 도시의 대표 명소로서 외래 관광객은 물론 기본적으로 해당 도시민을 위한 공공장소로 관람과 전시와 교육과 소통 등의 다양성이 그 역할로 부여된다. 그러나 우리의 경우, 과천에 위치한 국립현대미술관을 비롯하여 인천시립박물관, 대구시립미술관 등이 대체로 접근성이 크게 떨어지는 산자락에 위치하고 있으며 국립중앙박물관 역시 입지 공간 확보 문제 때문에 접근성이 상당히 떨어지는 지금의 자리에 고립된 상태다. 이는, 김교수에 따르면 "박물관의 역할을 '주말에 드라이브를 통해 여가생활을 즐기는 곳' 정도로 한정"했기 때문에 생긴 해프닝으로 박물관의 일상적 접근, 손쉬운 이용, 관람과 전시의 대중화 등을 태생적인 숙제로 가질 수밖에 없다고 분석한다.

자, 그렇다면 국립중앙박물관을 찾아가보자. 자가용을 이용하여 서울역 쪽에서 한강로를 따라 내려가보자. 삼각지를 지나 한강대교 남단에 이르는 일반국도 제1호선 한강로(1914년 3월 경성시가지 원표 위치와 도로등급 제정 시 1등 도로로 지정된 곳)는 항상 오가는 차량이 많은 데다가 버스중앙

청계산 깊숙한 곳에 위치한 국립현대미술관은 인근의 놀이시설과 더불어 주말에 큰맘 먹고 찾아가는 곳이 되었다. 도시민의 일상과 완전히 유리된 이 같은 공공 건물의 취약한 접근성은, 국내외로 널리 호평을 받은 미술관 자체의 고유한 건축미(설계 김태수)와 무관하게 오랫동안 비판의 대상이 되었다. (2008. 6. 경기도 과천. 국립현대미술관)

차로제까지 실시되고 있다. 그 복잡한 도로의 한 갈래로 요령껏 갈아타고 비좁고 혼잡한 용산역 방면 우회로(택시와 버스와 전철 이용객과 귀대하는 장병들과 거대한 전자상가와 쇼핑몰 이용객들의 차량이 뒤엉키는)를 거쳐 직진하는 한강로를 가로질러 다시 비좁은 용산 중앙대병원 앞길을 지나서야 겨우 박물관으로 이르는 도로를 만날 수 있다. 그다음은, 다행히 비교적 넉넉하다. 지하철 이촌역에서도 한참을 걸어야 박물관에 이를 수 있다. 걷고 또 걸으면 박물관이 나온다. 물론 이 모든 수고를 들여 박물관에 이르고 나면, 그곳을 지향하여 수고했던 몇 십 분 동안의 체증이나 짜증을 한순간에 씻어낼 만큼 광활한 공간과 창대한 시설을 마주하게 되지만, 아무튼 아직까지는 박물관에 이르는 길이 복잡하고 까다롭다.

이 불편을 해소하기 위해 서울시는 지하철 4호선 이촌역과 박물관 사이에 지하보도와 무빙워크를 설치할 계획이다. 박물관까지 짧지 않은 거리를 걸어야 할 뿐만 아니라 보도의 폭이 좁고 오가는 통행량이 많아서 폭 8미터, 길이 240미터 규모의 지하보도와 무빙워크를 구상하게 된 것이다.

사실 국립중앙박물관의 지리적 난제는 이 지하보도나 무빙워크 정도가 아니라 서울시와 중앙정부의 용산 일대 재개발 과정에 의하여 보다 원대하게 변모되어야 한다. 또한, 그럴 예정이다. 미군기지의 평택 이전이 차차 진행되고 그 자리에 용산가족공원과 전쟁기념관 그리고 국립중앙박물관 등 세 권역이 압도적인 크기와 장려한 시설과 드넓은 녹지로 서서히 들어서고 있어 이제는 용산이 예전의 군사 시설 이미지에서 많이 벗어나고 있지만 여전히 그 짙은 그림자만큼은 엄연하다. 가족 단위의 나들이 풍경이 완연하게 펼쳐지고 있지만 그 사이로 조깅을 하거나 자전거를 타고 달리는 미군 병사들의 완강한 어깨 또한 아직은 리얼리즘으로 엄연하다.

장차 미군기지 이전이 완료되면 국립중앙박물관을 중심으로 하여 이 일대가 문화 시설과 녹지 공간으로 변모할 것이다. 총 사업비 28조 원으로 건국 이래 최대 개발사업으로 꼽히는 '용산 국제업무지구 개발 프로젝트'가 어렵사리 추진되고 있는 정황이다. 무려 21만 평에 이르는 용산역 일대가 공항터미널, 컨벤션센터, 외국인 체류 시설, 첨단 국제업무 단지로 개발될 예정이고 여기에 서울시가 추진 중인 '한강 르네상스'와 '남산 르네상스' 프로젝트. 그리고 중앙정부가 추진하고 있는 '국가 상징거리'(광화문에서 한강 노들섬 사이 7킬로미터 구간) 조성사업이 진행되면 용산은 수

용산에 위치한 국립중앙박물관은 아직은 미군기지(북측)와 아파트(남측) 사이에 끼어 있는 불안한 장소성을 갖고 있다. (2009. 11. 서울 용산)

거대하게 비어 있는 중앙은 흡사 장려한 시간을 응축한 듯한 환각적 효과를 보여준다. (2009. 11. 서울 용산)

백 년 동안 지속된 왜군, 청군, 일군, 미군, 육군의 군사 전략기지 역사에 종지부를 찍게 된다.

특히 지난 2007년 6월, 용산공원 일대의 용도지역 변경조항이 삭제된 '용산공원 특별법안'이 국회를 통과함에 따라 용산 미군기지 부지 81만 평 전체가 공원으로 만들어지게 되었다. 2012년까지 용산 미군기지가 완전히 이전하게 되면 본격적으로 공사를 시작하여 2015년경에 1단계로 공원을 개방하게 되고 그 이후에도 단계별로 공사를 진행하여 광복 100주년이 되는 2045년에 '민족공원'을 완전 개장하는 계획이 수립되어 있다. 그 한복판에, 그러니까 이 수십 년 역사(役事)의 '중앙'에 국립중앙박물관이 있다.

그러나 그 모든 '르네상스'가 서울의 진정한 발전과 용산의 참모습을 회복해나가는 르네상스인지는 심각한 의문이다.

박물관, 민족의식의 전시장 • • •

정연복의 논문 「루브르 박물관의 탄생」에 따르면, 박물관(museum)은 고대 그리스 시대의 항구 도시 알렉산드리아에 있던 무제이온(Mouseion)에서 비롯된 말이다. '뮤즈들의 전당(palais des Muses)'이라는 뜻으로 기원전 288년에 프톨레마이오스 1세가 세운 전당인데 그 안에 대학, 도서관, 동물원, 식물원 등이 있었다고 한다. 이곳뿐만 아니라 고대국가들은 권력과 지식의 총아인 파피루스 문서와 값비싼 보물과 제의를 위한 경물들을 수집하고 보관하였는데, 이것이 박물관의 시작으로 중세 도시들의 화려한 성당과 군주들의 은성한 성채에까지 그 역사가 이어진다. 일반인의 접근과 관람은 전혀 허용되지 않은 권력의 중심부였다.

강대국이든 약소국이든 '중앙' 박물관은 제 나라의 민족주의를 재현하고
그에 역사성과 정통성을 부여하는 공간이 된다. (2009. 11. 서울 용산)

중세에서 근대로 넘어가는 시기에, 오늘날 미술관을 뜻하는 갤러리(galerie)라는 용어가 생겨난다. 이 말은 두 건물을 잇는 회랑을 뜻하는 것이었는데 16세기 퐁텐블로의 프랑수아 1세가 이 공간, 즉 갤러리에 다양한 그림과 조각을 전시하고 이로써 자기 권력의 영화를 드높이고자 한 것이 관람 전시의 한 분기점이 된다. 이곳을 방문한 나라 밖의 사신이나 사제들은 두 공간 사이를 걸으면서 자연스럽게 프랑수아 1세가 수집 전시한 진귀한 보물과 미술품을 보게 되고 이로써 군주의 권력과 영광과 문화적 안목이 널리 전파되는 효과를 낳았다. 1530년대 후반에는 이 갤러리(전시공간)에 연구와 토론을 위한 박물관이 덧붙게 된다.

여기에 대항해 시대를 거치면서 유럽 열강들이 세계 곳곳에서 다양한 문화유산을 수집(약탈!)하고 이를 수집, 연구, 전시하기 위해 보다 독립적이며 전문적인 공간을 만들기 시작한다. 1683년에 개관한 옥스퍼드대학교의 애슈몰린박물관을 대체로 근대적 박물관의 시작으로 본다. 소장유물을 대다수 시민들의 여가와 교육을 위하여 공공적으로 이용하도록 한 최초의 박물관이다. 이를 시작으로 계몽주의 시대 이후 근대 유럽의 각 도시에 본격적인 박물관이 들어서기 시작했다. 런던의 대영박물관(1759년)과 파리의 루브르박물관(1793년)이 이 시대를 대표한다.

19세기의 박물관은 일종의 민족주의의 경연장 성격을 지닌다. 19세기 영국에서는 무려 100개가 넘는 박물관이 들어섰고 독일에서도 1876~1880년경에 50여 개의 박물관이 설립되었다. 오스트리아-헝가리 제국과 러시아 슬라브주의 그리고 오스만 제국의 각축전이 된 중부 유럽의 여러 나라에서는 자국의 깃발을 앞세운 민족주의의 박물관이 들어섰고 이는 유럽 이외의 대륙에서도 비슷한 양상으로 전개되었다. 남미에서는 20세기 초에 여러 나라의 수도와 지방 거점 도시에 박물관들이 들어섰으며 아시아에서도 1872년에 현재의 도쿄국립박물관의 시초가 되는 시설이 들어섰으며 중국에서도 1905년에 최초의 현대식 박물관인 남통박물관이 강소성에 개관하였다. 각 나라의 박물관은 그 나라의 역사와 문화의 정통성과 정체성을 확립하는 데 기여하는 공간으로 시작되었다.

미셸 푸코가 "박물관은 역사 속에서 줄곧 권력과 결탁하여 제국주의와 국민국가의 이데올로기들을 선전하고 대중을 교육시킨 도구 역할을 해왔다"고 비판한 것처럼 박물관을 통한 근대성의 욕망은 제국적 시선에서 세상을 수집하고 편재하고 분석하고 제시하는, 하나의 시선의 정치 장소였다.

비록 유럽과 그 밖의 여러 나라들이 근대를 거치면서 그 나라의 오랜 역사와 문화와 자연 유물을 왕족이나 귀족의 전유물이 아닌 시민의 공동 자산으로 바꾸려는 과정을 거치기는 했지만 기본적으로 근대적 지배 질서의 시선으로 각종 유산을 재정리하고 공간적으로 배치하는 과정이었다. 특히 19세기 이후 유럽 박물관은 민족주의와 오리엔탈리즘이 이중 결합된 공간이 되어 자국의 문화적 기원과 영속성을 전시하고 제3세계의 그것을 '구경거리'로 편재하는 구조를 일반화해왔다.

20세기의 신생독립국 또한 자국의 역사적 기원과 우수성을 구체적인 실물로 재확인하기 위하여 박물관을 중요한 실천 공간으로 설정하게 되고 이 공간 안에서 유산과 기억의 재구성에 몰두하게 된다. 송승원은 '박물관의 정치학'(《동남아시아연구》 제21권 1호, 2011년)에서 인도네시아 국립박물관 사례를 통해 정밀하게 보여준다. 그에 따르면, 20세기 중엽에 대거 독립을 하게 된 동남아의 여러 나라들은 국민국가 건설을 위해 행정적, 물리적 통합뿐만 아니라 상징 시스템을 구축하게 되는데, 그것이 바로 국립박물관이다.

'왜 팔각정이어야 하는가' 를 생각할 겨를도 없이 마치 당연하다는 듯 민족성과 장소성을 시각적으로 무리하게 드러내고 있는 국립중앙박물관 연못의 팔각정. (2009. 11. 서울 용산)

송승원에 따르면 "다양한 종족을 '국민' 으로 위치시키고 공통의 정체성을 불어넣어주는 것"이 국가적 목표가 된 동남아의 여러 신생독립국은 "박물관 전시를 통하여 다양한 종족 문화와 그들의 처소를 국가적 내러티브 속에 참여시키는 데 힘을" 쏟았는데, 특히 인도네시아는 "다양한 역사박물관과 군박물관, 기념비와 모형공원 건설사업 등을 통해 국가적 내러티브를 대중에게 전파"하였다. 이 작업 과정에서 과거 식민 통치 세력이 제국의 시선에서 "수집해놓은 박물관의 다양한 종족문화 유물들은 새롭게 상상된 '민족' 의 자부심을 일깨우는 유산"으로 활용되기도 했다.

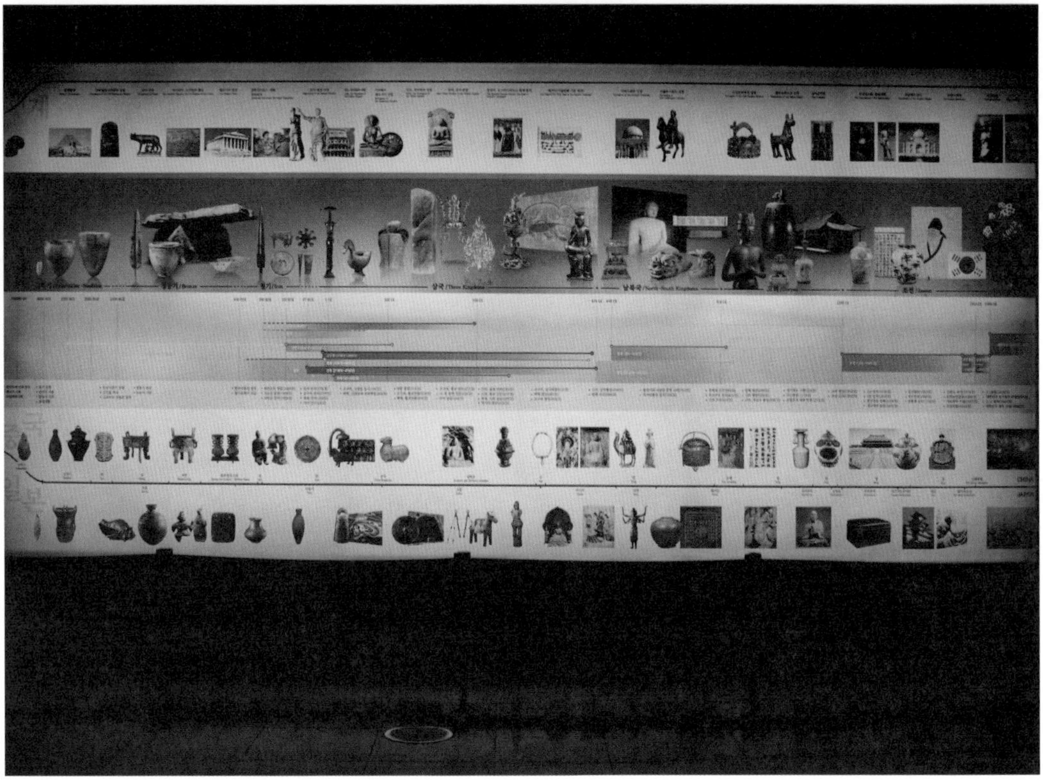

'중앙' 박물관은 개별 독립국가의 억조창생이나 신생독립의 연대기를 복원하고 그것을 입증하기 위해 문화유산을 재구성하는 역할을 한다. (2009. 11. 서울 용산)

우리의 경우도 이와 크게 다르지 않다. 민족주의, 근대화, 계몽 교육 등의 여러 요소들이 어울려 100년의 역사를 살아온 것이다. 우리의 최초 박물관은 1909년(순종 2) 11월 1일에 창경궁 내에 설치된 제실박물관이며 이 무렵에 왕실이 소장하고 있던 고미술품과 고고 유물을 일반인에게 공개하였다. 그 이후, 우리의 박물관은 수난과 응전의 현대사를 고스란히 복제하는 힘겨운 역사를 버텨왔다. 1915년 조선총독부는 경복궁 안의 미술관을 조선총독부박물관으로 개칭하여 개관하였으며 1938년에는 덕수궁 석조전 서남쪽에 이왕가미술관을 건립하였다. 제실박물관에 있던 미술품이 이곳으로 옮겨져 해방을 맞게 된다.

8 · 15해방 이후 신생독립의 대한민국은 1949년에 옛 조선총독부박물관을 인수하여 국립박물관을 개관하였고 곧 6 · 25전쟁을 맞아 서울과 부산을 오가는 숨 막히는 유물 보호전을 따로 치르게 된다. 다급한 전세 때문에 부산대학교 박물관과 경주국립박물관을 전전하던 유물은 휴전 협정이 이뤄진 다음에야 서울로 환도할 수 있게 된다. 그 이후 한동안 덕수궁 내의 미술관을 거점으로 삼았으나 1972년의 7 · 4공동성명 직후인 7월 19일에 박물관의 이름 한복판에 '중앙' 이라는 단어를 넣고 경복궁 안에 새 건물(현 국립민속박물관)로 확대 이전하게 된다.

최광식 국립중앙박물관장의 말에 따르면, 해방되던 1945년의 겨울에 아직 본격적으로 정부가 수립되기 이전임에도 급히 '국립박물관' 이라는 기구를 만든 일이나 1972년에 원래 계획했던 국립 '종합' 박물관 대신 '중앙' 이라는 단어를 넣은 일 모두 북한의 '조선중앙력사박물관' 을 의식한 것이라고 한다. 국립박물관이 서울이라는 한정된 도시에 있는 시설이 아니라 한반도의 '중앙' 에 있는 상징적인 것임을 강조하려는 결과라는 추정이다. 이는 박물관이 지나간 시간대의 유물을 집산해놓은 곳이 아니라 당대의 민족성이나 정치적 의지가 총합된 공간임을 입증하는 사례가 된다.

그 이후에도 국립중앙박물관의 힘겨운 씨름은 계속되었다. 1986년 8월, 당시 중앙정부청사(옛 조선총독부)로 사용되던 건물을 고쳐 잠시 개관하였다가 1995년 8월에 이 건물이 '일제 잔재 청산' 의 일환으로 철거되자 이를 계기로 중앙박물관은 현재의 용산 부지로 신축 재개관하는 것으로 방향을 잡게 된 것이다. 그사이 몇 년 동안 경복궁 내 중앙박물관 사회교육원을 전시관으로 쓰기도 하였고 2004년 10월부터는 현재의 새 박물관에 완전하게 이전하여 재개관하는 것을 준비하기 위해 1년 동안 장기 휴관에 들어가기도 했다.

옛 조선총독부를 재활용한 경복궁 앞의 국립중앙박물관은 1995년 8월 15일 광복절 기념식에서 5만여 시민이 지켜보는 가운데 높이 4.5미터의 건물 중앙 돔 첨탑 철거를 시작으로 완전히 사라졌다. (국립중앙박물관 자료사진)

그러한 과정을 거쳐 용산의 새 박물관이 부지 면적 30만 7,227제곱미터(9만 2,936평)에 연건평 13만 4,270제곱미터(4만 616평), 전시면적 총 2만 6,781제곱미터(8,101평)로 들어선 것이다. 이 규모는 세계에서 여섯 번째이고 아시아에서는 가장 크다. 고고, 역사, 미술, 기증, 아시아 관련 문화재를 전시하는 상설 전시실과 다양한 전시를 할 수 있는 기획 전시실이 중심이고 그 밖에도 어린이 박물관과 야외전시장 및 여러 부대시설로 구성되어 있는데 대략 훑어보는 데만 11시간이 걸리는 약 4킬로미터의 공간이다. 일단, '국립'에 '중앙'이라는 단어가 어울릴 만한 규모다.

박물관의 공간과 조명 배치는 역사의 무게에 합당한 너비와 밝기로 구성된다. (2009. 11. 서울 용산)

이 거대한 규모 속에서, 용산이라는 역사성의 지반 위에서, 우후죽순 난립하는 재개발의 마천루와 여전히 완강한 섬으로 존재하는 미군기지 사이에서, 국립중앙박물관이 국립에 중앙이라는 이름에 걸맞은 내실을 채우고 있는가에 대해서는 여러 가지 견해가 교차한다. 시설이나 수장의 규모에 비하여 전시 기능이 더 보강되어야 한다는 의견이 있는가 하면 그 전시가 너무 '대중화' 되어서는 곤란하다는 지적도 있다. 박물관까지 접근하고 또 전시실 안으로 자연스레 유도하는 과정은 매우 친절한 대중성을 갖춰야 하지만 실제 전시의 내용은 품격과 격식을 일정하게 유지해야 한다는 의견도 있다.

2009년 11월 3일, 국립중앙박물관 대강당에서 열린 '한국 박물관 개관 100주년 기념 국제포럼' 에서 최광식 박물관장은 2014년까지 미군기지 이전이 예정돼 있는 서울 용산지역 일대에 '용산 뮤지엄 콤플렉스' 를 조성하자고 제안하면서 "국립중앙박물관을 중심으로 주변에 민속박물관, 자연사박물관, 어린이과학관, 한글문화관을 배치해 '뮤지엄 콤플렉스' 를 조성하여 용산공원이 지향하는 미래지향적 문화공간으로서의 역할을 충실히 수행" 하는 계획을 검토하자고 발표했다.

이러한 계획과 제안은 그 자체로 전혀 문제될 것이 없는 것이다. 중요한 것은 이러한 제안과 계획의 공공적 원칙이다. 최근 정부 기관이나 지자체, 재계 등에서 유행처럼 번지고 있는 단어와 행사가 '비전 2020' 이다. 부산시의 '부산발전 2020 비전' , 삼성전자의 '비전 2020 선포' , 대한병원협회의 '창립 50주년 비전 2020' , 한국전력기술(KOPEC)의 '2020 뉴비전' , 국방부의 '국방개혁 비전 2020' 등 어느 곳에서나 쉽게 들리는

과거의 유물은 현대의 역사적, 사회적, 문화적 맥락 속으로 거슬러 올라올 때 그 본연의 가치를 갖게 된다. (2009. 11. 서울 용산)

이 관제 용어 속의 계획들은 화려한 파워포인트 양식의 막대그래프들이 지시하는 매우 관료적인 수직적 그래프 상승으로 안이하게 드러나곤 한다.

국립중앙박물관도 지난 2007년에 '국립박물관, 비전 2020'을 발표한 바 있는데 국제적 경쟁력 확보와 지방박물관 운영 활성화, 아시아 중심 박물관으로의 역할 확립, 남북 교류 활성화 등이 주요 과제로 제시되었다. 이러한 목표와 그것에 도달하고자 하는 과정의 공공성은 재론할 여지가 없는 것이지만, 그것이 단순히 수치화된 시설 확충이나 계량화된 관람객 평가라는 일직선으로 이어져서는 곤란하다. 압도적인 면적 확장이나

지나친 '디즈니화'를 경계하면서 동시에 관람객의 취향과 관심을 반영한 능동적인 전시 정책이 필요하다. (2009. 11. 서울 용산)

총 관객 수 증가율 같은 그래프로 박물관의 '비전'이 정립될 수는 없는 것이다. 100주년 기념 국제포럼에 참가한 러시아 에르미타주박물관의 미하일 피오트롭스키 박물관장은 세계적인 유행처럼 번지고 있는 박물관의 대중화와 상업화를 경계하면서 "박물관은 디즈니랜드가 되어서는 안 된다. 박물관은 역사를 체험하고 구현하는 공간이라는 것을 기억해야 한다"고 강조하였는데, 이를 각별히 성찰할 필요가 있는 것이다.

캐나다 온타리오박물관을 시작으로 현대 박물관학의 창시자로까지 불리는 던컨 퍼거슨 카메론이 1971년에 "박물관은 사원이 될 것인가 광장이

사람들은 무자비한 익명성과 찰나와 같은 유한성 저 너머의 영원성을 확인하기 위해, 장구한 시간의 축 위에 존재하는 인간이라는 것을 느끼기 위해 박물관을 찾는다. (2009. 11. 서울 용산)

될 것인가"라고 던진 질문은 2011년의 드넓은 용산에도 여전히 유의미하게 살아 있는 것이다. 이를테면 새로운 세기에 들어서면서 정부는 2011년까지 박물관과 미술관 수를 인구 9만 명 당 1개에 해당하는 500개로 확충한다는 목표를 세워 이미 2007년에 박물관 수 676개라는 초과 달성을 이룬 바 있으나 박물관에 의한 도시 일상 문화 활성화로 이어졌다고 쉽게 판별하기는 어려운 상황이다.

폐광 도시를 세계 최고의 문화관광 도시로 탈바꿈시킨 스페인 빌바오 구겐하임이나 오랜 기차역이 격조 높은 미술관으로 거듭난 파리의 오르세 미술관이나 템스강변의 발전소를 리모델링한 런던 테이트 모던이 자주 아름다운 선례로 언급되고는 있지만 정작 중요한 것은 그러한 공간의 획기적인 창조 또는 리모델링이 아니라 그곳에 손쉽게 이를 수 있는 근접성과 그 안에 수집 전시된 목록들의 생생한 콘텐츠화와 그 과정을 통한 박물관의 일상화에 있다. 그것이 부재하다면, 아무리 '국립'에 '중앙'이라는 규모와 시설이라 하더라도 박물관은, 유물관이 되고 마는 것이다.

몽유도원도와 강산무진도 • • •

그 생생한 사례를 나는 2009년 가을에 일시적이나마 목격할 수 있었다. 그해 10월 초순 국립중앙박물관에는 그야말로 장사진, 일본에서 건너온 조선 초기의 유물 한 점 때문에 말 그대로 뱀의 꼬리처럼 박물관 광장에 인파가 몰려드는 풍경을 보았다. 1909년 11월 1일, 대한제국 황실이 창경궁 내의 제실박물관 소장품을 일반인에게 공개한 것을 기점으로 삼아 '한국 박물관 개관 100주년'이 되는 것을 기념하여 천마총 〈천마도〉, 『훈민정음해례본』, 석가탑 『무구정광대다라니경』, 이인문의 〈강산무진도〉

등 빛나는 문화유산을 특별 전시하였거니와 특히 그 첫머리에 안견의 〈몽유도원도〉가 공개됨으로써 엄청난 인파가 몰려든 것이다.

1996년 호암미술관에서 열린 '조선 전기 국보전' 이후 13년 만에 국내에서 전시된 〈몽유도원도〉를 향한 열정은 대여섯 시간씩 기나긴 행렬을 서 있다가 겨우 10여 초 만에 그림 앞을 떠나가야 하는 찰나밖에 허락되지 않았음에도 9일 내내 뜨겁게 달아올랐다. 이 열정에 대하여 문학평론가 황현산(고려대 불문과 교수)은 "〈몽유도원도〉의 관람은 일종의 순례 행렬이 되었다. 사람들은 반드시 〈몽유도원도〉가 아니라 해도 위대한 어떤 것에 존경을 바치려 했으며, 이 삶보다 더 나은 삶이 있다고 믿고 싶어했다"고 썼다.

그러니까 국립중앙박물관의 진정한 면모는 바로 이처럼 가치 있는 문화유산과의 진정한 정서적 접점을 만들어내는 데 있는 것임을 〈몽유도원도〉를 향한 기나긴 발걸음이 증명해주었다. 물론 하나의 공공시설이자 국립기관으로 국립중앙박물관은 다양한 변화와 모색을 해나가야 한다. 그럼에도 절대불변의 원칙은 사람들이 박물관에 들어서면서 "두텁고 불투명한 일상과 비루한 삶의 시간을 헤치고 저마다의 믿음으로 만들어낸 일종의 전리품"(황현산) 같은 초월의 시간을 맛볼 수 있는 것이어야 한다.

나는, 〈몽유도원도〉의 행렬이 끝난 후 11월의 호우에 박물관 전시실의 중후한 조명을 받고 있는 이인문의 〈강산무진도〉 앞에 섰다. 오른쪽의 근경에서 시작하여 저 멀리 아스라이 번져가는 왼쪽의 후경에 이르는, 길이 9미터 가까이 되는 조선 후기 최대의 거작 앞에 머무는 10여 분 동안 수많은 사람들이 이 쾌작 앞에 서서 좀처럼 움직이지 않았다.

5개의 비단을 잇대어 만든 바탕 위에 관념적 산수화의 드높은 세계가 펼쳐져 있었다. 그림의 오른쪽에서부터 검은 바위와 암벽과 산이 펼쳐지고 수백 그루의 나무들이 저마다의 기운으로 뻗어 있다. 중간 즈음에 이르면 하늘의 섭리와 땅의 도리가 조화롭게 일치한 사람살이의 온화한 풍경이 완연하여 이 그림을 통하여 성리학적 통치 이념을 확연히 보여주고자 한 군주와 그 뜻을 받은 도화서 최고 기량의 화원의 갸륵한 뜻이 오롯하다. 다시 왼쪽으로 걸음을 옮기면 험난하고 변화무쌍한 강과 산이 이어지고 어느덧 삼라만상을 뒤덮을 것만 같은 무한한 안개 밑으로 아득히 바다가 멀어져간다. 조선 후기 사람들의 우주와 자연과 인간에 대한 드높은 사유가 드높은 격조에 의하여 영구히 존숭되는 한 장관이 〈강산무진도〉에 펼쳐져 있는 것이다.

나는, 〈몽유도원도〉를 볼 때는 밀려드는 인파에 어쩔 수 없이 단 1분도 버티지 못하고 그 앞을 떠밀려 나가야 했으나

박물관은 개인의 초월에 대한 갈증과 공동체의 영속성에 대한 욕망이 교차하는 공간이다. (2009. 11. 서울 용산)

11월의 평일 오후, 〈강산무진도〉 앞에서는 30분도 넘게 친견할 수 있었다. 대도시의 평일 오후에 간신히 틈을 낸 몇몇 다른 이들도 이 갸륵한 행운을 포기하지 않고 오랫동안 그림 앞에 멈추어 섰다. 모두들 이 비속한 찰나의 세계를 떠나 영원성의 시간으로 유체이탈을 하고 있었던 것이다. 2011년 6월의 한가로운 평일 오후에 경주에 강의를 하러 갔다가 서둘러 석굴암으로 올라갔을 때 다시 한 번 비슷한 경험을 했다. 평일의 오후 5시, 수학여행이나 단체여행이 거의 없는 때였으므로 나는 석굴암 앞에서 오랫동안 서 있을 수 있었다.

그러므로, 국립중앙박물관이라는 이 거대한 공간은, 육중한 물리적 공간으로서가 아니라, 그 안에 수집 연구 전시한 실질에 의하여 이 같은 초월과 영속의 시간을 빚어낼 때 비로소 그 참다운 존재 이유가 있는 것이다.

공항,
해체된 시간과 재구성된 공간

공항은 그리고 비행기는, 도시 일상에서는 좀처럼 느낄 수 없는 거대한 스케일과 속도의 스펙터클을 수시로 연출한다. 날렵하게 이륙하는 점보 비행기, 광막한 흰 구름의 바다 위를 나는 지극한 투명성! 지상의 지형지물은 저 아래로 펼쳐진다. 거대한 유리와 날렵한 철골과 세련된 인테리어로 구성된 공항은 하이테크놀로지가 빚어낸 거대한 인공 낙원이다.

공항은 어디론가 떠나고 또한 돌아오는 사람들이 짧게 머무는 포스트모던한 공간이다. 『한없이 투명에 가까운 블루』, 『코인로커 베이비스』, 『인 더 미소 수프』 등을 쓴 일본 소설가 무라카미 류는 절묘한 타이밍의 문장으로도 세련되어 보이지만, 무엇보다 이 환멸의 대도심에서 근사한 소재를 낚아채는 솜씨가 절륜의 고수라고 할 만하다. 그의 포충망에 걸려든 글감들은 이 '글로벌코즈모폴리턴스펙터클파나비전' 시대를 증거하는 결정적인 유류품이 된다.

그의 소설집 중에 『공항에서』가 있다. 국내에도 출간되었다. 책 안에는 『공항에서』와 그 밖의 단편 일곱 편이 있다. 무라카미 류의 소설은 루이즈 부르주아, 스펜서 튜닉, 조너선 보로프스키 같은 미술계의 글로벌 스타들과 닮아 있다.

예컨대 서울 신문로 흥국생명 본사 앞에 설치된 조너선 보로프스키의 〈해머링 맨〉은 이 600년 역사의 고도(古都)뿐만 아니라 프랑크푸르트에도 있고 시애틀미술관에도 있다. 수백 명의 집단 누드 사진으로 유명한

대규모 공공 공간에 가면 언제나 가장 먼저 마중 나오는 것은 대기업의 광고다. (2009. 5. 서울 김포공항 입구)

스펜서 튜닉은 미국 뉴욕, 프랑스 리옹, 잉글랜드 뉴캐슬, 벨기에 브루게, 베네수엘라 카라카스, 멕시코의 멕시코시티 등에서 사진을 찍는다. 2007년 5월 멕시코시티의 소칼로광장에서 작업할 때는 무려 1만 8,000명이 '집단 누드'의 모델로 참여하였다. 이런 작업들은 '동시의 비동시성'이 확실하게 전개되는 지금 이 시대가 사실상 개별 영토의 고유한 삶보다는 지구 전체를 관통하는 균질성이 주류임을 방증한다.

무라카미 류의 소설은 그런 거센 흐름을 도심지의 아주 작은 공간에서 포착해낸다. 책상머리에서 개인 작업을 해야 하는 소설가의 선택이다. 단편집 『공항에서』에는 공항을 비롯하여 편의점, 술집, 공원, 노래방 같은 익숙한 공간이 등장한다. 마치 왕가위 감독의 〈중경삼림〉에서 무기질의 공간 그 자체가 살아 있는 캐릭터로 의미를 발산하듯, 이 소설들에서 무라카미 류는 애틋한 사연을 간직한 인물들을 위하여 바로 그 편의점과 공원과 노래방과 공항이 무언의 대화를 건네도록 한다.

이혼 후에 술집을 나가다가 우연히 만난 연하남을 통하여 의족을 만들고 싶은 꿈을 실행하게 되는 이야기를 담은 『공항에서』도, 이 소통 부재의 한 세월을 가만히 들여다보려는 무라카미 류의 상념이 묻어 있다. 무라카미 류는 말한다.

> 이제 사회의 절망과 퇴폐를 그리는 것은 너무 진부한 시대가 되어버렸다. 아주 잠깐만 발걸음을 옮기면 우리는 어디서나 그들을 만날 수 있다. 모두가 잘 먹고 잘 살기 위해 노력했던 과거에는 사회의 어두운 그늘을 드러내는 것이 문학의 사명이었다. 근대화의 물결로부터 밀려났거나 홀로 남겨진 사람, 그리고 변화를 거부하거나 휩쓸린 사람들은 고스란히 작품의 주인공이 되었다. 이 단편집을 통해서 나는 등장인물들이 저마다 다른 희망을 가졌음을 보

공항은 속도와 국경의 경계를 뛰어넘고자 하는 인간 욕망의 실천장이다. (2009. 5. 인천국제공항 계류장)

여주고 싶었다. 사회 전체의 희망이 아니라, 다른 사람과 공유할 수 없는 개인적인 희망을!

오차 없이 구성된 인공 공간 • • •

그런데 그런 희망이 과연 찾아질 수 있을까. 더욱이 편의점에서? 노래방에서? 공항에서? 실은 그것이 찾아질 수 없다는 역설을 통하여 무라카미 류는 희망이 간절함을 말하고자 하는 게 아닌가, 그런 생각이다.

왜냐하면 김우창 선생이 이런저런 지면에서 밝혔다시피, 공항 같은 초

현대적인 공공시설은 양면성을 갖고 있기 때문이다. 김우창 선생은 십수 년 전에 「국제공항-포스트모더니즘의 상황에 대한 명상」이라는 에세이를 썼다. 그중의 한 대목을 옮겨본다.

> 전근대의 건물에 있어서는 내부 공간도 완전한 내부 공간의 모양을 드러내지 아니하고, 외면 공간의 통일된 질서를 지향한다. 이에 대하여 모던 스타일 또 사실상 포스트모던 스타일은 건축 내부 기능의 골격을 있는 그대로 내놓는 것을 미덕으로 삼는다. 그러니만큼 내면 공간은 더 내면적이 된다고 할 수 있다.

확실히 이러한 '내면성'은 북유럽의 관문이 되는 프랑크푸르트공항이나 암스테르담의 스키폴공항, 혹은 동아시아의 첵랍콕공항이나 인천국제공항 같은 곳에서 쉽게 발견된다. 이 거대한 인위 공간은 1밀리미터의 오차도 없을 만큼 완벽한 수준의 합리적인 공간 구성을 보여준다. 매우 편리하고 세련된 곳이다. 물론 비행기를 이용하여 떠나고 또한 돌아오는 기본적인 교통 목적은 일반 이용자의 눈에는 조금도 보이지 않는 철저한 시스템으로 정비되어 있다. 이용자의 눈에 보이는 거대한 유리와 날렵한 철골과 세련된 인테리어는 흡사 인공 낙원 같은 느낌마저 준다.

그러나 이토록 완벽한 공간임에도 공항에서 살아야겠다고 생각하는 사람은 아무도 없다. 어찌 되었거나 공항은 그 옛날의 버스 정류장이나 연락선 선착장이나 지하철 승강장처럼 어디론가 떠나고 또한 돌아오는 사람들이 길어야 두세 시간 머무는 곳일 뿐이다. 루카치 미학의 수제자였던 아그네스 헬러가 기차역을 논평하면서 "티끌 하나 없는 청결함, 정교한 기능성, 조금의 오차도 허용하지 않는 정확성" 등을 언급한 것처럼, 공항은 근사한 인테리어 배면에 거미줄처럼 배치되어 있는 하이테크놀로지의 성찬식과 같은 곳으로 우리는 점점 더 이 실질적인 거주 공간마저도 그렇게 바꾸고 싶어한다.

다만 그렇게 할수록 인간적인 공간이 되지 못할뿐더러 이러한 기계미학이 '인간적인 영역'까지 스며들 경우 오히려 난감한 비극성을 목도하게 되는 것이 오늘의 현황이다. 첨단 인텔리전스 빌딩이나 아파트에서 악착같이 자판기 커피 한 잔 들고 담화를 나눌 장소를 찾거나 매끄러운 베란다로 나와서 담배 한 대 피워 무는 강철 시대의 구차스러운 인간의 일상이란 도대체 무엇인가.

공항은 그리고 비행기는 이 도심의 일상에서는 좀처럼 보거나 느낄 수 없는 거대한 스펙터클을 수시로 연출한다. 날렵하게 이륙하는 점보 비행기, 광막한 흰 구름의 바다 위를 나는 지극한 투명성, 뇌우

공항의 모든 구성 요소는 직선의 강한 힘으로 충혈되어 있다. (2009. 5. 인천국제공항 계류장)

라도 당면한 듯 차창 밖으로 거대한 먹구름이 펼쳐지고 이 '작은' 비행기는 검은 우주 속으로 빨려들어가고, 그러는가 싶더니 이윽고 고도를 낮추면 지상의 지형지물이 저 아래로 펼쳐진다. 공항과 비행기는 하이테크놀로지가 빚어낸 거대한 인위 공간이지만, 우리는 그 속에서도 인간적인 메시지를 서로에게 주고받는 것이다. 그 작은 힘, 그 작은 메시지, 그 작은 세계에 대한 열망이 우리를 간신히 지상으로 내려놓는다.

직선과 속도의 공간 • • •

늦은 봄의 새벽은 황홀하다. 그 흔한 학생용 24색 크레파스나 전문가의 색채 도감에서도 찾아볼 수 없는 빛들이 우주의 어둠과 밝음 사이를 서성거리고 있다. 한강 북단을 가로지르는 강변북로가 자유로라는 이름으로 바뀌어가는 지점, 가양대교를 지나자마자 곧 이어지는 인천공항 전용도로는 유려한 주황색으로 빛나는 방화대교로 인하여 금세 세속의 온갖 도로와 이별한다.

오직 공항을 향하여 질주하는 신생의 속도! 새벽 5시의 봄은 검푸른 하늘과 그 아래의 도로 조명들, 그리고 그 조명들이 이내 한둘씩 꺼지면서 갑자기 익숙했던 시공간을 탈주해버리는 듯한 환영을 제공한다. 차창을 열면 공항 전용도로의 일직선이 선사하는 싱싱한 바람이 차 안 깊숙한 곳까지 스며들어와 이내 쾌청한 하루를 예고한다.

터널과 톨게이트와 영종대교를 스쳐 지나가면 서서히 제 모습을 드러내기 시작하는 공항 배후단지의 수많은 건물들이 보이고 곧 현대적 삶의 대표적인 이정표이자 아이콘인 공항 터미널이 나타날 것이다. 공항은, 일반 이용자의 경우 길어야 서너 시간밖에 머물지 않는 일시적인 거처임에도

1995년 12월에 착공하여 2000년 11월에 완공된 영종대교는 총 길이 4,420미터, 교량 너비 35미터, 주탑 높이 107미터, 교각 수 49개로 한국 장대 교량의 시대를 개막한 다리다. (2009. 5. 영종대교)

한 시대의 토목과 운항과 경영과 문화의 모든 기술과 노력과 야망이 집산된 거대한 공간이다.

거대한 인공 도시, 인천공항은 1980년대 이후 급속한 경제성장과 국민소득 향상 그리고 그 무렵의 해외여행 자유화 조치 등으로 항공 운송사업이 증대하면서 24시간 운영 가능한 최첨단 미래형 동북아 허브 공항 개념으로 시작된 국책사업의 장쾌한 결산이다. 당시 김포국제공항이 있었지만 늘어나는 수요를 충당하기 어려운 규모였고 이를 확장하려면 서울 서북부와 김포 일대의 민원을 해결해야만 하는데, 이미 그 한계치에 도달한 상태였다. 빠르면 30분 안에 서울 도심으로 들어설 수 있

해마다 여름 휴가철이면 하루 이용객이 평균 10만 명이 넘는(2011년 8월 15일의 경우 하루 이용객이 12만 1,974명으로 2001년 개항 이후 최다 기록이다) 인천국제공항에서는 평균 70초마다 한 대의 비행기가 이착륙을 한다. (2009. 5. 인천국제공항 계류장)

다는 입지 조건에도 불구하고 김포국제공항은 고소음 발생 항공기 운항금지, 심야 시간 운항 및 정비 금지 등의 마지막 조치를 시행해야 했을 정도였으므로 신공항 건설이라는 근본적인 대책이 따로 수립될 수밖에 없었다.

신공항 후보지로 서울을 중심으로 반경 100킬로미터 이내의 모든 지역이 검토 대상에 올랐다. 장애물 제한 요건, 기상 조건, 지형 조건, 접근성, 환경 영향, 토지 이용, 장래 확장 가능성, 지원 시설 확보의 용이성, 건설 비용 등 10여 개 주요 항목에 따라 수도권 인근과 경기도, 충청남도 등에 위치한 22개 지역이 검토되었고 예비조사를 거쳐 영종, 시화, 송도, 송산,

이천, 발안 등으로 압축되었다가 최종적으로 영종도로 결정되었다.

영종도와 막판까지 경합을 벌인 곳은 시화지구. 두 곳 모두 개발 가능성이 풍부한 갯벌에 위치한다는 점과 지형, 기상, 장애물 제한 요건 등에서 골고루 높이 평가받았는데, 다만 시화가 영종도보다 수심이 2미터가량 깊어 지반조성 공사비가 증가하고 항공기 소음 피해가 예상되는 데다 수원, 오산, 평택 등 군 항공 시설과의 중첩과 긴장이 발생하여 영종도가 최종입지로 선정되었다.

1990년 12월 27일에 발령받아 현장 업무를 시작하여 20년 가까이 인천공항과 더불어 한 생애를 보낸 인천국제공항공사의 윤영표 영업본부장은 그 나름의 '독특한' 해석으로 영종도가 공항 부지로 결정된 것은 '유구한 역사의 산물'이라고 강조했다.

끝없이 펼쳐진 드넓은 마루(永宗島, 영종도), 곧 활주로 위로 용이 여의주를 물고 유유히 날아오르는(龍游島, 용유도) 곳이니 곧 21세기 동북아의 허브 인천공항이라는 해석이다. 영종도와 용유도, 삼목도와 신불도 사이를 매립하여 하나의 섬이자 거대한 공항이 된 것이다.

그에 따르면, 인천공항은 비교적 저렴한 건설 비용이 들었다. 영종도와 용유도 사이 간석지는 만조 때 수심이 1~2미터에 지나지 않아 부지매립 비용이 3.3제곱미터당 14만 원밖에 되지 않았다고 한다. 몇 년 앞서 바다를 매립한 일본의 간사이공항은 평균 수심 18미터의 바다를 매립하다 보니 인천공항의 10배나 되는 비용을 썼다. 또한 국제민간항공기구(ICAO)에서는 항공기 이착륙의 안전 조건으로 활주로 반경 4킬로미터 주변에 높이 45미터 이상의 장애 구릉을 제거하도록 권고하고 있는데 인천공항은 용유도, 영종도, 신불도, 삼목도 등의 높은 지대를 절토하는 데 큰 장애가 없었고 더욱이 이렇게 절취된 석자재는 방조제와 활주로 공사에 재활용되고 흙과 소나무 역시 공항 조경에 대부분 사용되었다. 소음 피해에 따른 민원 발생 없이 연간 1억 명까지 수용할 수 있는 확장 가능성 또한 인천공항의 이점이다.

개발 초기 시절, 젊은 나이의 윤영표는 버스를 타고 동인천으로 가서 그곳의 월미도에서 하루 5회 운항하는 연락선을 타고 용유도, 영종도로 출근을 했다. 점점이 떠 있는 섬들의 현장 막사에서 바라본 영종도 일대는 초현대의 공항이 들어서는 부지답지 않게 태고의 생태와 삶이 어우러져 있는 곳이었다. 섬과 섬 사이, 갯벌과 갯벌 사이, 연락선과 작은 고깃배들 사이, 오래 이어져온 전통의 삶과 머지않아 펼쳐지게 될 초현대의 공간 사이에서 젊은 시절의 윤영표는 서해의 황홀한 낙조를 바라보았다. 한 생애를 바칠 만한 거룩한 처녀지가 그의 시야 앞으로 장려하게 펼쳐져 있었다.

또 한 사람의 기억을 따라가보자. 인천공항공사 항공교육팀의 이재훈 차장은 지난 2001년에 발간된 『인천국제공항 건설사』에서 개발 초기 시절을 다음과 같이 회고한다.

> 가끔 일이 많은 직원까지 합세하면 많게는 6명까지 한 방에서 자기도 했다. 이때 가장 큰 어려움은 누울 수가 없었다는 점이다. 천장을 보고 누울 공간이 안 되므로 모로 눕게 되는데, 서로 마주보고 자기도 그렇고 하니 전부 한쪽 방향으로 고개를 두고 자야 했다. 지금도 그 모습을 상상하면 웃음이 나온다. 게다가 아침이 되면 화장실을 사용하기 위해 전쟁이 벌어지곤 했다. 어떤 날은 월미도에 짙은 해무가 껴서 오후 1시까지 배터에서 기다리다 그냥 집에 간 일, 마지막 배를 타기 위해 비상등 켜고 목숨 걸고 그 꼬불거리는 섬의 도로를 달리기도 했다.

공항은 떠나는 곳이지만, 동시에 일정 시간 동안 머물러야 하는 곳이기도 하다. 그것을 위하여 최신의 공항은 근사한 휴게 시설을 구비하고 있다. (2009. 5. 인천국제공항 라운지)

그런 시절, 영종도 일대는 다만 광막한 바다 위에 떠 있는 몇 개의 섬들에 지나지 않았으나 영종도와 용유도 사이 간석지를 매립하여 얻은 1,700만 평의 부지는 앞으로 2020년에 여객 1억 명과 화물 700만 톤을 처리할 수 있는 거대한 인공 도시로 변할 것이다.

윤영표 운영본부장은 지난 2001년 3월 29일, 수없는 종합 시운전과 가상훈련 끝에 마침내 개항을 하여 첫 비행기가 내리던 순간을 평생 잊을 수 없는 기억으로 간직하고 있다. 개항 전날, 활주로에서는 대형 진공흡입기를 이용한 이물질 제거작업이 펼쳐졌고 여객터미널에서는 소방차까지 동원한 대청소가 진행되었다. 항공사, 세관 등 김포공항 상주기관과 입주업체들도 밤을 지새우면서 디데이를 맞이했다. 동북아의 새 관문으로 업무이동을 하게 되는 김포공항발 대형트럭 863대가 줄줄이 영종도로 넘어왔고 개항 당일 29일 새벽까지 2,000여 대의 트럭이 공항 고속도로를 달려왔다.

마침내 새벽 5시, 방콕발 아시아나항공 OZ423편이 활주로에 안착했고 마닐라행 대한항공 KE621편이 오전 8시 30분에 이륙함으로써 인천공항의 역사가 시작되었다. 물론 그 전날, 부지 선정에서 개항까지 영종도에서 한 생애를 보낸 공항맨들은 김포공항에서 이륙한 37편의 화물용 항공기가 밤새도록 인천공항 활주로에 안전하게 착륙하는 장관을 보면서, 이미 성공적인 미래를 예감하고 있었다.

'편리하고 쾌적한' 인공 도시 •••

새벽에서 아침 사이, 도착하는 사람도 지쳐 있고 기다리는 사람도 지쳐 있다. 다행스러운 것은 도착장의 시계가 빠르게 흐른다는 것이다. 도착장에 이르러 잠시나마 시간을 보내는 사람들은 마중 나온 사람을 채 찾지 못한 경우일 뿐, 대부분은 서둘러 환영객과 함께 주차장으로 빠져나간다. 이제 막 도착장을 빠져나오는 사람들은 비행기 안에서 긴 밤을 보낸 기색을 숨기지 못한 채 지친 몸으로 크고 작은 여행 가방을 끌고 나온다. 새벽같이 공항으로 달려와 친지를 기다리고 있는 사람들이 달려가 여행 가방을 넘겨받는다. 포옹하는 사연도 있고 악수하는 사람도 있고 가볍게 목례를 하는 직원도 보인다. 단체 여행객을 마중하러 나온 여행사 직원들은 이국땅의 낯선 사람들을 향하여 연신 안내판을 들어 보인다.

상하이와 쿠알라룸푸르에서 연달아 비행기가 도착하고, 갑자기 늘어난 수많은 인파들로 인하여 잠시 도착장은 소풍 길에 나선 초등학교 아이들의 목소리로 번창하더니, 곧 넓은 창으로 들어오는 아침 햇살을 받으며 고요해진다.

2009년 3월 23일, 인천공항공사는 인천공항의 항행안전 시설이 지난 2001년 3월 개항 이후 7만 시간 동안 단 한 차례도 멈추지 않고 운영되었다고 밝혔다. 항행안전 시설이란 항공기의 안전한 이착륙을 위해 공항지역에 설치된 모든 시설을 말한다. 항공기 위치를 탐지하는 레이더 시설, 이착륙을 유도하는 계기착륙 시설, 항공기와 관제탑 간 통신 시설, 항공등화 시설 등이 포함되는데 이 모든 항행안전 시설의 무중단 운영이란 시설 자체의 정밀성과 함께 항공기 안전 운항의 결정판이라

공항 운영의 지상과제는 최고 수준의 안전이다. (2009. 5. 인천국제공항 계류장)

고 말할 수 있는 대목이다.

7만 시간 무중단 운영이란 세계 최고 수준의 정밀성과 안정성을 증명해 낸 것인데, 공항을 이용하는 일반 이용자들은 눈에 보이지는 않는 이 정밀성과 안정성이라는 든든한 기반 위에서 편리하고 쾌적한 인공 도시를 유영하게 되는 것이다. 그 밖에도 다음에서 볼 수 있듯이 인천공항은 다양한 평가와 지표로부터 언제나 뛰어난 성취를 거둬왔다.

2008년

· ACI 주관 세계공항서비스평가(ASQ) 4연패
· 미국 *Global Traveler* 지 선정 3년 연속 최우수 공항
· IATA Eagle Award 선정 최우수 공항
· *Air Cargo World* 지 선정 최우수 화물공항

2007년

· ACI 주관 세계공항서비스평가(ASQ) 3연패
· 미국 *Global Traveler* 지 선정 2년 연속 최우수 공항
· 영국 OAG 선정 세계 최고 공항
· *Air Cargo World* 지 선정 우수 화물공항

그중에서도 ACI(국제항공협의회)가 평가하는 세계공항서비스평가(ASQ) 4년 연속 1위는 눈여겨 볼 만하다. 1993년부터 IATA(국제항공운송협의회)에서 시행해오다가 2004년부터 ACI(국제공항협의회)가 공동 주관자로 참여해왔으며, 2005년부터는 ACI가 단독으로 실시하고 있는 이 평가는 세계 최고 권위를 자랑한다. 미국 댈러스, 샌프란시스코, 애틀랜타,

영국 히드로, 네덜란드 스키폴, 스위스 제네바, 싱가포르 창이, 홍콩 첵랍콕, 일본 간사이 등 전 세계 126개 주요 공항이 매년 평가에 참여한다. 인천공항은 지난 2005년부터 2008년까지 4년 연속으로 세계 공항 서비스 1위를 차지했다.

운항본부 운항안전팀의 황명석 대리는 "모든 일상 업무는 오직 안전을 향해 집중되어 있다"고 말한다. 그는 스위스에 위치한 국제공항협의회로 나가서 1년 동안 항공 안전 관리를 중점적으로 익힌 후 돌아온 전문가로 승객들의 안전하고 편리한 이착륙을 위하여 항공기가 여객터미널과 접근하게 되는 계류장의 모든 안전 시설을 샅샅이 살핀다. 거대한 항공기는 물론 그 아래로 쉴 새 없이 움직이는 특수 차량들의 방향과 속도 관리 그리고 미세한 작업 도구나 철재 파편들까지 엄밀하게 살펴야 하는 황명석 대리에게 '안전'은 어쩌면 당연한 지상과제일 것이다. 그는 말한다. "안전은 공항의 알파이자 오메가다."

'안전'의 지상과제로 삼는 인천공항의 대헌장을 느낄 수 있는 짤막한 에피소드 하나. 이번 취재를 위해 일일이 동행해준 인천공항공사 홍보실의 강호규 대리는 얼마 전까지만 해도 계류장 관제탑에서 근무했다.

기존의 관제탑과 함께 두 번째 관제탑 기능을 하게 되는 계류장관제탑은 4년여의 공사 기간을 마치고 새롭게 운영을 시작한 인천공항 2단계 신축 시설의 하나. 지상 비행기 관제를 하는 계류장관제는 그동안 공항 관제탑 18층의 임시 장소에서 업무를 보다가 높이 65미터(12층) 규모의 계류장관제탑을 신축하여 보다 효율적이고 안전한 계류장관제를 맡게 되었는데, 지상 현장과 보다 근접한 장소에서 항공사, 지상조업사 및 관련부서와 유기적 업무 협조를 하게 되었다.

물론 이 계류장관제탑 역시 엄중한 보안 시설이며 이 안으로 들어가기

국토해양부 서울지방항공청에서 관리하는 인천국제공항 관제탑은 높이 100.4미터. 빌딩 22층 규모다. (2009. 5. 인천국제공항 관제탑)

위해서는 여러 단계의 보안 과정을 통과해야 한다. 얼마 전까지만 해도 이 시설 안에서 근무했던 강호규 대리는 나를 인수인계한 후 1층의 작은 의자에 앉아 꽤 오랫동안 대기해야만 했다. 문 하나만 열고 들어가면 오랫동안 업무를 함께했던 동료들과 가볍게 인사도 나눌 수 있는데도 누구 한 사람 그 문 하나를 임의로 통과하지 않았다. 허가받지 않은 지역은 결코 스쳐지나갈 수도 없는 일급 보안의 수칙은 철두철미하게 지켜지고 있었다. 취재를 위하여 수십 번이고 보안카드 확인 작업을 하는 동안, 나는 이 거대한 시설이 어떤 숙명의 원리 안에서 엄정하게 운영되는가를 느낄 수 있었다.

공항터미널 동쪽 끝에 위치한 귀빈실(공식 명칭은 의전실)은 모두 7개로 그 규모와 시설 그리고 출국 심사대 거치지 않고 곧바로 가장 가까운 탑승구를 이용할 수 있는지에 따라 여러 등급으로 나뉜다. 사진 속 귀빈실은 전현직 대통령과 3부요인, 헌법재판소장 등 매우 제한된 인원만이 이용할 수 있는 최등급 소나무실이다. (2009. 5. 인천국제공항 소나무실)

공항, 무국적의 비장소 • • •

길고 넓찍한 회랑, 수평 에스컬레이터를 이용하는 사람들과 그 옆을 바삐 걸어가는 사람들, 양옆으로 줄지어 선 수많은 면세점들, 혹은 구경을 하고 혹은 구매를 하고 또 그 옆으로 한가로이 산책하듯이 걸어가는 사람들. 출국장의 풍경이다. 오전 10시에서 오후 3시 사이 가장 붐비는 낮 시간대의 풍경이다.

만약 저 산책자들의 손에 티켓이 없다면 이 출국장 내부의 풍경은 어디 근사한 대형 쇼핑몰과 그리 다르지 않다. 탑승하는 시간을 여유 있게 잡은 사람들에게 이 출국장의 긴 회랑은 문학평론가 김우창이 「국제공항-포스트모더니즘의 상황에 대한 명상」에 쓴 바 있는 "국제공항이라는 공간은 무국적성과 공항을 통해 어디든 국가로의 이동이 가능하며 일상의 삶을 완전히 탈출하는 공간"임을 확실히 증명한다.

이 공간은 특정한 장소라기보다는, 마이크 오제의 용어를 빌리건대, 하나의 '비(非)장소'가 된다. 그에 따르면 장소는 인류학적 흔적과 역사와 문화가 내장되어 있는 곳으로 특정한 언어와 지역성과 삶의 방식이 혼성된 정체성을 보여주지만 '비장소'는 임시로 거처하거나 통과하는 공간이 된다. 호텔, 기차역, 공항이 '비장소'의 공간들인데, 마이크 오제에 따르면 현대는 나날이 이러한 초근대적 비장소를 더 많이 생산하고 사람들의 일상은 이 거대한 인공의 비장소에서 거처하는 경우가 늘어난다.

왕가위의 〈중경삼림〉, 차이밍량의 〈거기 지금 몇 시인가?〉, 박기용의 〈모텔 선인장〉 같은 영화들이 이러한 '비장소'의 인간적 삶을 섬세하게 스케치하고 있거니와 공항을 예로 든다면, 앞서 소개한 소설가 무라카미 류의 『공항에서』를 우선 언급할 수 있다.

떠나기 위해 공항을 찾은 사람들이 화려하게 구성되어 있는 쇼핑 공간 사이로 산책하고 있다. (2009. 5. 인천국제공항 출국장)

마르크 오제는 이 비장소의 공간에서 개인은 독립적이고 특수한 내면을 상실하고 구체성이 결여된 익명의 상실감을 느끼게 된다고 말했거니와 무라카미 류의 소설집 『공항에서』는 술집, 공원, 노래방, 편의점 같은 현대 도시의 무기질 공간을 다루고 있는데, 그 한 대목인 「공항에서」라는 단편에서도 "근대화의 물결로부터 밀려났거나 홀로 남겨진 사람, 그리고 변화를 거부하거나 휩쓸린 사람들"을 차분히 다루고 있다.

그런 시선으로, 4층의 에어스타 테라스에서, 다시 공항의 내면을 살펴본다. 여객터미널 4층 중앙에 위치한 이 테라스는 공항 전경과 세계 각국

공항은 활용 가능한 모든 공간을 소비 욕망의 가판대로 활용한다. (2006. 9. 제주국제공항 화장실 앞)

의 비행기를 한눈에 볼 수 있는 공간으로 야간에는 그저 공항 계류장의 아름다운 조명 불빛을 보기 위해 나들이 삼아 찾는 사람들이 있을 정도다. 책과 커피와 무료 인터넷이 가능한 공간인데, 이 테라스의 입구 부근에 비치된 간이 의자에 앉으면 공항 출국장의 긴 회랑을 내려다볼 수 있다.

긴 회랑은 압도적인 크기와 세련된 디자인과 빛나는 구성으로 이용객들의 '쾌적한 소비'의 한 순간으로 유도한다. 사람들은 지금 어디 먼 곳으로 나가려는 게 아니라 마치 오랫동안 미뤄둔 쇼핑의 욕망을 실현하려는 듯이 보인다. 물론 누구도 이 '쾌적한 공간'에서 오랫동안 살아갈 것이라고

이제 여행자는 온전히 쉴 수 있는 곳만이 아니라 잠시 머무는 인공의 공간에서도 최고의 안락과 쾌락을 추구한다. 그러나 그 쾌락은 실질적인 심미적 쾌락이 아니라 누군가에게 보이는 것을 의식하는 연기로서의 쾌락이다. (2009. 5. 인천국제공항 라운지)

생각하지는 않는다. 이 기나긴 회랑은 역사와 문화의 퇴적층이 아니라 쇼윈도의 병렬들일 뿐이다.

결코 뿌리내리고 살 만한 곳이 아닌 곳인데, 그러나 어디 공항뿐이랴, 현대의 공간은 점점 더 이와 같은 극단의 '현재성'으로 충만되고 있으며 아무도 그것을 불편하게 여기지 않는다. 찬우물 삼거리가 'ㅇㅇ마트 삼거리'로 바뀌고 서당말과 밤골이 '7단지, 8단지'로 바뀌어가고, 그 신생의 거리에 다국적(곧 무국적)의 커피 전문점이 생기듯이, 지금 이 거대한 인공 도시의 한복판에도 우리 내면에 화인처럼 찍혀 있는 온갖 브랜드의 의류와 잡화와 커피가 일동 기립해 있고, 그 사이로 '비장소'의 일시적인 거류민들이 비행기 티켓을 들고 유유히 산책을 하고 있다.

런던 히드로공항에서 일주일 동안 산책하고 취재하면서 『공항에서 일주일을』이라는 상큼한 기록을 남긴 알랭 드 보통은 "이곳은 현대문화의 상상력이 넘쳐나는 중심이다. 화성인을 데리고 우리 문명을 관통하는 다양한 주제를 깔끔하게 포착한 단 하나의 장소에 데려가야 한다면 우리가 당연히 가야 할 곳은 공항의 출발과 도착 라운지"라고 썼는데, 만일 인천공항이라면 이곳 4층 라운지가 바로 그런 곳이다.

이 공간의 병렬성과 순간성은, 다만 공항이라는 인위의 조건만이 아니라 "오늘의 사회가 나날이 편리해지는 듯하면서, 사람이 뿌리내리고 살 만한 곳이 되지 못하는 것"(김우창)이 아닌가 하는 생각을 가다듬게 해준다. 우리는 점점 더, 미끄러지는 삶을 살아간다. 소설가 김연수가 『여행할 권리』에서 "공항에서 비행기표와 여권만 들고 출국심사대를 빠져나갈 때마다 나는 거의 다른 존재가 된 듯한 착각에 빠진다. 그 착각은 참으로 감미롭다. 그런 점에서 공항은 환각의 극장이며 착각의 궁전이다. 그리하여 공항은 마침내 삶에 대한 절절한 역설이 되는 셈이다. 맞다. 덧없이 반복적으로 스쳐가는 것들만이 영원하다"고 쓴 것은 이런 측면에서 적절하다.

활주로, 창공, 관제탑 • • •

항공 운항의 절대적 관건을 쥐고 있는 관제탑. 수많은 재난 영화들에서 보았던 그 숨 막히는 긴장과 팽팽한 열기는, 적어도 겉모습으로는 쉽게 느껴지지 않았다. 8각 구조의 22층 규모(일반 아파트 높이로는 35층 정도)

공항 관제탑에는 비행기의 지상 움직임을 파악하는 지상감시레이더 ASDE, 자동기상측정장비 AMOS, 비행기에 공항 정보를 실시간으로 발송하는 ATIS, 항공기가 비행로를 벗어날 경우 자동으로 경고하는 항행성능체제 RNP 등이 관제사와 함께 업무를 본다.(2009. 5. 인천국제공항 관제탑)

로 높이 100.4미터에 달하는 관제탑에서 22명의 관제사들이 네 팀으로 나눠 하루 2교대 방식으로 근무한다.

인천공항 관제탑의 권원오 탑장은 낯선 방문자의 사소한 질문에 농담까지 섞어가며 대답한다. 주위의 동료 후배들 역시 어느 평범한 빌딩의 사무실에서처럼 일을 한다. 하지만 그런 중에도, 그들의 눈은 언제나 계기와 활주로로 향해 있었고 전용 마이크에 대고 항공기와 교신을 할 때면 일체의 감정이나 호흡까지 느낄 수 없을 만큼 건조하면서도 정밀한 소통을 한다. 수십 대의 모니터가 인천공항 상공의 모든 항공기(그러니까 일반 여객기뿐만 아니라 헬기나 전투기

공항 관제 시스템은 최소 3개 이상의 기관(공군, 국토해양부, 공항공사 등)이 비행 거리, 기상 상황, 관할 구역, 이착륙 절차, 항공기 식별, 비행 정보, 활주로 통제, 계류장 지상 이동 등을 철저히 협조하여 진행된다. (2009. 5. 인천국제공항 관제탑)

까지 포함하여)를 포착하고 있었고 그 레이더 범위를 넓히자 한반도 상공을 스크린을 가득 채웠다.

권원오 탑장은 인천공항 역사의 분기점이 되는 2001년 3월 29일 새벽, 그 첫 항공기가 활주로에 착륙했을 때 항공 관제를 맡았던 베테랑이다. 그가 레이더 스크린을 손으로 짚어가며 한반도 상공의 그 순간 현황을 설명했다. 레이더 스크린 위에 모든 항공기의 기종과 편명, 고도와 속도가 나타났다. 하지만 그 기호들은 낯선 것이었고 대신 권원오 탑장이 관제탑 사방의 지형지물을 설명할 때, 비로소 현실감을 느낄 수가 있었다. 활주로와 관계 시설과 산과 섬과 도시들, 관제탑은 그 모든 것을 조망하는 위치에 있었다. 쾌청한 날에는 저 멀리 북한의 옹진반도까지 바라볼 수 있는 위치다.

김휘양 관제사에 따르면 한 편의 비행기가 이륙하여 목적지를 향해 비상하는 데는 몇 단계의 관제 절차를 거쳐야 한다. 우선 항공사는 항공교통센터에 비행계획서를 제출하여 승인받아야 하고 이에 준하여 항공교통센터는 비행기 출발 30분 전에 이착륙 공항의 관제 기관에 해당 항공기의 비행자료를 전송한다. 최종적으로 비행기 안전 사항을 점검한 조종사는 관제사와 교신하여 출발허가를 받는다. 관제탑은 이륙에 따르는 섬세한 정보와 절차를 수시로 조종사와 소통하며 이윽고 이륙 허가를 낸다. 그 이후에는 서울접근관제소와 항로관제소가 비행기를 담당하게 된다.

일정 수준 이상의 긴장이 언제나 요구되는 관제탑 업무이지만 이 특별한 시설 위에서 바라보는 영종도 일대는 김휘양 관제사에게 늘 새로운 감흥을 준다. 북한의 옹진반도에서 강화도, 김포 일대와 인천의 계양산, 완공을 눈앞에 두고 있는 인천대교와 그 사이의 수많은 섬들을 가리키면서 김휘양 관제사는 "드넓은 창공으로 뻗어가는 비행기를 보면서 인간의 위력을 실감하는 수도 많지만, 눈앞에 펼쳐지는 사계절의 놀라운 변화 앞에서 겸허해질 때도 많다"고 말한다. 장엄하게 저물어가는 왕산리의 낙조를 비롯하여 천지를 가득 메우는 봄철의 해무와 황사 앞에서 긴장된 관제 업무를 진행하다 보면, 인간은 역시 거대한 자연의 품 안에서 나름의 위력을 부릴 뿐이라고, 김휘양 관제사는 말한다.

인공과 낭만 • • •

거대한 자연 앞에서 경외감을 갖는 것은 저 18세기 이후 인간들이 자연스레 가졌던 낭만적 감정이다. 중세와 격절하면서, 인간은 신 없는 시대를 살게 되었고, 신이 부재하는 우주란 공포와 두려움의 대상이었으며 동시에 그것을 극복해야만 하는 도전의 한 역사가 되었다. 검은 파도가 넘실거리는 끝없는 밤바다 혹은 거대한 저녁 하늘의 장엄한 황혼 앞에 서면 인간은 알 수 없는 두려움과 부정하기 어려운 매혹에 사로잡힌다.

이제 그러한 자연 공간에 대한 경외감은 인간 스스로 빚어낸 거대한 인공 구조물 앞에서 재현된다. 험준한 산악을 가로지르는 중앙고속도로, 도심을 관통하여 바다 저 멀리 뻗어나가는 부산 광안대교, 압도적인 스케일의 복합 쇼핑몰은 저 중세나 근대의 인간들이 바라보았던 황혼에 물든 바다만큼이나 복합적이고 경이로운 감정을 불러일으킨다.

"비행기 속도를 증가시키기 위해 휠을 뒤로 젖힐 때, 그리하여 마침내 비행기가 이륙하여 허공으로 날아오를 때, 언제나 마음 한구석이 일렁거린다." 군 경력을 포함하여 23년째 조종석을 지킨 아시아나항공사 소속 손환주 기장의 말이다. 공사생도 4학년 때, 당시 스물두 살이던 그는 프로펠러기를 조종한 후 "하늘에 살면서 하늘에 목숨 바친다"는 노래를 진심으로 받아들이게 되었고 그 이후 무사고 운항으로 아시아의 창공을 누볐다. 그는 한 치 앞도 바라볼 수 없었던 동남아 상공의 짙은 뭉게구름과 갑작스런 기상 변화로 발생한 터뷸런스(난기류)와 맞싸워야 했던 순간들을 기억하면서, 인간은 거대한 자연이 허락하는 범위 안에서 싸워나갈 뿐이라고 덧붙였다.

손환주 기장은 "인천공항은 명실상부하게 세계 최고의 공항이다. 이것은 애국심도 아니고 자만심도 아니다. 사실, 그 자체다"라고 말한다. 국제 항공 수요에 걸맞은 규모나 첨단의 최신 시설은 물론이려니와 특히 조종사 입장에서 인천공항은 뛰어난 관제 능력과 합리적인 동선 배치가 특히 세계 최고 수준이라고 강조한다.

예컨대 태국의 방콕 공항은 대규모이기는 하지만 동선이 필요 이상으로 길고 계류장 관제 및 안전 관리가 기대에 미치지 못하고 싱가포르의 창이 공항 역시 최신의 기술이 집적되었지만 인간적인 공간 배치가 아쉽다는 것이다. 그 반면에 인천공항은 일반 이용자의 검색 통과와 세관 절차까지도 여느 국제공항을 멀찍이 떼어놓는 수준이라고 손 기장은 언급한다.

같은 항공사의 박경혜 승무원 역시 인천공항의 인간적 측면을 강조한다. 호주의 미항 시드니를 포함하여 국제적으로 이름난 공항과 도시들을 돌아다녀보았지만 "인천공항의 인간적인 배려만큼은 단연 최고 수준"이라고 말한다.

2009년 1월, 인천공항은 정월대보름을 맞아 '소원달! 풍

인천국제공항은 24시간 움직이는 동아시아의 대표적인 허브 공항이다. (2009. 5. 인천국제공항 도착장)

년달! 공항위에 떴네!' 행사를 개최한 바 있다. 달집 소원 빌기를 시작으로 하여 면세구역 출국장 곳곳에서 전통예술 공연이 펼쳐졌으며 부럼 나누기, 포구락놀이 체험 등 여행객 누구나 함께 할 수 있는 다양한 문화 체험 프로그램이 이어졌는데, 이 광경은 언제나 공항을 스쳐지나가는 업무적인 통행로로 여겼던 외국인들에게 매우 신선한 기억이 되었다고 한다.

인천공항이 국립중앙박물관과 공동으로 한국문화박물관을 운영한다거나 한국문화재보호재단과 협력하여 외국인에게 한국의 전통문화를 체험하게 하는 전통문화체험관도 공항의 전혀 다른 측면을 보여주는 실험으로 꼽힌다. 특히 전통문화체험관은 그 이용객 수가 2008년에 이미 10만여 명을 넘었다. 자연과 문화로 아로새겨진 입국장 네 곳의 '문화의 거리' 도 이러한 인간적 공항의 한 면모를 느끼게 해준다.

박경혜 승무원은 "글로벌 시대라는 말이 어느 도시나 다 엇비슷하고 틀에 박힌 규격화로 전락할 수 있는데, 인천공항의 문화적 실험은 인공 도시 안에 온기를 불어넣는 뜻있는 효과를 내고 있다"고 언급하면서 "자칫 무미건조하고 답답할 것 같은 공항을 다양한 프로그램이나 인간적인 서비스로 채워나가는 것은 일상을 벗어나려는 공항 이용자들의 마음을 더욱 설레게 할 것"이라고 말했다.

직선을 거스르는 회항 • • •

과연 그것이 가능할 것인가? 인간의 온기가 깊이 배어 있는 인공 낙원은 가능한가? 아직 가부의 답을 내리기는 어렵다. 공항을 빠져나와, 서울로 직진하는 길을 잠시 미뤄두고, 을왕리해수욕장으로 향하여 저녁 끼니를 때우면서 멀찍이 바라본 인천공항은 서서히 깊은 밤의 시간 속으로 스며들고 있었다.

평일 저녁임에도 을왕리의 해변에는 가족이나 연인들이 저마다의 추억을 짓는 데 몰두하고 있었다. 불꽃놀이를 하는 아이들, 그것을 바라보는 부모들, 아직은 찬 기운이 남아 있는 바다로 뛰어가는 아이들, 또 그것을 바라보는 부모들, 그 곁으로 느리게 모래를 밟으며 걸어가는 연인들. 그 모든 풍경 위로 황혼이 내려앉고 다시 그 붉은 허공 속에 인천공항을 이륙한 비행기가 아득한 곳으로 날아가고 있었다.

인위적인 공간의 조성은 현대적 삶을 완전히 포기하지 않는 한, 어쩔 수 없는 숙명이 되었다고 말하지 않을 수 없다. 우리네 삶은 점점 더 거대한 인공 구조물과 인위적인 공간 속으로 편입되어간다. 이 한적한 바닷가의 모래나 파도는 어쩌다 시간을 내서 찾아야만 하는 비일

제주공항의 저녁 하늘 위로 비행기가 이륙을 시도하고 있다. (2006. 7. 제주국제공항)

상이 되었고 빌딩과 커피숍과 지하철과 공항 같은 인위의 공간이 우리의 실존적인 공간으로 확실히 자리잡고 있다. 그 익명의 거대한 공간 안에서 우리는 일을 하고 말을 걸고 휴식을 취하고, 더러 사랑을 나눈다. 거대한 익명의 인공 구조 안에 필연코 인간의 따스한 온기를 담아내는 것은, 생태 운동의 거룩한 일만큼은 아닐지라도, 결코 양보할 수 없는 작은 깃발인 것이다. 피상적인 이벤트나 문화 시설물의 배치만으로 인천공항이 진실로 인간적인 공간이 되었다고 말할 수는 없지만, 그마저도 생략된 인공 공간은 얼마나 삭막할 것인가.

인천공항 전용도로를 타기 직전, 인천공항의 랜드마크 '미래로의 비상(Flight to the Future)'을 잠시 올려다보았다. 아무래도 이 구조물은 지나치게 거대한 일직선이다. 이 구조물이 남성 인체의 그 무엇을 닮았다고 하는 세간의 시비는 둘째치더라도, '미래로의 비상'이라는 제목이나 또 그것을 직접적으로 드러내는 일직선의 거대함은 하루 종일 살펴보고 또 만나보았던 공항과 그 공간 안의 사람들의 온기를 제대로 드러내지 못하고 있다.

그곳으로부터 멀지 않은 곳에 '건설영령 추모비'가 있다. 이 거대한 인공 구조물의 역사 속에서 안타까운 사고로 목숨을 잃은 24인을 기리는 추모비다. 그들은 "계절의 한서와 일의 난이를 가리지 않고 지하나 고공이나 절토지에서 뜨거운 열정과 사명감으로" 그야말로 공항 건설의 초석이 되었다.

그 추모비를 뒤로 하고 인천공항 전용도로 위에 올랐다. 오른편으로, 또 하나의 거대한 토목 역사가 될 인천대교가 검은 바다 위에 견고하고도 장려한 형체를 드러냈다. 인천대교는 인천공항과 송도국제도시를 연결하는 다리로 전체 길이 18.2킬로미터에 바다 구간 길이만 11.7킬로미터에 달한다. 서해의 그 많은 섬과 갯벌과 해안선들, 그 역사와 문화 위로 빚어지는 도시와 공항과 철도와 대교를 뒤로 하고, 나는 전용도로를 접어들면서, 조금은 거칠게, 액셀러레이터를 밟았다.

지나치게 '남성성'이 강조된 조형물이라는 비판을 받은 적 있는 인천국제공항 입구의 조형물은, 비단 그런 가시적 측면만이 아니라 비가시적인 의미에서도 속도, 힘, 크기, 각도 등에 대한 숭배를 단순히 물리적으로 확대하여 강조한, 근대적 성장제일주의의 욕망이 분명히 나타난다. 게다가 'flying to the future(미래로의 비상)'라는 제목은 그 조형미의 진부함을 잘 말해준다. (2009. 5. 인천국제공항 입구)

기차역,
식민의 기억과 현대의 속도

더 이상 기차는 폐곡선을 그리며 달리지 않는다. 기차는 쾌속의 300킬로미터로 질주한다. 서울역 또한 소비 공간으로 재편되었다. 기념해야 할 흔적과 간직해야 할 기억은 '구경거리'로 수집되어 있다. 서울역 안에서 애틋하게 만나고 헤어지는 풍경조차 찾아보기 어렵다. 번잡한 구경거리와 쇼핑 상품들 때문에 서울역은 더 이상 사랑과 눈물의 공간이 되지 못한다.

나에게, 기차는 소리다. 이윽고 발차 시간이 되어 "출발 진행" 하는 역무원의 목소리와 간결하면서도 정직한 깃발 신호까지 떨어지면 마침내 거대한 몸을 뒤틀며 거룩하게 움직이는 기차, 그 옛날의 기차는 발차할 때 앞뒤로 꼭 한두 번은 육중한 몸을 뒤틀었다. 덜컹, 하는 소리를 내고는 스르르 밀려나가는 기차. 그로부터 들려오는 바퀴와 선로의 교성들, 오랜 세월 시간과 공기의 협잡으로 더러 마모되고 더러 녹이 슬기도 하여 우두둑하며 관절들이 뒤틀리는 기계 소리, 철로의 이음매에서 나는 특유의 덜컹거리는 소리, 침목과 자갈이 흔들리는 소리, 선로의 교차지점에서 튕겨나오는 불협화의 마찰 소리, 쭉 뻗는 선로를 달려나가며 쿵쾅대는 소리, 큰 강을 가로지를 때 여태껏 떠받치던 대지의 탄력 대신 다리와 강물 사이의 허공이 들려주는 낭하 저 아래의 공허한 소리, 빗금치는 교각이 들려주는 규칙적인 불규칙한 소리, 태백준령을 오르는 쇳소리, 갑자기 나타난 시커먼 터널 속으로 빨려들어간 기차가 빽빽하게 채워져 있던 터널 안의 공기를 악착같이 밀어내고 그리하여 좌우로 밀려난 공기들이 기차와 검은 벽

사이의 비좁은 공간에서 터질 듯이 팽창하여 이윽고 기차 안으로 그 숨 가쁜 여진을 뿜어내고 이 바람에 기차 안의 공기마저 급하게 일렁거려 그 안과 밖이 기압 차이로 인하여 몸통이 뒤흔들리는 가운데 여태껏 간신히 평정을 지탱하고 있던 기차의 차창이 깨질 듯이 울부짖다 보면 순식간에 기차는 검은 구멍에서 빠져나오면서 팽팽했던 공기의 압력으로부터 해방되어 1초 전에 긴박했던 정황에 비하면 거의 적막에 가까운 상태로 호전되어 아무 일도 없었다는 듯 쿠궁 쿠궁 쿠궁 쿠궁 쿠궁 쿠궁 장려하게 밀려나가는 기차의 늠름한 육체성의 소리, 일제히 후진하는 나무와 들판과 마을과 기차가 주고받는 소리, 댕댕댕 울리는 건널목의 경고음 소리, 역을 앞두고 들려오는 브레이크 소리, 천천히 속도를 줄임으로써 오히려 중후해지는 선로 이음매의 쿠궁거

1925년 준공되어 20세기 한반도의 역사를 함께했던 구 서울역사의 2004년도 전경. 2004년 1월 민자역사 출범으로 역무 기능이 축소되어 잠정 폐쇄되었다가 2011년 8월 복합 문화 공간으로 바뀌었다. (2004. 10. 서울역)

리는 소리, 소리, 소리…… 그 소리들, 그것이 내게는 기차다.

기차, 소리들 • • •

아, 물론 이런 기억은 이제 거의 사라졌다. 시속 300킬로미터의 KTX는 흡사 파도가 밀려오는 듯한 쏴아아아 하는 소리로 모든 풍경을 관통한다. 더러는 기차 소리가 인근의 민가에 폐가 되지 않도록 방음벽이 설치된 곳도 있어 이 경우 기차는 풍경을 잃고 홀로 외롭게 쏴아아아 하는 소리를 낼 뿐이다. KTX 선로는 기본적으로 이음매가 없이 일관 연결되어 있어서 기차 특유의 소리, 100년 이상의 역사 동안 한반도 곳곳의 선로마다 울려 퍼지던 쿠궁 콰광 하는 이음매 소리는 적어도 KTX의 기본 선로에서는 사라져버렸다. 쿠궁 콰광 하는 특유의 소리가 사라짐으로써 바깥을 볼 일이 없게 되었고, 그리하여 KTX는 풍경과 이별하였다.

조금이라도 시간의 여유가 될 때, 나는 바로 이 근원적인 기억 때문에, 기차는 그 소리로써 기어코 기차가 되는 것이라는 그야말로 농촌반봉건전근대적인 기억 때문에, 나는 무궁화나 그도 아니면 새마을호를 탄다. 그런 기차를 타면 기차는 그 소리를 들려준다. 소리만으로 보자면, 이 느린 기차가 오히려 빠르게 느껴진다. 시속 300킬로미터로 터널과 방음벽 사이를 질주하는 KTX가 아니라 100킬로미터, 120킬로미터 때로는 60킬로미터, 80킬로미터로 강변으로 휘감아 돌고 준령을 힘겹게 오르고 그러다 지치면 터널 사이로 빨려들어가고 다시 나와서 너르고 고르게 펴져 있는 들판 사이로 유유히 흘러가는 기차는, 이음매와 교각과 터널의 벽이 함께 빚어내는 육중한 동체의 소리, 때로는 아우성이고 때로는 비명이고 때로는 간교한 혀놀림이지만 늘 언제나 중후장대하게 쿠궁 콰광을 기본음으로

KTX는 익숙했던 공간을 절단하고 느릿했던 시간을 팽창시키면서 현대를 초현대의 시간 속으로 몰고 간다. (2011. 6. 경북 신경주역)

하여 원래의 근원적 기억으로 되돌아간다.

그럴 때마다, 비록 경부선이나 전라선이나 장항선이나 심지어 한 시간 남짓에 출발과 도착이 종료되는 경원선을 탔다 하더라도, 내 마음은 중앙선과 태백선의 까마득한 선로들 속으로 유체이탈을 하게 된다. 풍기역, 죽령터널, 신림역, 도계역, 함백역, 드넓었던 제천역, 또 그 이상으로 넓었던 제천조차장역, 청량리에서 영주 사이의 가장 큰 도시였던 광활한 원주시와 그 역사, 영월역의 한옥 역사, 서울의 청량리역을 벗어날 때 서행하는 기차를 따라 끝도 없이 길게 이어져 있는 원진레이온 공장(지금은 폐쇄되어 사라졌지만 원진레이온 공장은 참으로 길고 길었다), 북

KTX가 질주하는 이 시대에도 한반도의 깊은 곳까지 느린 열차는 느리게라도 출발한다. (2009. 8. 서울역)

한강 남한강이 교합하는 양수리를 가로지르는 교각(어렸을 때 기차가 그 다리를 건널 때 진실로 무서웠다), 군인들의 유격훈련 장치가 가로질러 있던 간현역의 계곡들, 뱀의 똬리 형상으로 굽이굽이 치악산의 허리를 감고 또 감으며 올라가야 했던, 그리하여 기차의 선두와 후미가 서로 다른 방향으로 달리는 듯했던 중앙선의 표고차, 그로부터 이어지는 터널들, 터널들, 터널들, 갑자기 나타난 터널들 사이의 교각 그리고 다시 터널들, 터널들…… 중앙선과 태백선은 차라리 터널의 변주였으며 그때마다 기차는 거친 쇳소리를 내며 공기의 압력을 이겨냈다.

나는 그것을 손쉽게 '삶의 무게'니 '생의 비밀'이니 하며 그럴 듯한 말로 포장하고 싶지 않지만, 그 소리와 그 기차가 또한 그런 것과 전혀 무관한 것이 아니라고까지는 말하기가 어렵다. 그렇지 않고서야 자동차로 어디 일을 보러 가다가도 기차 선로나 역사가 보이면 오직 그 육중한 기차 소리를 듣기 위해 차를 세우고 한참이나 서 있는 까닭을 나는 달리 찾을 수가 없다. 차를 세우고, 바깥으로 나와 들판을 한번 둘러보고, 담배 한 대 피우고, 햇빛에 드러난 침목과 선로 사이의 자갈들의 팽팽한 기운을 보건대 결코 폐선은 아닐진대 하며 초조해하다가 두 번째 담배에 불을 붙이려는 순간 기차는 저 앞의 시커먼 터널에서 빠져나와 좌우의 잡목들을 일제히 제압하고는 거친 쇳소리를 내면서 내 앞을 쿵쾅거리며 지나간다. 아, 기차는 아직 살아 있었던 것이다.

서울역, 그리고 대우빌딩 • • •

실은 서울역 푸드코트에서 잠시 기차와 그 소리를 기억하고 있던 중이다. 벌써 1시간째. 밀양에 일이 있어 내려갔다가 KTX 덕분에 예정보다 일찍 귀경하여 늦은 점심을 먹은 후 그대로 그 자리에 앉아 거대한 통유리 저 너머의 광장을 내려다보고 있는 중이다.

오늘날 경향 각지의 크고 작은 기차역이란 KTX나 복선전철화 덕분에 부리나케 환골탈태하면서 우선 거대한 쇼핑몰부터 입점하여 좋은 자리 다 차지하고 그다음에야 매표소와 간이의자와 개찰구가 눈에 보이는 식이다. 대형 의류쇼핑몰이 압도하는 신촌역사가 그렇고 매머드급 전자상가와 극장이 먼저 시선을 장악해버리는 용산역사가 그렇고 대형 쇼핑몰의 보조기구처럼 전락해버린 영등포역사가 그렇고, 내 마음의 고향역인 청량리역 또한 자본의 거대한 쇼핑몰 사이에 엉거주춤 들어앉은 꼴이 되고 말이다.

서울역의 푸드코트는 서울역광장과 혼잡한 도로와 맞은편의 거대한 빌딩군들, 곧 서울이라는 거대 도시를 일별하는 데 적절한 프레임이다. (2010. 12. 서울역)

그 민자역사의 푸드코트에 앉아 통유리 저 너머를 바라본다. 이 대도시의 식당들 중에 오랜 전통과 맛을 자랑하는 유서 깊은 곳이 많은데, 나는 그런 곳에 잘 가지 않는다. 오히려 푸드코트가, 맛집은 아니지만, 뭔가를 먹기 위해 부산떠는 것을 싫어하는 내게는 딱 알맞다. 물론 신촌 현대백화점 지하 푸드코트처럼 좌석까지 일일이 다 지정해서 원하지 않는 곳에 앉아 억지로 밥을 먹어야 하는 곳은 두 번 다시 가지 않는다. 책 하나 펼 수 없는 비좁은 곳으로 번호를 지정해버리는 그곳은 대체로 혼자 밥 먹는 내게는 정나미 떨어지는 곳이다.

서부간선도로 고척교 부근의 롯데마트 푸드코트와 이 서울역의 푸드코트를 나는 좋아한다. 메뉴도 많고 값도 저렴하지만, 무엇보다 거대한 창가에 앉아 유리 프레임 저 너머의 경관을 내려다보는 시간이란! 내가 지방의 크고 작은 일로 기차를 타야 할 때 발차 시간보다 적어도 30분은 일찍 서울역으로 나오는 까닭은 이 푸드코트에 앉아서 역 앞 광장과 일제히 기립한 빌딩들과 남대문로 쪽을 한참이나 바라볼 수 있기 때문이다.

서울역 푸드코트에 앉아(아무리 오래 앉아 있어도 그만 나가달라고 하는, 그런 불편함이 없다는 점도 참 기특한 일이다) 쉼 없이 사람들이 오가는 역 광장과 맞은편 대우빌딩과 연세재단빌딩을 바라본다.

특히 대우빌딩! 그 바로 옆에 나지막이 붙은 남대문경찰서에 끌려가 그 지하의 유치장에서 2박 3일 동안 구류되었던 날도 기억나거니와 무엇보다 암갈색의 둔중한 대우빌딩이야말로 서울의 현대사를 압축하는 그로테스크한 조형물로 인상 깊다. 그것을 바라볼 때 나는 그제야 서울역에 온 것 같고, 그리하여 이상하게도 눈물이 왈칵 쏟아질 것 같은 격정에 사로잡힌다.

이런 이야기부터 하는 까닭은, 지난 현대사의 눈물 고비고비마다 누구

서울역 맞은편의 대우빌딩은 저돌적인 근대적 산업화의 거대한 조형물이며 동시에 여러 차례 소유주가 바뀌는 과정을 통해 그 산업화가 얼마나 허약했는가를 말해준다. (위는 2004년 10월, 아래는 2008년 8월의 모습)

라도 저마다의 사연으로 서울을 지향하여 우선 한강철교에서 숨이 멎고 남영역 지나면서 끝도 없는 좌우로 펼쳐지는 레일의 행렬에 눈이 멎고 이윽고 기차가 쇳소리를 내며 멈추면 그리 급할 것도 없는 걸음을 재촉하여 개찰구를 빠져나가게 되는데, 그러면 서울역에, 다시 말해 드디어 서울에 오게 된 셈인데, 광장으로 나가면, 연면적 4만 평이 넘는 대우빌딩이 세상은 그리 만만치 않다는 것을 가르치려는 듯 압도적인 위용으로 막아서던 것을, 다들 기억하기 때문이다. 광장에 서서, 담배 한 대 피워 물고는, 막막한 마음으로 대우빌딩을 바라보던 기억 말이다. 마침내, 서울에 올라오고 만 것이다.

내가 서울역의 푸드코트를 사랑하는 것은 바로 이 때문이다. 이 넓디넓은 서울역사 안에 근사한 중국집, 일식집이며 요란한 패스트푸드점이 많지만, 나는 언제나 반원형의 넓은 창가에 앉아, 그리 맛있어 보이지 않는 비빔밥을 시켜놓고, 누구 하나 눈총 주지 않는 구석에 앉아서 광장이며 그 너머를 한없이 바라본다. 서울역을 서울역답게 바라볼 수 있는 유일한 일인칭 관찰자 시점의 자리가 그곳이다. 그곳에서 가만히, 함민복의 시 〈서울역 그 식당〉을 생각한다.

그리움이 나를 끌고 식당으로 들어갑니다
그대가 일하는 전부를 보려고 구석에 앉았을 때
어디론가 떠나가는 기적 소리 들려오고
내가 들어온 것도 모른 채 푸른 호수 끌어
정수기에 물 담는 데 열중인 그대
그대 그림자가 지나간 땅마저 사랑한다고
술 취한 고백을 하던 그날 밤처럼

서울역은 갈 곳을 잃은 사람들의 일시적 인 거주 공간이다. (2006. 9. 서울역)

그냥 웃으면서 밥을 놓고 분주히 뒤돌아서는 그대
아침, 뒤주에서 쌀 한 바가지 퍼 나오시던
어머니처럼 아름답다는 생각을 하며
나는 마치 밥 먹으러 온 사람처럼 밥을 먹습니다
나는 마치 밥 먹으러 온 사람처럼 밥을 먹고 나옵니다.

함민복의 젊은 날은 서울역과 인연이 많다. 그의 산문집 『눈물은 왜 짠가』를 보면, 특히 「장항선」이라는 산문에서 서울과 서울역, 그 억센 틈바

구니들 속의 사람살이에 대한 기억들이 애틋하게 담겨 있다. 그 글에서 함민복은 서울역과 꽤 많은 사연을 맺은 시인답게 대우빌딩을 기억한다.

> 용두동 형 방에 갔다. 칼잠을 자면 잘 수도 있었으나 불편할 것 같아 집을 나왔다. 작업복 한 벌, 책 몇 권, 트레이닝복 한 벌, 쌍절곤 하나가 든 체크무늬 트렁크를 들고 서울역에 내렸다. 밤 아홉 시. 대우빌딩 쪽으로 길을 건너갔다. 중학교 때 테니스 선수 생활을 하던 친구 경수가 서울로 시합을 갔다 와서 유리창 하나가 한 층인, 문 하나만 열어놔도 금방 표시가 나는 건물이 햇빛에 반짝반짝 빛난다고 감탄하던 대우빌딩.

지하 2층, 지상 23층(불길한 숫자라 하여 이 건물에는 4층과 13층이 없고 따라서 김우중 전 대우그룹 회장의 집무실은 25층의 그야말로 금자탑에 있었다), 대지면적 1만 583제곱미터에 건축 연면적은 무려 13만 2,330제곱미터에 달하는 대우빌딩은 서울이라는 메트로폴리스를 압축하여 보여주는 고도성장의 상징물이다. 원래 이 건물은 1974년에 교통부(현 국토해양부)가 교통회관으로 짓다가 만 것을 대우그룹이 인수하여 1977년 6월에 준공하였다. 청와대 경호실이 대우빌딩 북측의 청와대 방향 창문을 모두 가리라고 한 적도 있고 옥상에는 수도방위사령부 소속 방공포 4대가 설치되어 민간인 출입이 통제된 적도 있으니, 옛날이야기다.

이 건물은 외환위기 여파로 대우그룹이 해체되면서 자산관리공사(캠코)와 금호아시아나그룹을 거쳐 현재는 모건스탠리가 주인이다. 모건스탠리는 2년 가까이 리모델링을 하여 '서울스퀘어'라는 이름으로 바꾸었다. 이렇게 이름이 바뀐 서울스퀘어 빌딩은 지상 23층 건물 파사드(건물의 정면부)가 발광다이오드(LED) 전광판이 설치된 첨단 디지털아트 캔버스로 뒤바뀌기도 한다. 가나아트갤러리가 4만 2,000개의 LED 전구를 사용하여 가로 99미터, 세로 78미터의 세계 최대 단일 미디어 파사드를 만들었고 이 거대한 캔버스 위에서 크리스마스, 신년, 2010 남아공월드컵, 한글날 등의 계기에 따라 다양한 미디어아트가 흘렀다. 줄리안 오피는 목이 없는 사람들이 끝없이 걷고 또 걷는 〈군중(crowd)〉이라는 작품을 연출했고 뉴욕의 그라피티 리서치 랩은 〈레이저 태그〉라는 이름의 작품으로 이 거대한 빌딩을 레이저 빔의 '낙서판'으로 만들기도 했다.

현대의 옛 계동사옥은 1983년의 일이고 여의도의 63빌딩은 1985년에 준공되었으니 모두 대우빌딩보다 뒷날의 기록이며, 태평로의 삼성 본관은 1976년에 준공되었으나 이듬해 준공된 대우빌딩의 압도적인 크기, 한눈에 포착하기 어려울 만큼 장대하게 펼쳐진, 무엇보다 밀양

여러 차례 소유주가 바뀐 이후 현재 대우빌딩은 때때로 첨단 비주얼아트의 실험장이 되기도 한다. (2009. 1. 서울역)

이나 정읍이나 장항 같은 곳에서 서울로 올라온 사람들을 가장 먼저 압도해버리는 엄청난 직방체의 물신성을 따르지 못한다. 대우빌딩은 단지 건축사의 문제가 아니라 하나의 문화사적 사건이라고 할 만한 일이다.

김성동은 『황야에서』라는 쓸쓸한 중편 소설에서 서울역광장의 밤 풍경을, 그러니까 70년대 중반의 하룻밤을 이렇게 기록한다.

> 은회색의 수은등 불빛이 달빛처럼 깔려 있는 광장의 포도 위로 매서운 새벽의 겨울바람이 지나가고 있었습니다. 휴지며 비닐봉지 따위의 허접쓰레기들이 이리저리 흩날리고 있었고 먹고 버린 드링크병이 날카로운 마찰음을 내며 얼어붙은 시멘트 바닥을 굴러다니고 있었습니다. 오버깃을 잔뜩 세우고 새우처럼 목을 접은 사람들이 이따금 종종걸음을 쳐 광장을 가로질러 오고 있는 게 보였습니다. 먼 곳으로부터 짐승의 비명 소리 같은 디젤 기관차의 경적 소리가 들려오고 있었습니다.

이 소설은 김성동의 출세작이자 지금까지도 그의 대표작임에 틀림없는 『만다라』를 잇는 중편인데, 원래의 작품 『만다라』로 돌아가보면 아직 대우빌딩이 들어서기 전의 서울역이 또한 쓸쓸하게 묘사되어 있다.

> 저만치 역사의 불빛이 보였다. 날카로운 클랙션 소리를 뿌리며 차량들은 전속력으로 달려가고, 사람들은 방을 찾아 잰걸음을 치고 있었다. 허공을 가로지르는 고가도로 너머로 신축 중인 고층 빌딩의 형해가 우뚝우뚝 솟아 있었다. 나는 불빛을 향하여 걸어갔다. 갑자기 쇠붙이로 철판을 긁는 것 같은 굉음과 함께 '개새끼, 뒈지고 싶어!' 라고 악쓰는 소리가 들렸다.

탈향 시대에 대우빌딩은 갓 서울에 올라온 사람들을 압도하는 물신이었으며 한국 문학은 그것을 오랫동안 기록해왔다. (2004. 10. 서울역)

그리고 1977년에 대우빌딩이 준공되었다. 그 이전까지 최고층 빌딩은 1970년에 준공된 삼일빌딩이지만, 김중업의 드높은 절제미에도 불구하고 일반 사람들에게는 다만 높이의 스캔들이었을 뿐, 서울역 맞은편에 우뚝 서서 이 거대 도시의 근대성을 증명사진처럼 입증하며 기립한 대우빌딩의 물신성에 비길 바는 못 되었다.

서울역과 그 광장과 그 건너편의 거대한 장벽으로서 대우빌딩은 서울로 처음 올라온 사람들이(혹은 선잠을 깬 채 발길을 서두르는 귀경객) 비로소 서울에 입성했음을, 살벌한 긴장과 경쟁과 정신없이 폭주하는(눈 감으면 코를 베어 간다고 했던가) 수도 서울에 들어섰음을 한 번에 인식시켜주는 거대한 모뉴먼트(monument)였다. 그 거대함에 압도되어 고개를 숙인 채 광장을 몇 걸음 걸으면 무질서하게 뒤엉킨 채 저마다의 출구를 찾아 경적을 울리며 숨 가쁘게 돌아나가던 택시와 버스들은 또한 얼마나 두려운 존재였던가. 아저씨? 이 빼스 삼양동 가나요? 난곡은요? 월계동은요? 아저씨, 기자촌으로 갈래면 몇 번 빼스 타야 돼요? 어수선하고 쓸쓸했던 서울역 앞의 기억들, 신경숙은 『외딴방』에서 다음과 같이 기록한다.

> 그날 새벽에 봤던 대우빌딩을 잊지 못한다. 내가 세상에 나와 그때까지 봤던 것 중의 제일 높은 것. 거대한 짐승으로 보이는 저만큼의 대우빌딩이 성큼성큼 걸어와서 엄마와 외사촌과 나를 삼켜버릴 것만 같다. 여명 속의 거대한 짐승 같은 대우빌딩을, 새벽인데도 벌써 휘황찬란하게 켜진 불빛들을, 어딘가를 향해 질주하는 자동차들을, 두려움에 찬 눈길로 쳐다본다.

서울역, 개찰구 앞에서 • • •

다시, 서울역을 배회한다. 2층의 푸드코트에서 3층으로, 그곳의 잡다한 상업 시설에 잠깐 눈을 주었다가 개찰구 쪽으로 간다. 아니, KTX 이후로 실질적인 개찰구는 사라졌다. 예전에는 발차 시간 전에 길게 줄을 서야 했으나 지금은 아무 때고 들어가서 플랫폼을 걸어다닐 수 있다. 2006년에 독일에 갔다가 그곳의 쾰른역이나 프랑크푸르트역이 꼭 그러하여 모스크바나 리스본이나 파리로 떠나는 기차들을 보기 위해 선로 가까이 가서 유럽 대륙을 관통하는 기차들을 한참이나 본 적 있는데, 그 이후 우리의 기차역도 검표원이 없는 시스템으로 바뀌었다. 한 손에 표를 들고(옛 시절, 노인들은 중절모 테두리 사이에 표를 끼웠다) 차례로 줄을 서서 개찰구를 빠져나가던 행렬은 이제 보이지 않는다. 검표원이 집표기로 승차권에 작은 구멍을 내던 풍경은 오래전에 사라졌다.

서울역의 자동 개집표기가 사라진 것은 지난 2009년 9월 3일의 일이다. 그때 코레일은 서울역 등 전국 주요 역 개찰구의 자동 개집표기와 검표원을 없앴다. 표 검사는 차내에서 첨단 PDA단말기로 충분히 가능하다. 무임승차의 기회는 늘었지만 실제로 그 횟수가 늘지는 않았다. 자동 개집표기가 있던 개찰구 바닥에는 노란색 띠가 선명하게 그어져 있고 그 위에 '고객 신뢰선(운임 경계선)', 'We Trust You(Only paid customers past this line)'란 글씨만 또렷하다. 무임승차의 가능성이 높은 '개방형 개찰 시스템'이지만 실제로 무임승차 건수가 늘지는 않았다. 코레일 조사에 따르면 개방형 시스템을 도입하기 전인 2009년 1~8월에는

깊은 밤의 서울역은 대도시의 비정하면서도 쓸쓸한 기운을 느끼게 한다. (2009. 8. 서울역)

전체 열차 이용객 7,366만 5,000명 중 0.213퍼센트인 15만 7,000명이 무임승차로 단속되었는데, 2010년의 같은 기간에도 전체 이용객 7,407만 1,000명 중 0.216퍼센트인 16만 명 정도가 단속되는 데 그쳤다. 0.003퍼센트 포인트 늘어난 데 불과한 것이다. 반면 비용 절감 효과는, 작지만 분명하다. 자동 개집표기 유지보수 비용 3억 원과 검표원 인건비 55억 원 등 연간 58억 원의 비용이 줄었다고 코레일은 밝힌다.

그러나 이 자동 시스템의 효과나 의미가 오직 '자동 시스템'에 의하여 '인건비'를 줄인다는 쪽으로 쏠리는 것은 권장할 일이 아니다. 다른 부분에서 업무 하중이 증가하고 이는 더러 사고의 원인이 되기도 한다. 자동 시스템 도입 이후 객차 승무원의 업무 강도는 더 높아졌다. KTX의 경우 전체 18량 객차에 두 명의 승무원이 근무하는데 이들은 기계 점검과 안내 방송, 화장실 점검, 민원 해결 등의 업무에 대하여 승차권 검사 단속 및 객차 내 발권 등의 업무가 주어졌고, 특히 이 부분은 때로는 예민한 승객과의 마찰이 따르기도 한다. 시속 300킬로미터의 쾌속 질주 안에서 그 많은 서비스 업무를 처리해야 함은 물론 짧은 시간 내에 주요 역에서 수많은 승객이 오르내리기 때문에 이 객차 내 단속과 발권은 쉽지 않은 일이다. 게다가 KTX의 17호차와 18호차는 자유석(입석)이 설치되어 있고 각 객차 사이의 출입구에 간단한 통화나 휴식을 위한 간이의자가 비치되어 있는데, 만약 무임승차자가 이런 곳에 있을 경우 '표를 보여달라'고 요구하기가 난감한 것도 사실이다.

2011년 상반기에 KTX에는 크고 작은 사고가 이어졌다. 이에 대하여 코레일 노조는 지나친 '인원 감축에 따른 인재'라고 주장했다. 노조에 따르면, 정부가 2008년에 추진한 '공기업 선진화 정책'에 따라 2009년 4월에 5,115명의 정원을 일괄 감축했는데 대부분이 현장 점검 및 유지보수

현재 서울역의 출입구는 검표원은 물론 자동 개집표기도 사라졌다. 사진은 개집표기가 사라진 이전의 모습이다. (2006. 9. 서울역).

분야다. 반면 관리사무직은 2007년 2,318명에서 2010년 2,989명으로 오히려 늘었다고 한다. 현장 작업 인력이 최소 1,633명이 더 필요함에도 오히려 5,115명을 감축하면 당장 인건비 절감 효과가 난다. 여기에 필수 업무 가운데 일부를 외주외탁으로 돌리거나 차량 및 선로 유지보수 점검 주기를 축소하면 이 과정에서도 비용 절감 효과가 발생한다. 노조가 밝힌 대표적 사례는, 인원 감축 이후 코레일은 KTX 정비주기를 기존 3,500킬로미터 운행 점검 규정에서 5,000킬로미터로 조정한 것이다. 이런 조치에 의하여 최소 인원의 업무량 과다와 정비주기 및 횟수의 미비가 연이은 사고로 나타났다는 게 노조의 주장이다.

기차는, 어느 나라에서나 그렇지만, 특히 우리나라에 있어 근대성을 향한 맹렬한 질주였다. 1917년에 이광수는 『무정』을 발표했는데, 봉건의 틀을 깨고 근대적 문학과 사상의 야심찬 기획을 표방하면서 이광수는 근대적 계몽의 상징 공간으로 기차를 설정하였다. 일본 유학을 결심한 영채와 병욱, 미국으로 유학을 떠나는 형식과 선형. 이 네 사람은 '우연히' 기차에서 만나게 되고, 이들이 탄 기차가 물난리 때문에 삼랑진에 멈추자 농민을 위한 자선음악회를 열게 된다. 이제 이들의 근대적 열망은 한 세기를 관통하면서 시속 300킬로미터의 KTX 시대가 되었다. 경부선의 그 장려한 곡선들을 겨우 대여섯 개의 큰 지점으로 압축시켜버리는 KTX의 질주는 직선의 속도를 열망했던 근대 산업화의 도전적 기운을 느끼게 한다.

그뿐인가. 『선생과 황태자』로 유명한 소설가 송영에게 기차는 한계 상황에 갇힌 인간들의 실존을 묻는 공간이며(「중앙선 기차」), 이문열에게 기차는 습작을 시작한 서울대 사대 시절, 사대문학회에 참여하여 처음 발표한 작품이며(「이 황량한 역에서」) 이동하에게 기차는 모든 가능성이 차단된 사회에서 거세되지 않은 야생적 생명력을 회복하는 의미이며(『폭력연구』) 황석영에게 기차는 정처 없는 사연들을 일순간이나마 위로해주는 따스한 거처였으며(「삼포 가는 길」, 『바리데기』) 윤후명에게 기차는 잃어버린 시간에 향한 아슬아슬한 역주행(『협궤열차』)이었으니, 곧 기차는 우리 근현대사의 가장 풍성한 정서적 공간이었다.

이를테면, 중앙선을 타보자. 청량리에서 출발하는 이 기차는 경기와 강원의 산악을 따라 남하한다. 중앙선으로 불리며 내려다가 태백선(영월), 충북선(제천), 영동선(영주)에서 분산하며 안동으로, 대구로, 울산으로,

경향 각지의 기차역은 저마다의 추억과 사연을 간직하고 있다. (2008. 7. 창원역)

이읔고 부산까지 내려간다. 이 철로는 양수리를 벗어나면서부터 일대 장관을 이룬다. 서서히 높아가는 강원 산악지방으로 행진해 들어간 중앙선은 산과 산 사이를 골라 잘도 빠지다가 그만 큰 산 앞에 당도하였을 때는 서슴없이 한복판을 뚫고 나가버린다. 치악산 허리를 비비 틀며 거슬러 올라가는 나선형 터널의 묘미와 십 몇 분을 달려도 끝이 보이지 않는 소백산 죽령 터널은 중앙선 기차의 백미다. 이런 기차 안에서, 송영이 「중앙선 기차」에서 묘사한 다음과 같은 풍경이 벌어지고는 했다.

"자, 지나갑니다. 뜨끈뜨끈한 우유가 지나갑니다. 뜨끈뜨끈한……"

이때 처녀의 앙칼진 목소리가 판매원의 소리를 가로막았다.

"뜨끈뜨끈하고 자시고 할 거 없이 좀 안 지나갔으면 좋겠어요."

가뜩이 사람 틈에서 부대끼던 바지차림의 처녀가 판매원을 가로막고 신경질을 부리고 있었다.

"미안합니다. 죄송하구요. 그저 쬐끔쬐끔만, 그 아가씨 궁둥이를 살짝 십오도 각도로만 비틀어주시면 지나가겠습니다."

"못 지나가요. 도대체 이렇게 화물짝처럼 잔뜩 집어처넣고 그렇게 밟고 다니면 어떡허라는 거죠?"

"제가 뭐 철도청장이신 줄 아나베. 그러지 말고 아가씨 시집 잘 가려거든 십오도만."

"흥, 누가 시집 간데나. 하여튼 못 가요."

"그럼 제가 가지요."

"못 간다니까."

"자, 그러지 마시고 살짝 이렇게 이렇게 지나가야만 저도 먹구 살지요."

판매원은 능청스럽게 장단을 치면서 뱀이 미끄러져 빠지듯이 악착같이 버티는 바지처녀를 제치고 빠져나갔다.

중앙선이나 영동선의 기개만큼은 아니어도, 경춘선 역시 대성리 이후 북한강변의 놀라운 광경을 선물한다. 차창이 신세계의 프레임이다. 청평, 남이섬, 강경으로 이어져 춘천에 이르는데, 그 사이 김유정역이 있다. 소설가 김유정을 기리는 역으로, 1914년 때부터 신남역으로 불리다가 지난 2004년 12월 1일에 김유정역으로 바뀌었다. 공항, 항만, 고속터미널, 버스정류장, 지하철역이나 기차역 등을 통틀어 국내 최초로 사람 이름이 주역이 된 최초의 작명이다.

지금 서울과 춘천 사이, 그 유장하면서도 구불구불했던 선로는 반듯하게 펴졌다. 2조 6,000억 원가량이 투입된 복선 81.4킬로미터 구간이 완전 개통되면서 최고 시속 180킬로미터의 기차가 경춘선을 달리게 되는 형국이니, 그 사이의 역과 길들과 서정들은 하인리히 하이네의 표현처럼 '살해' 되는 정황에 직면하게 된다. 대성리에서 시작해 청평, 남이섬을 지나 가평 자라섬을 거쳐 경강, 강촌 그리고 남춘천으로 이어져 이윽고 소양호 물안개로 스며들어가는 서정이란, 소멸되었다. 새로 개통된 경춘선으로 가보라. 옛 경강역에서 백양리역으로 다시 거기에서 강촌역 쪽으로 가보라. 북한강변을 유유히 끼고 돌던 옛 철길은 조정되거나 폐선처리 되었고 새로이 일직선의 철로가 개설되었으며 강변에는 흡사 우주정거장과도 같

사람들은 기차를 타고, 기차는 사람들의
사연을 실어나른다. (2004. 10. 서울역)

은 백양리역이 기이한 형상으로 들어섰으니, 지난날의 경춘선은 완전히 사라졌다.

배우 오광록은 "비 내리는 아침이면 시집 한 권, 노트 한 권을 가방에 넣고 서울 성북역에서 정처 없이 기차에 올랐다"고 회고하면서 학교를 빼먹고는 늘 경원선이나 경춘선을 타고 떠돌면서 선로 수리공이 되기를 소망했었다. 경춘선의 그런 서정들은 험준한 산악지대를 관통하는 중앙선이나 영동선, 가도 가도 끝없는 길 호남선이나 전라선, 쿵쾅쿵쾅 대동맥의 경부선, 젓갈내음 가득한 경강선이나 장항선, 탄광지대의 문경선이나 충북선, 그 어느 곳에나 빛깔과 향내만 달리하여 수십 년 누적되어왔으나 오늘날의 속도는 순식간에 경향 각지의 역사를 뒤바꾸고 속도를 바꾸고 삶을 바꿔버린다.

경성역, 이식된 제국주의 • • •

서울역 1번과 2번 승강장으로 내려가면 철도기점비가 있다. 이 지점으로부터 경부선이며 호남선이며 각 노선들의 종착역까지의 방향과 거리가 표시되어 있는데, 왜 이렇게 만들었을까 하는 생각이 한순간에 들 정도로 무성의하고 조잡하다. 마치 행사에 맞춰서 급히 배달해온 듯하다. 인터넷의 철도동호회 회원들은 이 철도기점비가 마치 KTX 제사상과 닮았다고 아쉬워하기도 한다. 시속 300킬로미터의 역동성이나 100년이 넘는 역사성이나 서울역이라는 장소성 등 그 어느 하나도 충족시키지 못한 조잡한 기점비를 보며 서울역의 한 세기를 돌이켜본다.

서울역은 111년의 역사를 살아왔다. 1900년에 남대문정차장이라는 이름으로 처음 일을 보았다. 두 세기 전인 1899년 9월 18일에 경인선이 개통되어 서울과 인천을 연결하는 철로가 부설되었지만 초기에는 한강 바로 앞의 노량진이 종지부였다. 그 이듬해인 1900년 7월 5일에 한강철교가 개통되어 철로는 한성부 깊숙이 들어서게 되었고 이 무렵 남대문정차장은 10평 크기의 목조 바라크 건물로 가설되어 업무를 보았다. 당시 남대문정차장은 말 그대로 '정차장'이었고 규모는 인근 용산역이 훨씬 더 컸다. 1905년 경부선이 개통되고 이듬해 경의선까지 개통되었는데 당시에는 용산역이 경부선, 경원선, 용산선을 처리하고 있어서 서울역은 다만 정차장에 지나지 않았다.

굴욕의 한일합방 이후 군사 시설에 가까운 용산역 대신 도심과 가까운 대규모의 역의 필요성이 제기되어 조선총독부는 남대문정차장을 경성역으로 개량하기로 결정하는데, 이는 경부선과 경의선을 거쳐 저 만주와 시베리아까지 직진하는 일제의 패권이 실현되는 것으로 일본 국책회사인 남만주철도주식회사가 그 모든 것을 관장하였다.

남만주철도주식회사(이하 만철)는 러일전쟁 직후 일본이 러시아로부터 반강제로 양도받은 선로와 그 부속 시설들을 기반으로 1906년에 설립된 회사로 1945년 일제의 패망 때까지 철도사업을 중심으로 광업, 제조업, 유통협 등을 전개한 일제의 동북아 식민화의 중추 기관이었다. 만철(곧 일제)은, 경성역사가 일본과 조선과 만주를 잇는 국제적인 대동맥으로 시베리아 횡단철도로 연결되어 저 모스크바와 베를린까지 유럽의 한복판으로 질주하는, 대륙을 향한 일제의 관문으로서 기능할 것을 원했다.

만철은 남대문역의 증축에도 불구하고 이용객 수의 증가(당시 경성 인구는 30만 명을 넘어섰다)하여 상당히 혼잡한 상황이 발생하자 1922년 기존의 남대문 역사 북측 봉래교 옆에 임시 역사를 세운 후 기존 역사를 완전히 철거하고 3년여의 공사 기간을 거쳐 1925년에 대지면적 약 5,200여 평

복합 문화 공간으로 바뀌기 이전의 구 서울역사. (2004. 10. 서울역)

에 지하 1층, 지상 2층 규모의 르네상스 양식으로 준공하게 된다.

도쿄제국대학의 쓰카모토 야스시가 설계를 맡았는데 그의 스승은 도쿄역사를 설계한 다쓰노 긴고라는 사람으로 이 사람은 유럽의 역사 특히 네덜란드 암스테르담 역사를 원본으로 삼은 바 있다. 그러니까 유럽 대륙을 원본으로 지향하는 일제가 자신들의 욕망을 이중의 복제와 재현을 통해 경성의 한복판에까지 이식한 건축물이 바로 경성역사가 되는 것이다. 이 경성역사가 일제의 수탈과 해방 직후의 혼란과 분단과 전쟁 와중의 격변과 그 이후 가난과 탈향, 독재와 민주화 시위, 월드컵의 광휘와 노숙인의 쓸쓸함을 수십 년 동안 지켜본 서울역사가 되는 것이다.

서울역, 공간의 재편 • • •

해방 이후 1947년에 경성역은 서울역으로 개칭된다. 그 이전에도 그러하였지만, 해방 이후부터 서울역은 장거리 교통운송의 중추가 되었으며 1970년 경부고속도로 준공 이후 여행과 수송의 상당 부분이 자동차로 이전되었음에도 여전히 그 상징과 효과를 유지하고 있다.

서울역은, 눈물의 공간이었다. 만남과 이별의 정차역이었고 대도시와 고향의 교차점이었으며 과거의 불안한 출구이자 미래의 불투명한 입구였다. 자동차가 개인 이동 수단으로 대중화되기 전까지 기차는, 그리하여 서울역은, 이와 같은 슬픔과 애상의 근거지가 되어 수많은 대중음악의 소재가 되었다. 서울시 산하 '청계천문화관'이 정리하고 전시까지 한 '서울노래'는 대략 1,141곡이며 이 곡 중에서 서울 그 자체가 가사에 등장하는 것은 모두 544곡이고 그 뒤를 이어 명동이 85곡, 한강이 70곡, 서울역이 55곡, 종로가 39곡 순이다. 이 가운데 특히 서울역은 대부분 전쟁과 분단 과정에서는 전쟁터로 떠나고 돌아오는 사연들의 배경이 되거나 6,70년대 이후 탈향의 구슬픈 서정과 고단한 서울살이에서 겪는 처량한 신세를 묘사함에 있어서, 우리 근대사의 정서적 측면을 확인케 한다.

이를테면 윤일로가 부른 〈눈물 젖은 서울역〉(1964년)은 "정들자 이별이란 야속드라 슬프드라/ 경부선 열차에 이 내 몸을 싣고서/ 잘 가오 잘 있오 마지막 이별할 때/ 슬피 우는 기적 소리가 내 가슴 때리면서/ 떠나간다 달려간다"라고 노래한다. 서울역과 관련된 대중음악은 대체로 이러한 서정을 재현한다. 손인호가 부른 〈이별의 서울역〉(1972년)은 "쓸쓸히 이슬비 나리든 밤 서울역에서/ 마지막 인사도 눈물에 목이 메어 한마디 못하고/ 차창가에 홀로 앉아 울며 떠나든/ 새까만 눈동자여 언제 또다시 만나리"라고 되어 있으며 문주란이 부른 〈서울역〉(1967년)은 "서울역 대합실의 시곗바늘이/ 열 시를 가리키면 기적이 울면/ 그대는 철길 따라 떠나갈 사람/ 이 몸은 돌아서서 슬퍼할 사람/ 아아아 비에 젖는 애수의 서울역"이 된다. 나훈아도 〈한 여인〉(1970년)에서 "어디메 가는지 서울역에서/ 기차를 타더라고 전하는 사람도 있었건만/ 고향으로 내려갔는지/ 헤어지고 나서는 소식도 없건만/ 만나보고 싶은 사랑하던 한 여인"이라고 노래한다. 이러한 재현 방식은 서울역이 저 탈향 시대에 어떤 맥락으로 서울 사람들의 마음속에 인지되었는가를 잘 보여준다.

서울역은 산업화의 중추였다. 여객과 화물이 서울역으로 집중되었다. 그리하여 1957년에는 남부역사를 덧대고 1975년에는 서부역사를 잇대어 붙여야 했다. 이마저도 늘어나는 인구와 교통 수요를 소화하기 어려워서 1987년에 드디어 민자역사가 기존 서울역 뒤편에 증축 공사를 하게 된다. 이는 서울역의 역사, 곧 한국 근대화의 발달 과정에 있어 매우 중요한 결절점이 된다. 1925년에 건립된 경성역사가 노후된 시설과 비좁은 공간 문

도착과 출발, 헤어짐과 만남이 교차하는 기차역에서는 한 세기 넘게 언제나 애타게 이별하는 연인들이 있었다. (2008. 7. 밀양역)

제를 견디다 못해 대대적인 증개축을 시도하게 된 것은 자연스러운 과정이지만 그 비용을 열악한 재무 구조에 의하여 민간 자본에 의탁하게 된 것은 대도시 공공장소의 자본적 '형질 변경'이라는 최초의 시도라는 점에서 시사하는 바가 크다.

1984년 8월에 수립된 서울민자역사 개발계획에 따라 1987년에 착공하여 1989년에 준공된 민자역사는 은행, 식당가, 극장, 쇼핑센터 등이 공공공간 속으로 일제히 편입되는 모습을 보여준다. 이 바람에 대합실 공간이 부족해지는 역효과까지 났고 더불어 고속철도 계획 및 인천국제공항과의 연계성이라는 중차대한 기능이 추가되면서 이 민자역사는 2001년 7월에 새로이 공사에 들어가 2004년 1월에 지하 2층, 지상 7층, 연면적 6만 7,559.98제곱미터 규모로 대대적인 환골탈태를 하게 된다. KTX 고속철도 기능을 수행하기 위한 기본 설계에 더하여 이 민자역사의 골격은 갤러리아백화점과 대형할인점 롯데마트의 입점으로 가닥을 잡게 되었으며, 이렇게 하여 서울역은 1세기 만에 민간 자본의 투자 수익을 극대화하는 상업 공간으로 형질 변경을 완료하게 된 것이다.

서울민자역사의 '성공적'인 론칭은 곧 청량리역, 용산역, 영등포역, 수원역, 대구역 등의 기존 철도 노선뿐만 아니라 부천, 부평, 안양, 신촌, 왕십리, 창동, 서현, 산본, 죽전 등 전철 노선까지 확대되어 그야말로 기차역이 국가 소유의 부지와 대형 유통 자본의 결합하는 장으로 확연해지는 분기점이 되었다.

오늘날 기차역이라는 대규모 공공 공간은 확실히 쇼핑 자본의 영향권에 속하고 말았다. (2007. 9. 서울역)

시속 300킬로미터의 KTX와 대형 백화점과 할인점, 그리고 크고 작은 식당과 카페와 편의점으로 구성된 오늘날의 서울역에서는 앞서 살펴본 눈물의 서정이란 좀처럼 생성되기 어렵게 되었다. 예컨대 1970년에 김용만이 부른 〈이별의 서울역〉의 노랫말, 즉 "기적이 울고 비 내리는 서울역에 밤이 오면/ 그 누구가 이별하나 오늘밤도 서러운데/ 잡지 못할 그 사랑을 목메어 부르며/ 떠나가는 기적 따라 몸부림쳐도 무정하게/ 떠나버린 이별 슬픈 서울역의 밤" 같은 풍경이란 재현될 수 없는, 끊어진 옛 필름이 되고 만다. 이제 서울역은, 적어도 그 역사 안은, 쾌속의 KTX와 근사한 옷차림과 여유 있는 식사와 한가로운 쇼핑이 결합된 새로운 지형이 되었다.

볼프강 쉬벨부쉬는 역저 『철도여행의 역사』에서 철도가 기존의 공간을 관통하면서 재구성했음을 증명했다. "더 이상 마차와 길처

1920년 업무를 개시한 신촌역사는 현재 거대한 쇼핑 공간의 작은 부속 시설처럼 짓눌려 있다. (2009. 1. 신촌역)

럼 전경이라는 공간에 묶여 있는 것이 아니라 오히려 이 공간을 관통"한다고 그는 썼다. 쉬벨부쉬는 시인 하인리히 하이네를 인용하고 있는데, 하이네는 1843년에 파리에서 루앙과 오를레앙으로 가는 노선이 개통된 것을 두고 "시간과 공간에 대한 기본적인 개념들도 흔들리게 되었다. 철도를 통해서 공간은 살해당했다. 그리고 우리에게 남아 있는 것이라고는 시간밖에 없다"고 썼다.

오늘에 비추어보면, 시인이 경악했던 공간 살해와 시간 개념의 변화란 시속 300킬로미터의 KTX에 비해 우마차의 덜컹거리는 행렬에 가까울 정도다. 지금은, 이 나라 주요 기점이 거의 대부분 민자역사로 뒤바뀌고 있으며 시공간의 획기적인 재편을 넘어 공간 그 자체의 심미적 기능의 확연한 변화로 이어지고 있다. 기차역은 고유의 역무 기능에 더하여 첨단의 소비가 실현되는 장으로 바뀌고 있다.

이러한 변화에 따라 기차역에 오랫동안 적층된 특유의 '장소성'을 완전히 폐기되고 있으며 이로써 기차역에서는 더 이상 역사의 흔적이나 개인의 기억들 혹은 그 두 요소가 이중교배된 집합적 서정을 찾아보기가 어렵게 되었다. 서울역은, 그러니까 서울민자역사는 그 대표적인 증거다. 한때는 대우빌딩이 한국형 산업화의 상징이었고 좌우의 연세재단빌딩과 게이트웨이타워(구 벽산빌딩)까지 더하여 광장 맞은편이 산업자본의 찬연한 상징이었으나, 이제는 서울역 그 자체가 첨단소비유통의 대표적인 랜드마크로 변해버렸다.

다시, 서울역 푸드코트에서 • • •

아마도 KTX 이후로는 한국 소설사에서 기차와 그 안팎의 풍경이 재현될

일은 거의 없을 듯한데, 그리하여 옛 사람의 걸작을 뒤적거리게 된다. 내 기억에 최인훈과 이문구가 기차에 대하여 여러 번 썼다. 최인훈에게 기차는 격동의 한 시대를 담지한 상징이다. 『서유기』에서 주인공 독고준은 초현실주의적인 공간을 떠도는데 그 바탕이 기차다. W시로 가려는 독고준. 그는 을씨년스런 역을 지나게 되고 울부짖는 역장을 만나게 되며 흡사 사뮈엘 베케트의 연극에 나올 법한 역무원과 철로를 보게 된다. 그런가 하면 『회색인』에서 김학은 황선생을 만나러 경주로 가는 기차 안에서 생각에 빠진다. 그 한 대목이다.

> 밤기차의 풍경은 늘 비슷하다. 말이 적고 눈을 지그시 감고 있는 사람이 많다. 학의 앞에 앉은 노인도 벽에 머리를 기대고 졸고 있다. 학의 옆에 있는 사람은 차가 떠나자마자 눈을 감아버렸다. 학은 다행스럽게 여겼다. 말하기 좋아하는 사람이 동행이 되면 좀 고생을 해야 한다. 지금 그는 홀로이고 싶었다. 기차를 타거나 버스를 탈 때면 그는 으레 그 시간을 잘 이용하리라고 맘먹는다. 목적하는 곳에 이를 때까지는 아무 할 일이 없는 시간이므로 그사이에 생각이나 실컷 한다는 계획을 세운다. 그러나 그런 계획은 번번이 실패한다. 출발역에서 종착역까지 그의 '생각'은 한자리를 빙빙 돌고 있었다는 결과가 되기 일쑤다. 기차를 타고 그 속으로 달리기를 하는 것과 꼭 마찬가지로. 아무 그럴듯한 착상 한 가지 떠올라본 적이 없다. 그렇다면 다음부터는 아예 다른 생각을 말고 푹 잠이나 자게 될 법한 일이었으나 그렇지가 않았다. 그때마다 이번에는, 하고 또 유혹에 진다. 그래서 잠만 설친다. 무엇 때문일까. 아마 매양 한결같은 기차의 리듬 때문인지도 모른다. 방향은 앞으로 자꾸 나가는 셈이지만 속에 타고 사람에게는 지루한 진동이 내리 이어질 뿐이다.

그리고 이문구가 있다. 그의 연작 『관촌수필』은 어느 모로 보나 한국문학사의 찬연한 성채가 되는데, 그중 한 요소로 충청도의 말과 정한이 장마철의 습기처럼 모든 문장마다 여일한 것을 꼽는다. 그리고 역시 기차가 관통한다. 연작 가운데 하나인 '日落西山(일락서산)'에서 이문구의 할아버지는 이렇게 당부한다.

> 이애야. 이 왕솔은 토정(이지함) 할아버지께서 짚고 가시건 지팽이를 꽂어 놓셨는디 이냥 자란 게란다. 그쩍에 그 할아버지 말씀은, 요 지팽이 앞으루 철마가 지나가거들랑 우리 한산 이씨 자손들은 이 고을에서 뜨야 허리라구 하셨다는 게여…… 그 말씀을 새겨들어 진작 타관살이를 했더라면 요로콤 모진 시상은 안 만났을지두 모르는 것을……

다른 연작을 보자. 이번에는 『관촌수필』 연작 중에서도 으뜸이요 백미로 치는 '空山吐月(공산토월)'의 한 대목이다. 주인공(이문구)은 할아버지의 바람대로 관촌 고을을 뜨긴 하였는데, 이미 '모진 시상'을 만나 피붙이들이 6·25전쟁으로 대부분 고초 끝에 세상을 등지게 되었고 그 때문에 타관(서울)으로 떠나온 처지가 되었다. 상경하여 어렵사리 일하고 공부하여 출판과 언론의 일에 부대끼는 와중에 주인공은 마음 여린 몇 사람 기억하며 회환에 젖는다. 그중 한 사람이 시인 박용래다. '空山吐月'의 앞머리를 읽어보자.

> "조선은행권 현찰을 곳간차에 가득 싣고 경원을 달리는디, 블라디보스톡까지 논스톱으로 달리는디 말여……"
>
> "경비원으로 묻어갔었다, 그 말이라……"

"야, 너 웨 그러네? 웨 그려? 이래봬두 무장 경호원이 본인을 경호하던 시절이 있어야. 현찰 운송 책임을 내가 자연해서 했던 거여. 너 참 이상해졌다야, 웨 그려? 오~ 그 눈…… 그 눈송이…… 그 두만강……"

"……"

"이까짓 눈두 눈인 중 아네? 눈인 중 알어? 너두 한심허구나야…… 원산역을 지날 때 눈발이 비치더니, 청진을 지나니께 정신읎이 쏟어지는디, 아~ 그런 눈을 처음이었었어…… 아~ 그 눈…… 그 눈……"

그는 이미 떨리는 음성이었고 두 눈시울에는 벌써 삼수갑산 저문 산자락에 붐비던 눈송이가 녹으며 모여 토담 부엌 두멍처럼 넘실거리고 있었다.

"차가 두만강 철교를 근너가는디……오! 두만강…… 오 두만강! 내 눈에는 무엇이 보였겄네? 눈! 그저 그 눈! 쌓인 눈, 쌓이는 눈…… 아무것두 안 보이구 눈 천지더라. 그 눈을 쳐다보는 내 마음은 워땠겄네? 이 내 심정이 워땠겄어?"

"워땠는지 내가 봤으야 알지유."

"그러냐. 야. 너두 되게 한심허구나야. 그래가지구 무슨 문학을 헌다구. 나는…… 나는 울었다. 그냥 울었다. 두만강 눈송이를 바라보며 한없이 한없이 그냥 울었단 말여……"

어느덧 그의 양어깨에 두만강 물너울이 실리면서 두 볼에는 강이 흐르고 있었다. 식민지 시대의 두만강이 흐르고 있었다.

다시, 푸드코트에서 광장을 내려다본다. 광장 곳곳마다 거대한 쇼핑 간판들이 기립해 있다. 그곳에서 서울역을 바라보면 갤러리아콩코스와 롯데마트가 먼저 눈에 들어온다. 계단이나 에스컬레이터는 우선 이 쇼핑 공간으로 이용자를 안내하게 되고 그 옆길로 방향을 틀거나 그 소비 공간들

크고 작은 기업 광고로 도배되어 있는 서울역 로비. (2005. 12. 서울역)

을 통과해야 대합실로 들어서게 된다. 대합실에 들어서면 높다란 천장에서부터 길게 드리워진 대기업의 광고들을 보게 되며 2, 3층의 주요 공간들은 대부분은 상업 편의 시설로 편재되어 있다. 이용자가 이 소비의 축포들을 피하여 머물 수 있는 곳은, 거의 없다.

어쩌면 서울역이기 때문에 이 정도의 침식으로 그쳤는지 모른다. 신촌, 영등포, 청량리, 부평, 수원, 대구 등의 부도심권이나 지방 도시의 민자역사들은 초대형 쇼핑 공간 구석에 기차 역무 기능이 부대시설로 끼어 있는 형국이다. 아닌 게 아니라 이들 민자역사의 공간 배치 및 기능 극대화의 초점은 대부분 소비 그 자체에 몰입되어 있다. 백화점, 영화관, 카페, 할인점 등의 이용이 기차역 고유의 기능보다 훨씬 더 증대하고 따라서 이를 중심으로 하여 전체적인 공간 구성을 재편된다.

이 재편 과정에서 강제로 생략되거나 ( ) 안에 포박당하는 것은 비단 과거의 기억이나 오랜 풍경만이 아니다. 코레일 측은 2011년 8월부터 밤 11시 이후 노숙인이 서울역사에 들어오는 것을 완전 차단함은 물론 미리 들어와 있던 이들도 밖으로 몰아내겠다고 밝혔다. 어떤 관점에서는 노숙인이 서울역의 곳곳에 모여드는 게 불편하고 또 더러는 불쾌할 수도 있을 것이다. 그러나 밖으로 몰아내는 식으로 해결할 수 있는 일이 아니다. 수십 년 동안 서울시와 서울역이 갖은 방법으로 시도했지만 이 비정한 도시의 경쟁에서 탈락한 이들이 그나마 찾아갈 곳은 서울역뿐이며 그렇다면 오히려 그 현실에서 차근차근 방법을 찾아 나가야 한다. 공원 벤치의 한 복판에 은색 쇠팔걸이를 쳐서 노숙인이 누워 있지 못하게 하는 식으로 해결할 수 있는 '사회적 문제'란 본디 발생하지도 않는다.

그나마 2004년 KTX 개통으로 새 역사에 역무 역할을 넘기고 잠정폐쇄되었던 옛 서울역사가 근대 건축양식을 되살린 복합 문화 공간으로 재탄생하여 2011년 8월에 개관되었다는 점은 반갑다. '문화역 서울 284' 라는 이름으로 거듭나게 되었는데 옛 서울역사가 사적 284호이기 때문에 이렇게 작명되었다.

한국전쟁 당시 파괴된 돔 아래 스테인드글라스 천창 등을 복원하는가 하면 기차시간표를 부착했던 흔적이나 전쟁의 상흔인 총탄 자국은 그대로 살려 개관된 이 공간은 앞으로 대합실과 귀빈실이 있던 1층은 전시, 공연, 이벤트 공간으로 쓰이고 이발소와 양식당(그릴)이 자리했던 2층은 다목적 회의와 연구소가 들어선다. 서울역이 이만큼이라도 한 세기의 문화적 유산과 정신적 기억을 간직하게 된 것은 다행스러운 일이다.

그렇기는 해도, 이제 더 이상 기차는 폐곡선을 그으며 달리지 않는다. 쿵쾅대던 소리도 더 이상 들을 수 없다. 이제 더 이상 강변

서울역은 불균형 속의 균형을 찾아내려 한 이 한반도의 근대성을 압축하여 보여 준다. (2005. 12. 서울역)

을 끼고 유유히 달려가지 않는다. 이제 더 이상 평야에서 산간지대로 다시 거기서 계곡 사이의 터널로 힘에 부친 소리를 내며 달리지 않는다. 이제 더 이상 기차 소리와 끝없는 철로와 좌우로 흩날리는 눈과 차창을 빗금 치는 가을비를 추억하지 않는다. 기차는 쾌속의 300킬로미터로 시간 속으로 질주하고 있으며 서울역은 세련된 소비의 공간으로 재편되었고 기념해야 할 흔적과 간직해야 할 기억은 '문화 공간 284'의 전시목록표로 나열된다. 이제 더 이상 서울역 안에서 애틋하게 만나고 헤어지는 풍경은 찾아보기 어렵고, 아마도 더 이상 기차는, 그리고 서울역은 사랑과 눈물의 공간이 되지 못할 것이다.

| 광장, 일그러진 구경거리와 균형 잃은 삶

토마스 만(홍성광 옮김), 『베네치아에서의 죽음』, 열린책들, 2009.
베르톨트 브레히트(김광규 옮김), 〈마리아의 추억〉, 『살아남은 자의 슬픔』, 한마당, 1999.
표도르 도스토옙스키(홍대화 옮김), 『죄와 벌』, 열린책들, 2009.
알프레트 되블린(김재혁 옮김), 『베를린 알렉산더 광장』, 민음사, 2011.
최인훈, 『광장』, 문학과지성사, 1996.
에리히 레마르크(홍경호 옮김), 『개선문』, 범우사, 1999.
이푸 투안(구동회 옮김), 『공간과 장소』, 대윤, 1999.
이기호, 「수인」, 『갈팡질팡하다가 내 이럴 줄 알았지』, 문학동네, 2006.

| 극장, 판타지 너머의 현실

발터 벤야민(최성만 외 옮김), 『일방통행로 · 사유이미지』, 길, 2007.
발터 벤야민(윤미애 옮김), 『1900년경 베를린의 유년시절 · 베를린 연대기』, 길, 2007.

| 모델하우스, 가설무대의 삶

김소진, 「길」, 『자전거도둑』, 문학동네, 2002.
김소진, 「키 작은 쑥부쟁이」, 『열린 사회와 그 적들』, 문학동네, 2002.
최인호, 『타인의 방』, 민음사, 2005.
김소진, 「경복여관에서 꿈꾸기」, 『자전거 도둑』, 강출판사, 1996.
공선옥, 「한데서 울다」, 『멋진 한세상』, 창비, 2002.

| 모텔, 최후의 망명지

김영현, '나는 왜 문학을 하는가', 《한국일보》, 2002년 9월.
박영한, 『우묵배미의 사랑』, 민음사, 1988.
김훈, 「배웅」, 『강산무진』, 문학동네, 2006.
고종석, 『어루만지다』, 마음산책, 2009.
김원우, 『객수산록』, 문학동네, 2002.
김영하, 『퀴즈쇼』, 문학동네, 2007.
편혜영, 『재와 빨강』, 창비, 2010.
백가흠, 「웰컴, 베이비!」, 『조대리의 트렁크』, 창비, 2007.

| 카지노, 폐광지의 불야성

최승호, 〈눈사람 만들기〉, 『여백』, 솔, 1997.
황동규, 『몰운대행』, 문학과지성사, 1991.
최승호, 『대설주의보』, 민음사, 1995.

| 테마파크, 웰컴 투 원더랜드

송기원, 「월행」, 『20세기한국소설 31권』, 창비, 2005.
롤랑 바르트(이화여자대학교 기호학연구소 옮김), 『현대의 신화』, 동문선, 1997.
민태원, 『청춘예찬』, 범우사, 2007.
김중식, 〈식당에 딸린 방 한 칸〉, 『황금빛 모서리』, 문학과지성사, 1993.
송찬호, 〈기타〉, 『붉은 눈, 동백』, 문학과지성사, 2000.
정준영, '캐리비안베이, 일상으로부터의 탈출', 《리뷰》, 1996, 겨울호 통권 9호, 리뷰앤리뷰.

| 박물관, 유한한 삶과 영속의 시간

작자미상, 『춘향전』, 판소리 다섯마당, 뿌리깊은나무, 1998.

| 공항, 해체된 시간과 재구성된 공간

무라카미 류(정윤아 옮김), 『공항에서』, 문학수첩, 2007.
김우창, 「국제공항-포스트모더니즘의 상황에 대한 명상」, 『법 없는 길』, 민음사, 1993.
인천국제공항공사, 『인천국제공항 건설사』, 2001.
알랭 드 보통(정영목 옮김), 『공항에서 일주일을』, 청미래, 2010.
김연수, 『여행할 권리』, 창비, 2008.

| 기차역, 식민의 기억과 현대의 속도

함민복, 〈서울역 그 식당〉, 『아침의 노래 저녁의 시』(나희덕 엮음), 삼인, 2008.
함민복, 〈장항선〉, 『눈물은 왜 짠가』, 이레, 2003.
김성동, 『황야에서』, 삼성출판사, 1985.
김성동, 『만다라』, 한국문학사, 1979.
신경숙, 『외딴방』, 문학동네, 1999.
송영, 「중앙선 기차」, 『선생과 황태자』, 책세상, 2007.
최인훈, 『회색인』, 문학과지성사, 1991.
이문구, 『관촌수필』, 문학과지성사, 2000.